Martin Scheller   Klaus-Peter Boden
Andreas Geenen   Joachim Kampermann

Internet
Werkzeuge und Dienste

Von „Archie" bis „World Wide Web"

Herausgegeben von der Akademischen
Software Kooperation

Mit 130 Abbildungen und 18 Tabellen

Springer-Verlag
Berlin Heidelberg New York
London Paris Tokyo
Hong Kong Barcelona
Budapest

Martin Scheller

Klaus-Peter Boden

Andreas Geenen

Joachim Kampermann

Akademische Software Kooperation

c/o Universität Karlsruhe

Englerstr. 14

D-76128 Karlsruhe

ISBN-13: 978-3-540-57968-7   e-ISBN-13: 978-3-642-85137-7
DOI: 10.1007/ 978-3-642-85137-7

Die Deutsche Bibliothek - CIP-Einheitsaufnahme
Internet: Werkzeuge und Dienste; von „Archie" bis „World Wide Web" / Martin
Scheller ... - Berlin; Heidelberg; New York; London; Paris; Tokyo; Hong Kong;
Barcelona; Budapest: Springer, 1994
ISBN-13: 978-3-540-57968-7
NE: Scheller, Martin

Umschlaggestaltung: Konzept & Design, Ilvesheim
Satz: Reproduktionsfertige Vorlage von den Autoren
SPIN: 10489654   33/3140 – 5 4 3 2   – Gedruckt auf säurefreiem Papier

Vorwort

Bereits Ende der 60er Jahre wurde in den USA das ARPAnet entwickelt, um Universitäten und militärische Einrichtungen zu verbinden. Damit Computer verschiedenster Hersteller an dieses Netz angeschlossen werden konnten, wurde ein eigenes Protokoll (also eine Art gemeinsamer Sprache) definiert. An der Universität Berkeley wurden weitere Softwarekomponenten zur Kommunikation entwickelt. All das wird heutezutage unter dem Namen TCP/IP zusammengefaßt.

Mitte der 80er Jahre wurden dann in den USA sechs Supercomputerzentren eingerichtet. Um den Zugang allen Wissenschaftlern zu ermöglichen, begann man parallel dazu mit dem Aufbau eines landesweiten Netzes auf TCP/IP-Basis; dies war die Geburt des *INTERNET*.

Zeitgleich begann man in Europa ebenfalls eine Netzinfrastruktur zu installieren. In Deutschland wurden die Aktivitäten durch den Deutschen-Forschungsnetz-Verein (DFN) koordiniert, der in diesen Tagen sein 10-jähriges Bestehen feiert. Allerdings setzte man zunächst auf die OSI-Protokollwelt und es war lange Zeit nicht klar, welcher der beiden Standards sich durchsetzen wird. Mittlerweile ist TCP/IP klar im Vorteil, wobei sich langfristig wegen sich abzeichnender Probleme aber ein Annähern der beiden Standards abzeichnet.

Ursprünglich bestand die Infrastruktur des Internet aus (nach heutigem Verständnis langsamen) Leitungen mit 57,6 kbit/s bzw. 64 kbit/s. Gegen Ende der 80er Jahre wurden in den Universitäten die ersten lokalen Netze installiert und diese mit dem Internet verbunden. Damit stiegen die Anzahl der Nutzer und das produzierte

Datenaufkommen sprunghaft an. Heute sind ca. 3 Millionen Computer an dieses weltumspannende Netz angeschlossen.

Ein derartig großes Netz erfordert u.a. auch eine Verwaltung der „Rufnummern" der einzelnen Rechner. Das Netzwerkinformationszentrum für Deutschland (DE-NIC) wird vom Rechenzentrum der Universität Karlsruhe betrieben.

Bis vor kurzem diente das Internet hauptsächlich zum Austausch elektronischer Nachrichten (E-Mail), dem interaktiven Zugriff auf entfernte Rechner und der Übermittlung von Daten, Texten und Artikeln. Das Netz erlaubt, daß Wissenschaftler in den verschiedenen Kontinenten zeitversetzt an ein und demselben Problem arbeiten.

In jüngster Zeit ist die Nutzung des Internet geradezu explosionsartig gestiegen. Neue Informationssysteme wie Gopher und WWW (das am CERN entwickelte World Wide Web) und komfortable graphische Oberflächen erlauben den bequemen direkten Zugriff auf angebotene Informationen in der ganzen Welt. Das Internet ist damit zu einem Informationsraum geworden. Texte und Bilder, aber auch Ton und (kurze) Filme können abgerufen werden. Vereinzelt bieten schon Restaurants die Speisekarte (samt Bildern der angebotenen Menüs) über Internet an; per Knopfdruck kann man einen Platz reservieren und das Essen vorbestellen. Was für viele noch wie ein technologischer Wunschtraum aussieht, ist für Internet-Nutzer schon Realität.

Dieses Buch, das aus einer Diplomarbeit von Herrn Scheller entstand, soll einen Überblick über die zahlreichen Nutzungsmöglichkeiten des Internets geben. Es stellt zur Zeit ein „who is who" der Internetdienste dar und erklärt die vielen unterschiedlichen Begriffe. Damit erleichtert es dem Neuling die Auswahl beim Einstieg ins Netz, enthält aber auch eine Fülle von neuen Informationen für den Fortgeschrittenen.

Karlsruhe, Juni 1994   Prof. Dr. G. Schneider

Danksagung

Wir möchten uns ganz herzlich bei allen bedanken, die uns bei der Entstehung dieses Buches unterstützt haben. Besonderer Dank gebührt den Herren Prof. Dr. Schreiner und Prof. Dr. Schneider und den ASK-Mitarbeitern vom Rechenzentrum der Universität Karlsruhe, die dieses Buch ermöglicht haben.

Herr Christian Hettler hat viele LaTeX-Probleme für uns gelöst und stand auch für die Diskussion inhaltlicher Probleme stets zur Verfügung. Sonja Zwißler, Angelika Schwartz und Ulrich Betzler leisteten durch ihre kritischen aber äußerst konstruktiven inhaltlichen Anmerkungen wertvolle Beiträge zum Buch. Sabine Sellien übernahm die Erstellung und die Überprüfung des Literaturverzeichnisses. Dagmar Umbach korrigierte eine Unmenge von Schreibfehlern. Sabine Dolderer und Andreas Knocke vom DE-NIC waren jederzeit bereit, Fragen zum Internet zu beantworten.

Unser Dank gilt ferner Herrn Prof. Dr. Hegering vom Leibniz-Rechenzentrum der Bayerischen Akademie der Wissenschaften, München, für den Rechner- und Netzzugang, der es Herrn Scheller ermöglichte, von München aus am Buch zu arbeiten.

Gerne bedanken wir uns auch bei der Lektorin Frau Obermayr und Herrn Rossbach vom Springer-Verlag für die ausgezeichnete Zusammenarbeit.

Inhaltsverzeichnis

Telnet   33

FTP   47

Electronic Mail   71

Whois   119

X.500   129

Gopher 205

WAIS   227

World Wide Web   259

Einführung

Das Internet ist das größte Computer-Netzwerk der Welt. Es birgt ein ungeheuer großes Potential an Daten und Informationen, die größtenteils kostenlos zur Verfügung gestellt werden. Ursprünglich nur im Bereich der Hochschulen verbreitet, erkennen heute auch immer mehr Firmen den Nutzen eines Anschlusses ans Internet. Das vorliegende Buch bietet eine praxisorientierte Einführung ins Internet und seine wichtigsten Werkzeuge und Dienste zur Erschließung der enormen Informationsvielfalt.

Aufbau des Buches

Im ersten Kapitel wird die Entwicklung des Internet beschrieben. Es werden die wichtigsten Organisationen vorgestellt und häufig verwendete Begriffe erläutert.

Die Dienste und Werkzeuge, die im Internet zur Verfügung stehen, lassen sich nach unterschiedlichen Gesichtspunkten gliedern. Abbildung 0.1 zeigt grob die Einteilung, auf der das Buch basiert.

Unter den Basisdiensten werden die „Veteranen" der Internetdienste, Telnet, FTP und E-Mail, zusammengefaßt. Sie werden in den Kapiteln 2, 3 und 4 beschrieben. Die unmittelbar auf E-Mail aufbauenden Bulletin Board Systeme Listserver und Mailing Listen werden im Zusammenhang mit E-Mail dargestellt. News, das wohl größte Bulletin Board System wird in Kapitel 5 erläutert.

Die aus unserer Sicht wichtigsten Verzeichnisdienste Finger, Whois, X.500 und Netfind werden in den darauffolgenden Kapiteln 6 bis

Basisdienste	Bulletin Board Systeme	Verzeichnis-Dienste	Dateisysteme	Informations-Recherche Systeme
Telnet	Listserv	Finger	Alex	HyTelnet
FTP	Mailinglisten	Whois	Prospero	Archie
E-Mail	News	X.500		Gopher mit Veronica
		Netfind		WAIS
				World Wide Web

Abbildung 0.1: Einteilung der Internet-Dienste

9 behandelt. Mit Hilfe der Verzeichnisdienste können Informationen über Personen oder Institutionen (Anschrift, Telefonnummer, E-Mailadresse o.ä.) beschafft werden.

Spezielle Dateisysteme im Internet, Alex und Prospero, erweitern die Funktionalität herkömmlicher Systeme und helfen so, Informationen im Internet zu organisieren. Ihnen sind Kapitel 10 und 11 gewidmet.

Unter Informationsrecherche Systeme werden die neuesten und wohl auch mächtigsten Dienste und Werkzeuge zusammengefaßt. Das Spektrum erstreckt sich von Archie, dem Werkzeug zur Erschließung des auf Anonymous-FTP-Servern vorhandenen Informationspotentials, bis zum World Wide Web, der zur Zeit am weitesten fortgeschrittenen Entwicklung zur Bereitstellung und Erschließung von Ressourcen im Internet. Die Informationsrecherche Systeme werden in den Kapiteln 13 bis 16 vorgestellt.

Um einen Eindruck der Möglichkeiten zu vermitteln, die im „Netz" zur Verfügung stehen, wurden im letzten Kapitel einige „Bonbons" zusammengestellt.

Die einzelnen Kapitel sind im Prinzip alle ähnlich aufgebaut Sie beginnen mit einer kurzen Erläuterung der Dienste und Werkzeuge, in denen ihre Bedeutung für das Internet dargestellt wird. Anschließend werden die allgemeinen Grundlagen beschrieben, die Voraussetzung für die effektive Arbeit mit den Diensten sind. Es folgen ausführliche Beispielsitzungen, die typische Anwendungen der Dienste zeigen. Jedes Kapitel endet mit Hinweisen auf weitere Quellen im Netz, die dem Interessierten spezielle Informationen zugänglich machen.

Die Angabe von Quellen

Viele der in diesem Buch zitierten Quellen sind nur im Internet zu finden. Dies bringt folgende Probleme mit sich:

- Wie referenziert man Quellen im Internet?

- Wer garantiert dafür, daß auf diese Quellen auch in Zukunft zugegriffen werden kann ?

Die erste Frage läßt sich mittlerweile beantworten. Seit kurzer Zeit existiert unter dem Namen URL (*uniform resource locator*) ein Mechanismus, auf beliebige, öffentlich zugängliche Quellen im Netz zu verweisen. In der Regel wurden Quellen in URL-Schreibweise angegeben. Ausführliche Informationen dazu findet man in Kapitel 16.2.3.

Die zweite Frage läßt sich leider nicht so einfach beantworten. Wir haben uns bemüht, nur Dokumente von solchen Quellen zu verwenden, die uns *zuverlässig* erschienen. Dies sind beispielsweise Quellen von offiziellen Organisationen. Sollte trotzdem einmal ein Verweis „ins Leere" zeigen, bitten wir, dies zu entschuldigen; aber es ist auch ein Zeichen dafür, daß das Internet „lebt"!

Wie das Buch entstand

Zur besseren Versorgung der bundesdeutschen Hochschulen mit Software wurde 1989 die Akademische Software Kooperation ASK ins Leben gerufen.

Das Internet und seine Dienste bilden einen wesentlichen Bestandteil der täglichen Arbeit bei der ASK. Informationen über Software aus dem Hochschulbereich (ASK-SISY) und Software selbst (ASK-SAM) werden beispielsweise über Telnetzugang, Gopher, WAIS, WWW, E-Mail und Anonymous-FTP bereitgestellt. Ein

Großteil der Aktivitäten des von der ASK initiierten und organisierten European Academic Software Award EASA, der hervorragende Leistungen im Bereich der Softwareentwicklung auszeichnet, wird über das Internet abgewickelt. Die gebührenpflichtige Verteilung auch kommerzieller Software über das Internet, ist eine der neueren Entwicklungen bei der ASK.

Die Ursprünge des Buches liegen in einer Diplomarbeit, die von Martin Scheller bei der ASK erstellt wurde, mit dem Ziel, die wichtigsten Dienste und Werkzeuge im Internet zu erfassen und darzustellen.

Vorschläge, Anmerkungen, Kritik

Sicherlich werden nach der Lektüre dieses Buches, noch viele Fragen offen bleiben oder neue Fragen entstanden sein. Dieses Buch kann und will keine erschöpfende Darstellung *aller* Möglichkeiten, Dienste und Werkzeuge geben, die das Internet bietet. Wir hoffen jedoch, daß durch die bereitgestellten Informationen in den einzelnen Kapiteln dem Leser genügend Informationen mitgegeben zu haben, das Internet „auf eigene Faust" zu entdecken.

Für Anregungen und Kritik sind wir jederzeit offen und dankbar. Setzen Sie sich über E-Mail mit uns in Verbindung.

```
boden@ask.uni-karlsruhe.de
geenen@ask.uni-karlsruhe.de
kampermann@ask.uni-karlsruhe.de
scheller@ask.uni-karlsruhe.de
```

Das Internet

1.1 Eine kurze Geschichte des Internet

Alles darzustellen, was seit der ersten *Telnet*-ähnlichen Sitzung im
November 1969 im Bereich Computer-Netzwerke geschehen ist,
würde sicherlich den Rahmen eines jeden Buches sprengen. Im
folgenden werden wesentliche Meilensteine der Entwicklung dargestellt, die zu dem führten, was heute unter dem Namen *Internet* als
das größte weltumspannende Computernetzwerk bezeichnet wird.

1.1.1 Die Anfänge

In den späten 60er Jahren begann in den USA die staatliche Unterstützung von Experimenten zur Vernetzung von Computern.
Die ARPA (*Advanced Research Projects Agency*), seit 1972 Defense ARPA (DARPA), die dem amerikanischen Verteidigungsmi-
nisterium unterstellt ist, forcierte mit erheblichen finanziellen und
personellen Mitteln die Entwicklung im Bereich der Computer-
vernetzung. Daß ausgerechnet das US-Verteidigungsministerium
die Initiative ergriff, ist kein Zufall. Das DoD[1] war stark daran
interessiert, über ein Kommunikationsmedium zu verfügen, das
auch unter ungünstigen Bedingungen die Übertragung von Daten zuverlässig gewährleistet. Selbst beim Ausfall von Teilen des
Netzes sollte das System funktionsfähig bleiben. Neben der mi-
litärischen Anwendung eröffnete die Vernetzung von Computern
im wissenschaftlichen und immer mehr auch im kommerziellen

Das Arpanet

---

[1] DoD = Department of Defense

Bereich völlig neue Anwendungsmöglichkeiten.

Um bestimmte wissenschaftliche Probleme mit Hilfe von Computern zu lösen, sind oft Rechner mit sehr großer Rechenleistung und spezielle Programme erforderlich. Diese Ausstattungen sind teuer und können nicht für jede Einrichtung einzeln beschafft werden. Oft hat ein ganzes Land lediglich einen dieser begehrten Computer. Über ein Rechnernetz ist es nun möglich, jedem Wissenschaftler von seinem Arbeitsplatz aus jederzeit Zugang zu solchen Großrechnern zu ermöglichen. Dies ist nur eines von vielen möglichen Anwendungsbeispielen.

resource sharing Allgemein ermöglicht die Vernetzung von Computern die Nutzung aller im Netz vorhandenen Ressourcen (*resource sharing*). Unterschiedliche Hardware, Programme, Daten und Peripheriegeräte können von allen Netzteilnehmern gemeinsam, unabhängig vom jeweiligen Standort, genutzt werden.

heterogene Vernetzung Dementsprechend war das erste Entwicklungsziel der ARPA, einige wenige an geographisch unterschiedlichen Punkten verteilte, verschiedenartige Hostrechner[2] miteinander zu verbinden. Physikalisch wurde das Netz über angemietete Leitungen mit einer Übertragungsrate von 50 Kbit/s realisiert. Um den diversen Computersystemen Rechnung zu tragen, wurden eigene kleine Rechner, sog. IMP's (*Interface Message Processor*), den jeweiligen Computern vorgeschaltet. Diese gleichartigen IMP's bildeten, miteinander vernetzt, das eigentliche Netzwerk. Die Hostrechner kommunizierten miteinander über den ihnen zugeordneten IMP. Die IMP's ihrerseits waren dabei nur für den Transport der Nachrichten zwischen den Hosts verantwortlich [LR93].

Die ersten Herausforderungen waren

- ein Subnetz aus Telefonleitungen und Vermittlungsknoten aufzubauen, dessen Zuverlässigkeit, Kapazität und Kosten das Resource Sharing erlaubte,

---

[2] Rechner, die dem Benutzer innerhalb eines Netzwerks Anwendungen zur Verfügung stellen

- die erforderlichen Protokolle zu verstehen, zu gestalten und für die unterschiedlichen Rechnertypen zu implementieren, um die neuen Subnetze zur Kommunikation nutzbar zu machen.

Ende 1969 war eine erste Implementierung von *telnet*, d.h. Durchführen von Sitzungen auf entfernten Rechnern und von *ftp*, d.h. Transfer von Dateien zwischen entfernten Rechnern, vorhanden. Damit war das *Arpanet* geboren. Aufgrund vieler Verbesserungen entwickelte sich das Arpanet von einem Laborexperiment zu einem funktionsfähigen System, in dem verschiedenartige Computersysteme untereinander verbunden waren und der Austausch von Daten auf einfache Art und Weise möglich wurde.

telnet und ftp

1.1.2 Der Siegeszug von TCP/IP

In den nächsten Jahren mußten die Kommunikationsprotokolle und Datenverbindungen mit den unterschiedlichen Hardwarearchitekturen der Hersteller in Einklang gebracht werden. Der wichtigste Schritt in diese Richtung war die Entwicklung des *TCP/IP*-Protokolls (*Transmission Control Protocol/Internet Protocol*), das von den verantwortlichen Forschern des NCC (*Network Control Center*) und des NIC (*Network Information Center*) in den Jahren 1973/1974 implementiert wurde. Es sollte bald das bis dahin verwendete NCP (*Network Control Protocol*) als Transportprotokoll ablösen. Mit TCP/IP wurde es möglich, eigenständige Netzwerke so miteinander zu verbinden, daß jeder Hostrechner eines Netzwerks mit allen anderen Rechnern des Netzes kommunizieren konnte.

Entwicklung von TCP/IP

Aufgrund der Architektur sind prinzipiell beliebige Übertragungsarten möglich. Wenn beispielsweise Mobilität gefragt ist, können drahtlose Verbindungen genutzt werden. Für hohe Geschwindigkeiten reichen Kupferkabel nicht aus, Glasfaserkabel können dann zum Einsatz kommen. TCP/IP wurde unter den folgenden Prämis-

Unabhängigkeit vom Übertragungsmedium

sen entwickelt:

- Unabhängigkeit vom Übertragungsmedium,

- Interoperabilität zwischen unterschiedlichen heterogenen Systemen,

- Ende-zu-Ende-Kommunikation über unterschiedliche Netzwerke,

- Robustheit gegenüber Verbindungsstörungen.

Die Geburt von E-Mail

Die Netzwerkanwendungen waren damals lediglich *ftp*, *telnet* und *Eletronic Mail*, wobei E-Mail, also der interpersonelle Nachrichtenaustausch, ursprünglich gar nicht als Anwendung geplant war [LR93]! Erst als sich um 1971 zwei Programmierer Nachrichten und nicht nur Daten, unabhängig vom ftp Mechanismus, zukommen lassen wollten, entwickelten sie Electronic Mail, die heute am weitesten verbreitete Anwendung.

Im Juli 1975 wurde die Verwaltung des Arpanet an die DCA (*Defense Communications Agency*) des US-Verteidigungsministeriums übergeben, um einen laufenden Betrieb zu gewährleisten. Zu Beginn der 80er Jahre wurde der militärische Teil ins *Milnet* ausgegliedert, die zivilen Teile, Forschung, Entwicklung und Lehre blieben weiterhin im *Arpanet*.

TCP/IP ersetzt NCP

1978 beschloß die US-Regierung, in öffentlichen und vom Staat geförderten Projekten bei der Datenübertragung zwischen Computern nur noch TCP/IP einzusetzen. 1983 schließlich wurde im Arpanet nur noch TCP/IP als Übertragungsprotokoll verwendet. Seit dieser Zeit etwa besteht auch der allgemeine Begriff *Internet* für das auf TCP/IP basierende Arpanet sowie dessen angeschlossene Netze.

1.1.3 Die Weiterentwicklung in den USA

Normierung von Netzwerken durch die ISO

Erst als das Arpanet bereits einsatzfähig war, begann die ISO (*International Standards Organisation*) mit der Normierung von Netzwerken (ISO/OSI-Modell) [Tan90]. Die allgemeinen Erfahrungen bei der Entwicklung des Arpanet gingen zwar mit in die

Normierung ein, TCP/IP wurde allerdings kein ISO-Standard. Dennoch behauptet sich TCP/IP bis heute als das Übertragungsprotokoll schlechthin, auch außerhalb der USA. Der Grund hierfür liegt wiederum in einem Beschluß der US-Regierung, den Einsatz von offenen Systemen in staatlichen Organisationen und vom Staat geförderten Projekten vorzuschreiben. Als offene Betriebssytemumgebung wurde UNIX gefordert. Die Regierung entschied sich für den Einsatz von Berkeley UNIX (BSD, *Berkeley Software Distribution*) und gegen die AT&T Version, weil sowohl TCP/IP als auch die darauf basierenden Anwendungen (FTP, Telnet, E-Mail) Teil der des BSD-Betriebssystems waren. UNIX setzte sich sehr schnell als Betriebssystem in offenen Umgebungen durch. Damit war der Grundstein für die Verbreitung von TCP/IP als Übertragungsprotokoll gelegt.

*UNIX und
TCP/IP*

Mitte der 80er begann auch die amerikanische National Science Foundation (NSF) Interesse am Internet zu zeigen. Um den Wissenschaftlern aller amerikanischen Universitäten den Zugang zum Netz zu ermöglichen, gründete sie das NSFNET. Um immer mehr Institutionen anzuschließen und einem immer weiter zunehmenden Verkehr gerecht zu werden, wurde ein System, basierend auf Backbones (=Rückgrat) realisiert, das die großen Rechenzentren miteinander verband. An diese konnten sich andere eigenständige Campus- und Weitverkehrsnetze (WAN, *Wide Areas Networks*) anschließen. Dieser Backbone trägt heute mit seinen 45 Mbit/s-Anschlüssen die Hauptlast des Internetverkehrs. Damit übernahm die NSF immer mehr die Aufgaben des Arpanet, das schließlich Ende 1989 vom Department of Defense aufgelöst wurde.

NSFNET

1.1.4 Das Internet in Europa

Natürlich bestand auch in Europa die Notwendigkeit, den Wissenschaftlern der Universitäten und Forschungseinrichtungen eine schnelle und kostengünstige Kommunikationsinfrastruktur bereitzustellen [RAR93]. Zur europaweiten Koordinierung der Aktivitäten einzelner Länder wurde 1986 RARE (*Réseaux Associés pour la Recherche Européenne*) gegründet, die zunächst das

*Gründung von
RARE*

COSINE-Projekt (*Cooperation for an Open Systems Interconnection Networking in Europe*) initiierte. Ziel von COSINE war die Bereitstellung einer auf ISO/OSI-Normen basierenden Infrastruktur für den akademischen Bereich innerhalb Europas.

Europa = OSI ?

Im Gegensatz zur Entwicklung in den USA sollten in Europa vorwiegend Applikationen, die auf den ISO/OSI-Normen basieren, zum Einsatz kommen. Das wichtigste Ergebnis aus dem COSINE-Projekt war das erste paneuropäische Netzwerk auf X.25-Basis IXI (*International X.25 Interconnect*), das seit Februar 1993 als EuropaNET, einem Multiprotokoll-Backbone fortgeführt wird.

Ebone

Trotz aller Fixierung auf OSI-Protokolle konnte sich auch RARE nicht der aus den USA herüberschwappenden Internetwelle verschließen. RIPE (*Réseaux IP Européens*) übernahm die Koordinierung des Internetverkehrs in Europa. In Analogie zum NSF-Backbone der USA wurde 1992 *Ebone*, der Europäische Internet-Backbone, in Betrieb genommen, mit allerdings z.T. erheblich geringeren Übertragungsraten als der NSFNET-Backbone.

1.1.5 Einige quantitative Aussagen

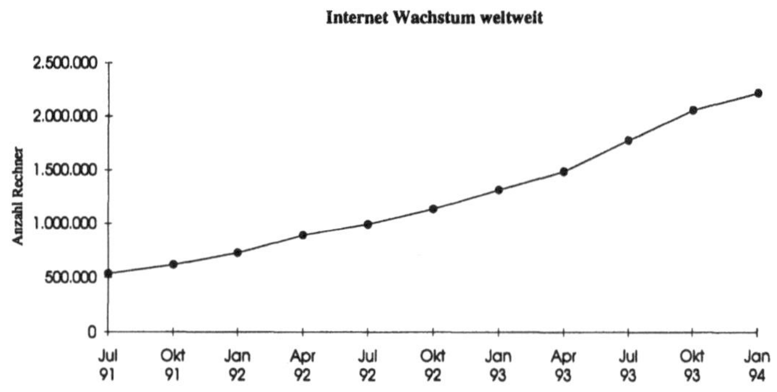

Abbildung 1.1: Wachstum des Internet weltweit im Zeitraum Oktober 1989 bis Januar 1994

Bisher wurde von einem immer weiter wachsenden Internet geredet. Einige quantitative Angaben sollen dies belegen: Sie sind aus den vierteljährlich erscheinenden Statistikdaten von Lottor entnommen [Lot94], die auf der Analyse der Einträge im Domain Name System (s. Kap. 1.5.4) beruhen.

Zur Zeit sind ca. 2 Mio. Rechner in über 30.000 Netzen am Internet angeschlossen. In Deutschland sind zur Zeit (Januar 1994) ca. 100.000 Rechner im Internet registriert. Dies entspricht einer Wachstumsrate von 45 Prozent gegenüber Januar 1993. Die Abbildung 1.2 zeigt die Zahlen der angeschlossenen Rechner für den Zeitraum Juli '91 bis Januar '94 in Deutschland.

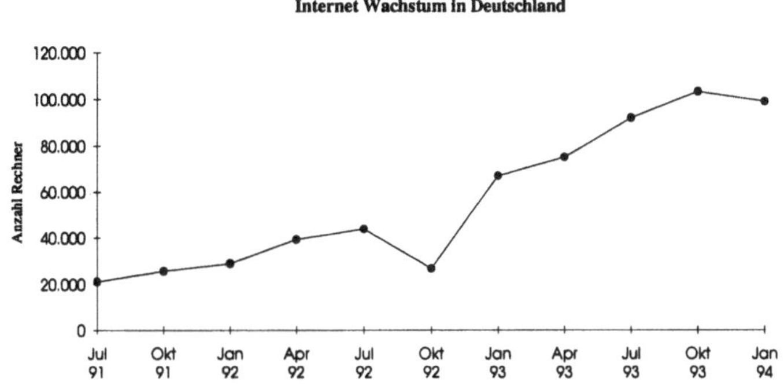

Abbildung 1.2: Wachstum des Internet in Deutschland

1.2 Organisationen im Internet

Auch wenn es keine zentrale Administration des gesamten Internet gibt, so sind doch Gruppen notwendig, die sich mit dem laufenden Betrieb und den zukünftigen Entwicklungen im Internet beschäftigen und lenkend eingreifen.

1.2.1 Die Internet Society

Im Juni 1992 wurde die Internet Society (ISOC) ins Leben gerufen. Sie ist eine Non-Profit-Organisation für akademische, forschungs- und lehrebezogene sowie gemeinnützige Belange mit dem Ziel [Int92],

ISOC

- die technische Entwicklung des Internet als Infrastruktur für die Forschung und Lehre zu forcieren und akademische, wissenschaftliche und technische Gesellschaften in die Weiterentwicklung des Internet einzubinden,

- den Wissenschaftlern, aber auch der Öffentlichkeit, die Technik, den Umgang und die Anwendungen des Internet nahezubringen,

- wissenschaftliche und lehrebezogene Anwendungen der Internettechnologie zum Nutzen von Lehranstalten aller Stufen, der Industrie und der gesamten Öffentlichkeit zur Verfügung zu stellen,

- ein Forum zu sein für die Entwicklung neuer Internet-Anwendungen und die Zusammenarbeit von Organisationen, die sich mit der Entwicklung, dem Betrieb und der Gestaltung neuer Anwendungen beschäftigen, untereinander zu fördern.

Die wichtigsten Organisationen, wie Internet Architecture Board (IAB), Internet Engineering Task Force (IETF) und Internet Research Task Force (IRTF), die z.T. schon vor Gründung der ISOC existierten, wurden in die Internet Society übernommen.

1.2.2 Die technischen Organisationen

IAB

Das Internet Architecture Board ist für die weitere technische Entwicklung des Internet verantwortlich und soll laut ISOC die „Architektur eines Multiprotokoll-Internet beaufsichtigen", was beispielsweise auch den zukünftigen Einsatz von ISO/OSI-Protokollen impliziert.

IETF & IRTF

Die langfristige Entwicklung wird durch die IRTF vorgezeichnet. Im Gegensatz dazu kümmert sich die IETF um aktuelle Entwicklungen und Standardisierungen [Mal] im Internet, die in den „*working groups*" (*Application, User Services, OSI Integration, Internet Services, Routing & Adressing, Security, Network Management, Operational Requirements, Standards Management*) bearbeitet werden.

1.2.3 Wie entsteht ein Standard ?

Die IAB veröffentlicht sog. RFC's (*Request for Comments*), die
ursprünglich lediglich technische Informationen enthielten. Mit
der Zeit wurden in den Texten aber auch Internet-Standards und
Informationen für den Endbenutzer herausgegeben. Jeder RFC
erhält eine Nummer; die Texte stehen im Netz zur freien Verfügung[3]. Zur Zeit (April 1994) gibt es 1.606 RFC's, 49 davon beschreiben Internet Standards, 21 haben den Zusatz FYI, was für
„*For Your Information*" steht. Diese enthalten Informationen, die
besonders für den Anfänger von Interesse sind.

RFC

Enthält der RFC eine Spezifikation, die einmal zum Standard werden soll, prüft das IAB den Inhalt und kann ihn zum *proposed
standard* erklären. Nun werden Erfahrungen mit der neuen Spezifikation gesammelt und frühestens nach einem halben Jahr kann
sie in den Status *draft standard* übergehen. Dazu müssen mindestens zwei unabhängige Implementierungen existieren, die erfolgreich zusammenarbeiten können. Schließlich wird nach eventuellen
Änderungen der RFC in den *Standard*-Zustand befördert und ist
damit fester Bestandteil der Internetspezifikationen [Cha92].

*Internet
Standards*

In regelmäßigen Abständen erscheint ein RFC mit dem Namen
Internet Official Protocol Standards, in welchem eine Übersicht
über den Status verschiedener Protokolle gegeben wird. Derzeit
hat es die Nummer 1540 und stammt vom Oktober 1993.

1.3 Who's who in Deutschland

Man kann die Nutzer des Internet grob in drei Gruppen unterteilen.

- Angehörige von Hochschulen und Forschungseinrichtungen

- Wirtschaftsunternehmen

- Privatpersonen

---

[3] z.B. ftp://nis.nsf.net/documents/rfc/

In Deutschland gibt es für die jeweiligen Gruppen Diensteanbieter, sog. *service provider*, die den Zugang zum Internet anbieten.

1.3.1 Der DFN-Verein

DFN

Der Wissenschaftler[4] ist auf eine einfache, kostengünstige Möglichkeit der internationalen Kommunikation angewiesen. Der DFN-Verein wurde 1984 vom Bundesministerium für Forschung und Technologie (BMFT) ins Leben gerufen, mit dem Ziel „[...] die Schaffung der wissenschaftlich-technischen Voraussetzungen für die Errichtung, den Betrieb und die Nutzung eines rechnergestützten Informations- und Kommunikationssystems für die öffentlich geförderte und die gemeinnützige Forschung in der Bundesrepublik Deutschland auf der Basis öffentlicher Übertragungsnetze unter Beachtung der entsprechenden internationalen Standards und Normen zu fördern [...]" [DFN92]. Der DFN-Verein ist Betrei-

WIN

ber des Wissenschaftsnetzes WIN, das wie das öffentliche Datex-P Netz der Telekom, auf X.25 Technologie basiert. Wesentlicher

Kosten unabhängig vom übertragenen Volumen

Vorzug des WIN gegenüber Datex-P ist die volumenunabhängige Abrechnung der Datenübermittlung, die es den Universitäten, Fachhochschulen und anderen wissenschaftlichen Einrichtungen zu einem erschwinglichen Preis ermöglicht, ihren Mitarbeitern eine ausreichende Netzinfrastruktur zur Verfügung zu stellen. Der WIN-Anschluß, der nur Mitgliedern vorbehalten ist, ermöglicht neben der X.25-Kommunikation in Deutschland und Zugang über das EuropaNET in andere europäische Länder auch die Nutzung der Internet-Dienste in Deutschland [DV93].

Weiterhin offeriert der DFN-Verein auch Nichtmitgliedern ein Mehrwertdienst-Paket, das die Basis für die Datenkommunikation mit den internationalen Netzen darstellt. Dazu gehören

- Zugang zum weltweiten Internet,

- Zugang zum weltweiten X.400 Mail-Verbund,

- Zugang zum EARN/BITNET,

---

[4] Wie im ganzen Buch ist hier natürlich auch die weibliche Form („die Wissenschaftlerin") angesprochen!

- Nutzung von Gateway-Diensten.

Zur Zeit (Februar 1994) existieren in 151 deutschen Städten 349 WIN-Anschlüsse; in 116 Städten wird von 219 Organisationen zusätzlich der Internet-Dienst über das WIN angewendet.

1.3.2   XLINK

XLink[5] hat seinen Ursprung in der Informatikrechner-Abteilung der Universität Karlsruhe und bietet seit etwa 10 Jahren seine Dienste den Einrichtungen der Wissenschaft und Industrie an. XLink spielte im Bereich der Internetanbindung eine Vorreiterrolle. Mittlerweile wurde es aus dem Universitätsbetrieb ausgegliedert, um seine Aufgabe als privatwirtschaftliches Unternehmen (NTG, Netzwerk und Telematic GmbH) weiterzuführen. *NTG/XLink*

Dazu bietet NTG/XLink alle gebräuchlichen Internetdienste an und ermöglicht über seine Verbindungen die Nutzung weiterer Dienste. Die Internetdienste umfassen neben den reinen IP-Diensten auch E-Mail und NetNews [XLi93]. Es werden weder Grundgebühren noch Anschlußgebühren erhoben. Die Abrechnung erfolgt über monatliche Pauschalen, die von der Höhe des vom Nutzer benötigten Kontingents (10 Klassen) abhängen. Dieses wird über das durchschnittliche monatliche Nutzungsvolumen ermittelt. *monatl. Pauschalgebüren*

1.3.3   Die EUnet Deutschland GmbH

„EUnet ist das größte paneuropäische Computernetzwerk und verbindet über 26 Länder" [EUn93]. In Deutschland beziehen etwa 500 Organisationen Dienstleistungen der EUnet Deutschland GmbH, dem deutschen Repräsentanten des EUnet. Die Dienstleistungen werden unterschieden nach Electronic Mail, NetNews (Usenet News) und InterEUnet berechnet, je nachdem welche Ansprüche die Organisation an ihren Internetanschluß stellt. Die Ko- *EUnet*

[5] eXtended lokales Informatiknetz Karlsruhe

sten setzen sich bei EUnet aus einer allgemeinen Grundgebühr plus einer Bereitstellungsgebühr, sowie einem im voraus zu bestellenden Kontingent für die jeweiligen Dienste zusammen. Außerdem hängen die Kosten von einer Mitgliedschaft in der *German Unix User Group (GUUG)* ab. Für E-Mailing hat das EUnet 5 Klassen eingeführt, wobei der Anteil der empfangenen Mails am Gesamtvolumen zugrunde gelegt wird. Je nach Klasse wird ein bestimmter Preis pro KByte festgelegt.

Rabatte für GUUG-Mitglieder

1.3.4 Der Individual Network e.V.

IN

Für eine Anbindung von Privatpersonen an das Internet setzt sich der *Individual Network e.V.* (IN) ein. IN fungiert als ein Dachverband für mehr als 40 kleinere Netze, die im Laufe der Zeit in Deutschland entstanden. Während die Betreiber der kleinen Netze früher direkt mit den Providern (XLINK, EUnet, DFN-Verein) über eine Internetanbindung verhandeln mußten, übernimmt dies heute der IN. Er hat inzwischen mit allen drei Diensteanbietern Verträge abgeschlossen.

Internetanbindung für Privatpersonen

Die Ziele des IN sind u.a. Schaffung und Sicherung von günstigen Zugängen zu den internationalen Kommunikationsnetzen und eine vernünftige Entwicklung der Netzlandschaft im Interesse von Privatpersonen.

Für eine Anbindung an das Internet zahlt eine Privatperson keine Gebühr an das IN, sondern sie wendet sich an ihr regionales Netz, an das sie die Anschlußgebühr abführt. Die Kosten und Dienste dieser Netze sind unterschiedlich, die Obergrenze beträgt ca. DM 50,– pro Monat für eine volle Internetanbindung, die allerdings nicht in allen Netzen möglich ist.

1.3.5 Der sub-Netz e.V.

Über den „Verein zur Förderung der privat betriebenen Datenkommunikation (VzFdpbD)", kurz sub-Netz e.V., besteht für Pri-

vatpersonen ebenfalls die Möglichkeit, am Internet teilzunehmen.
Eine wesentliche Aktivität des Vereins ist der Unterhalt eines
Kommunikationsnetzes, das von den Mitgliedern kostenfrei genutzt werden kann. Es fällt lediglich ein Jahresbeitrag (Schüler
und Studenten 60,– DM) an. In diesem sind innerdeutsche Mails
sowie NetNews enthalten. Internationaler IP-Verkehr oberhalb eines Freikontingents wird gesondert berechnet [Sub93]. Dementsprechend werden als Anwendungen im wesentlichen E-Mail und
NetNews genutzt.

1.3.6 Der DIGI e.V.

DIGI e.V. steht für *Deutsche-Interessen-Gemeinschaft Internet
e.V.*. Zweck des Vereins ist die „ [...] Förderung des Informati-
onsaustausches zwischen den Gruppen der Betreiber und der Benutzer von Netzen, die auf offenen internationalen Vernetzungs-
protokollen basieren [...] " [DIG93].

Die Deutsche Interessenge- meinschaft Internet e.V.

DIGI tritt also nicht als Diensteanbieter auf, sondern sieht seine
Aufgabenstellung darin, sowohl den Nutzer als auch die Anbieter zu unterstützen. Er bietet sowohl technische als auch administrative Informationen; dazu gehört beispielsweise die Ausrichtung
der *Opennet*, einer jährlich stattfindenden Tagung über Internetspezifische Themen. Die Unterstützung kann von allen Anwendern, also sowohl von Privatpersonen als auch von Anwendern in
kleinen und mittleren Unternehmen in Anspruch genommen werden.

1.3.7 Das DE-NIC

Die Funktionsweise des Internet basiert auf auf einer eindeutigen Vergabe von Rechnernummern (s. Kap. 1.5.4). Dafür ist in
jedem Land eine bestimmte Organisation, das Network Information Center, verantwortlich. Für Deutschland wird diese Aufgabe vom DE-NIC (Deutsches Network Information Center) übernommen. Es verwaltet also die Vergabe der Namensräume inner-

Verwalter des „deutschen" Internet

halb Deutschlands, koordiniert die Verteilung der Internetnummern und betreibt den *Primary Nameserver* [6] (vgl. 1.5.4) für die Bundesrepublik [Rec93]. Über diese Maschine erhalten alle am Internet angeschlossenen Rechner Auskunft über die Adressen der Rechner im deutschen Teil des Internet.

Seit dem 1. Januar 1994 befindet sich das DE-NIC am Rechenzentrum der Universität Karlsruhe. Es arbeitet eng mit den oben genannten Internetanbietern zusammen, ist jedoch völlig unabhängig von ihnen.

1.4 Allgemeines über Computernetze

Zur Beschreibung der Kommunikation in Computernetzwerken wird in der Regel das ISO/OSI-7-Schichten-Referenzmodell herangezogen. Dies soll im folgenden Kapitel kurz erläutert werden.

1.4.1 Einige einführende Begriffe

Innerhalb eines Netzwerkes werden Rechner, die dem Benutzer Anwendungen zur Verfügung stellen, als *Hosts* bezeichnet. Die Hosts sind durch ein sog. *Kommunikationssubnet* miteinander verbunden. Ein Subnet wiederum besteht aus *Übertragungsleitungen* (*channels*) und *Schalteinheiten*, die als IMP's (*Interface Message Processor*) bezeichnet werden. Die IMP's verbinden die Übertragungsleitungen, und bestimmen die „richtige" Ausgangsleitung für eingehende Daten, d.h. jeder Datenverkehr zwischen Hosts wird über den zugeordneten IMP abgewickelt[Tan90].

Schichtenmodell zur vereinfachten Darstellung

Zur vereinfachten Darstellung des komplexen Vorgangs der Datenübertragung zwischen zwei Rechnern hat sich das *Schichtenmodell* für die Beschreibung bewährt. Jede Schicht bietet der ihr übergeordneten Schicht einen Dienst an und kann die Dienste der unter ihr liegenden Schicht in Anspruch nehmen, ohne ihre Funk-

[6] ns.nic.de

tionsweise zu kennen. Dem Anwender bleibt die Schichtung verborgen.

Die Schichten der gleichen Ebene kommunizieren über *Protokolle* miteinander. Die Protokolle regeln den Ablauf der Kommunikation. Ähnlich wie die Unterhaltung zweier Personen gewissen Regeln unterworfen ist, ist dies auch bei der Verständigung zweier Rechner notwendig.

Protokolle

Ein Beispiel soll die Rolle der Protokolle auf unterschiedlichen Ebenen verdeutlichen:

Sie, Naturheilkundler und mit den alten chinesischen Heilmethoden vertraut, möchten Herrn Xiu, einem chinesischen Gelehrten eine wichtige Frage zur Behandlung eines Ihrer Patienten stellen. Ihr Kommunikationsprotokoll wäre die „Fachsprache der Naturheilkunde".

Beispiel

Nun sprechen Sie nur deutsch, Herr Xiu nur chinesisch. Allerdings wohnt ein Stockwerk unter Ihnen ein deutsch-italienischer Dolmetscher, unterhalb Herrn Xiu ein Dolmetscher für italienisch-chinesisch. Sie verfassen also den Text mit den Fachbegriffen, die sowohl Ihnen, als auch Herrn Xiu geläufig sind, in Deutsch. Dann nehmen Sie die Dienste des unter Ihnen wohnenden Dolmetschers in Anspruch, dieser kommuniziert über das Protokoll „Sprache Italienisch" mit dem Dolmetscher von Herrn Xiu. Beide Dolmetscher sind im Bereich der Naturheilkunde völlig unbewandert, sie brauchen nicht zu „verstehen", was sie übersetzen.

Wie kommt nun die Nachricht von Ihrem Dolmetscher zum Dolmetscher von Herrn Xiu? Hier bedienen sich nun die Dolmetscher Diensten, die ihnen von Bewohnern im ersten Stock angeboten werden. Auf beiden Seiten sitzen Computer-Freaks, die beständig Nachrichten über ein Modem untereinander austauschen. Der deutsche Freak gibt die italienischen Worte über den nur ihm und seinem Kollegen verständlichen Mechanismus, das Protokoll „Computer-Modem" an den chinesischen Computerspezialisten weiter. Beide brauchen dazu kein Wort italienisch zu verstehen, sie haben lediglich die Aufgabe, die Worte korrekt zu übertragen. Da es Ihnen sehr wichtig ist, daß die Fragen wirklich Herrn Xiu erreichen, haben Sie sich für die Übertragung diesen *zuverlässigen Dienst* ausgewählt, der natürlich sehr „teuer" ist.

Eine „billigere" aber weit unsicherere Lösung wäre die Übertragung über das Protokoll „Flaschenpost".

Im Unterschied zu den *Diensten*, die für die *vertikale* Kommunikation zwischen den Schichten verantwortlich sind, regeln *Protokolle* also die Kommunikation zweier Partner auf der gleichen Ebene, d.h. Protokolle regeln die Kommunikation in *horizontaler* Richtung. Jede Ebene gibt die Information an die unter ihr liegende Schicht weiter. Unterhalb der ersten Schicht liegt das physikalische Medium, über das die Datenübertragung letztendlich abläuft.

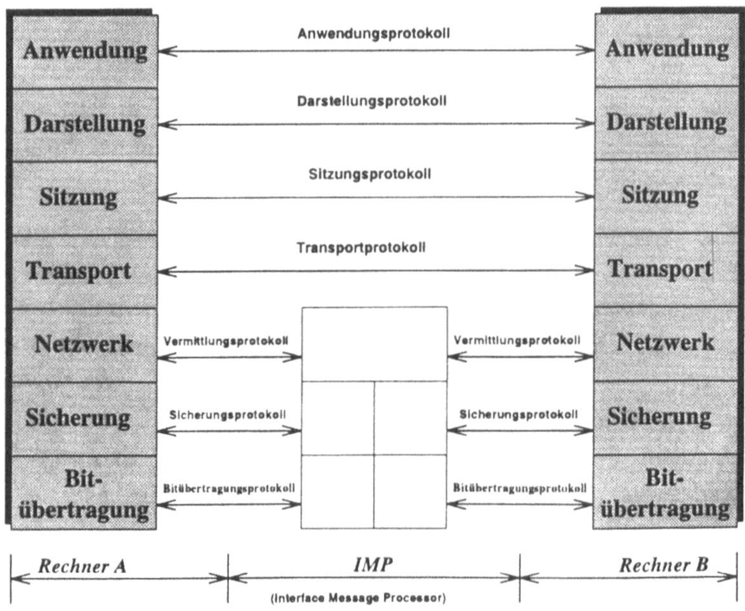

Abbildung 1.3: Grafische Darstellung des ISO/OSI-Modells (entnommen aus [Sch93])

1.4.2 Das ISO/OSI-Referenzmodell

Die Kommunikation zwischen Rechnern in offenen, heterogenen Systemen wird in der Regel anhand des sog. ISO/OSI-Referenzmodells beschrieben. Dies teilt die Aufgaben, die bei der Datenkommunikation zwischen zwei Anwendungen auf unterschiedlichen Rechnern anfallen, sieben aufeinander aufbauenden Schichten zu. Dabei bietet jede Schicht ihre Dienste der nächst höheren Schicht an und kann ihrerseits die Dienste der direkt unter ihr liegenden Schicht in Anspruch nehmen. Die Aufgabenverteilung der Schichten im ISO/OSI-Modell ist wie folgt:

1. Die Bitübertragungsschicht:
   Innerhalb der Bitübertragungsschicht werden die elektrischen, mechanischen, funktionalen und prozeduralen Parameter zur Steuerung des physikalischen Übertragungsmediums innerhalb des Kommunikationssytems festgelegt. Die Grundfunktion besteht in der Bereitstellung der physikalischen Verbindung und deren kontinuierlicher Betriebsbereitschaft.

   physical layer

2. Die Sicherungsschicht:
   Mit Hilfe der Sicherungsschicht wird die Übertragung zwischen zwei Rechnern auf den einzelnen Teilstrecken des gesamten Übertragungsweges gesichert. Notwendige Funktionen sind: Segmentieren, Kontrollieren und die Behandlung von Fehlern. Sie wird nach [Krü86] in zwei Unterschichten unterteilt:

   data link layer

   (a) Medium Access Control (MAC): Zugriff auf das Übertragungsmedium

   (b) Logical Link Control (LLC): Verwaltung der logischen Verbindungen, Aufgaben der Fehlererkennung und der Flußkontrolle.

3. Die Netzwerk- oder Vermittlungsschicht:
   Die Vermittlungsschicht übernimmt den Verbindungsaufbau zwischen zwei beliebig miteinander verbundenen Rechnern (*Routing*). Dies umfaßt die Bereitstellung geeigneter Adressierung, die Vermittlung, den Verbindungsaufbau und -abbau, Rücksetzung, Unterbrechung, Fehlererkennung und den transparenten Datentransport zwischen den Netzwerkendpunkten. Unter den Aspekt Transparenz fallen Anpassungen der Eigenarten verschiedener Sicherungsschichten und auch Anpassungen an die sich ändernden Netzwerktopologien.

   network layer

transport layer

4. Die Transportschicht:
   Sie garantiert die netzwerkunabhängige, gesicherte Übertragung von Daten zwischen zwei Prozessen. Dazu gehören der Aufbau und Unterhalt der Verbindung, Multiplexing, Fehlerbehandlung und das Ordnen der Daten.

session layer

5. Die Sitzungs- oder Kommunikationssteuerungsschicht:
   Sie strukturiert den Datenaustausch (z.B. *Dialogsteuerung* und *Synchronisation*).

presentation layer

6. Die Darstellungsschicht:
   Die Darstellungsschicht realisiert die Anpassung der Datenstrukturen kommunizierender Prozesse. Hierzu gehören auch Aspekte der Alphabetumwandlungen und der Datenkompression.

application layer

7. Die Anwendungsschicht:
   Die Anwendungsschicht besteht aus *Anwendungsdienstelementen)*, die ihre Dienste direkt dem Benutzer des Kommunikationssystems, dem sog. Anwendungsprozeß anbieten. Dienste sind z.B Auf- und Abbau von Anwendungsassoziationen (auf Schicht 7 spricht man nicht mehr von Verbindung sondern von *Assoziation*), Ausführung entfernter Operationen oder zuverlässiger Datentransferdienst.

1.4.3 Paketvermittelnde Netzwerke

Um Nachrichten zwischen zwei Partnern zu übertragen, gibt es grundsätzlich zwei veschiedene Prinzipien, die in Analogie zum Telefondienst der Telekom und dem Postdienst der Post gesehen werden können. Bei der *Leitungsvermittlung* wird für die Dauer einer Sitzung eine Verbindung aufgebaut, d.h. bevor Daten übertragen werden können, muß eine Verbindung analog zur Telefonverbindung aufgebaut werden.

Leitungsvermittlung

Im Gegensatz dazu entspricht die Paketvermittlung eher dem Vorgehen der Briefpost. Eine Nachricht (Brief) wird an einer bekannten Stelle (Postamt) abgegeben. Kennt das Postamt den Adressaten, kann der Brief direkt ausgeliefert werden, kennt es ihn nicht,

Paketvermittlung

so leitet es den Brief an eine Zentrale weiter. Diese erkennt, z.B. anhand der Postleitzahl, an welches Postamt der Brief weitergeleitet werden muß, um ihn an den Adressaten zu bringen. In paketvermittelnden Netzwerken werden die Daten in Blöcke eingeteilt, wobei jeder Block aus einem Kopfteil, der insbesondere die Adressinformation enthält, und einem Datenblock besteht. Jedes Datenpaket kann nun, ähnlich wie der Brief, zugestellt werden, ohne daß der Absender den expliziten Weg zum Ziel kennen muß. Es muß also im Gegensatz zur Leitungsvermittlung keine ständige Verbindung zwischen Absender und Adressat vorhanden sein.

1.5 Die TCP/IP-Protokollfamilie

Das folgende Kapitel enthält die Grundlagen des zentralen Internet-Protokolls TCP/IP, wie sie zum Verständnis der in den folgenden Kapiteln beschriebenen Anwendungen notwendig sind.

1.5.1 Die Protokolle im Internet

Wie bereits weiter oben erwähnt, entstand das ISO/OSI-Modell erst, als das Arpanet bereits einsatzfähig war. Die Erfahrungen, die bei der Entwicklung des Arpanet gemacht wurden, gingen jedoch in die Modellierung mit ein. Die Internetprotokolle können ebenfalls in ein Schichtenmodell, mit allerdings nur vier Ebenen, eingeordnet werden. In Abbildung 1.4 und Abbildung 1.5 werden die Modelle einander gegenübergestellt [Sch93]. Gleichzeitig enthalten die Abbildungen die wichtigsten Protokolle und ihre Zuordnung zu den jeweiligen Ebenen.

Schichtenmodell mit vier Ebenen

Die Ebenen 1 und 2 des ISO/OSI-Modells werden im *Internet Protocol Stack* oder *DoD Protocol Stack*, wie das Internet-Modell auch genannt wird, durch die Netzwerkebene abgedeckt. Das zentrale Protokollpaar TCP/IP stimmt ziemlich genau mit den ISO/OSI-Ebenen 3 und 4 überein. In den höheren Schichten hingegen unterscheiden sich DoD Protocol Stack und ISO/OSI Modell gewaltig. Die fünfte, sechste und siebte ISO/OSI-Ebene wird im DoD

Protocol Stack durch eine einzige Schicht, die Prozeß- oder Applikationsschicht, dargestellt.

OSI Schicht — *Internet Protokoll Suite* — *DOD Schicht*

OSI Schicht	Internet Protokoll Suite						DOD Schicht
Anwendung	File Transfer	Electronic Mail	Terminal Emulation	Usenet News	Domain Name Service	Trivial File Transfer	Prozess / Applikation
Darstellung	File Transfer Protocol	Simple Mail Transfer Protocol	Telnet Protocol	Network News Transfer Protocol	Domain Name System	Trivial File Transfer Protocol	
Sitzung	(FTP) RFC 959	(SMTP) RFC 821	(Telnet) RFC 854	(NNTP) RFC 977	(DNS) RFC 1034	(TFTP) RFC 1350	
Transport	Transmission Control Protocol (TCP) RFC 793					User Datagram Protocol (UDP) RFC 768	Host-to-Host
Netzwerk	Address Resolution Protocol (ARP) RFC 826	Internet Protocol (IP) RFC 791				Internet Control Message Protocol RFC 792	Internet
Sicherung	Ethernet, Token Ring, DQDB (802.X), FDDI						lokales Netzwerk oder Netzzugriff
Bit-übertragung	Übertragungsmedium Doppelader, Koaxkabel, Lichtwellenleiter, drahtlose Übertragung						

Abbildung 1.4: Protokollübersicht (Teil 1)

DOD Schicht

DOD Schicht										
Prozess / Applikation	Alex/ NFS	Finger	Gopher	HyTelnet	Netfind	WAIS	Whois	WWW	Archie	Prospero
	XDR RFC 1014 RPC RFC 1057	Finger User Information Protocol RFC 1288	Internet Gopher Protocol RFC 1436	Telnet Protocol RFC 854	Finger DNS SMTP	Z39.50	Nicname Whois RFC 954	HyperText Transfer Protocol	Prospero Protocol	
Host-to-Host	Transmission Control Protocol (TCP)								User Datagram Protocol (UDP)	
Internet	Address Resolution Protocol (ARP)	Internet Protocol (IP)							Internet Control Message Protocol (ICMP)	
lokales Netzwerk oder Netzzugriff	Ethernet, Token Ring, DQDB (802.X), FDDI									
	Übertragungsmedium Doppelader, Koaxkabel, Lichtwellenleiter, drahtlose Übertragung									

Abbildung 1.5: Protokollübersicht (Teil 2)

1.5.2 Das Internet Protocol (IP)

Das *Internet Protocol (IP)*, auf der Netzwerkschicht (Ebene 3)
angesiedelt, bildet zusammen mit dem *Transmission Control Protocol (TCP)* (Transportschicht) das zentrale Protokollpaar der
Internet-Architektur. Die Hauptaufgabe des Internet Protokolls
ist das Adressieren von Rechnern sowie das Fragmentieren von Pa-
keten der darüberliegenden Schicht. IP stellt also die *Endsystemverbindung* der Partnerrechner her. Der darüberliegenden Ebene
(Transportschicht) bietet IP einen sog. *unzuverlässigen* und *verbindungslosen* Dienst an. Wenn also, wie z.B. beim Dateitransfer,
eine zuverlässige Übertragung gefordert wird, dann ist es Aufgabe eines der übergeordneten Protokolle (z.B. des Transportproto-
kolls), die Zuverlässigkeit zu gewährleisten.

*IP adressiert
Rechner*

1.5.3 Das Internet-Nummernsystem

Jeder Rechner im Internet braucht mindestens eine eindeutige Adresse. Zu diesem Zweck wurde die *Internet-Adresse* (IP-
Adresse), ein 32-bit langes Wort, eingeführt. Es gibt fünf Typen, je nachdem zu welchem Netzwerk ein Rechner gehört, jedoch
spielen derzeit nur drei eine Rolle. Sogenannte *Class-A*-Adressen
wurden an große Netze mit sehr vielen Hosts vergeben, *Class-
B*-Adressen wurden für „mittelgroße" Netzwerke eingeführt, kleine lokale Netze mit maximal 254 Hosts lassen sich mit *Class-C*-
Adressen verwalten.

*32 bit für eine
Internet-Adresse*

Die 32 Bit werden in Worte zu jeweils 8 Bit zusammengefaßt,
denen dann die entsprechende Dezimalzahl zugeordnet wird. Die
Abb. 1.6 zeigt den Aufbau der Adreßstruktur für die jeweiligen
Klassen.

Diese Art der Nummernvergabe hat einen großen Nachteil. Der
Adreßraum ist begrenzt. Im Gegensatz zum Telefonnummernsy-
stem, wo durch einfaches Anfügen einer weiteren Stelle im Prinzip
beliebig vielen Teilnehmern Telefonnummern zugeordnet werden
können, gibt es für die Internet-Adressierung Beschränkungen. Die
Tabelle 1.1 zeigt den Status der Adreßraumnutzung Anfang 1993.

*begrenzter
Adreßraum*

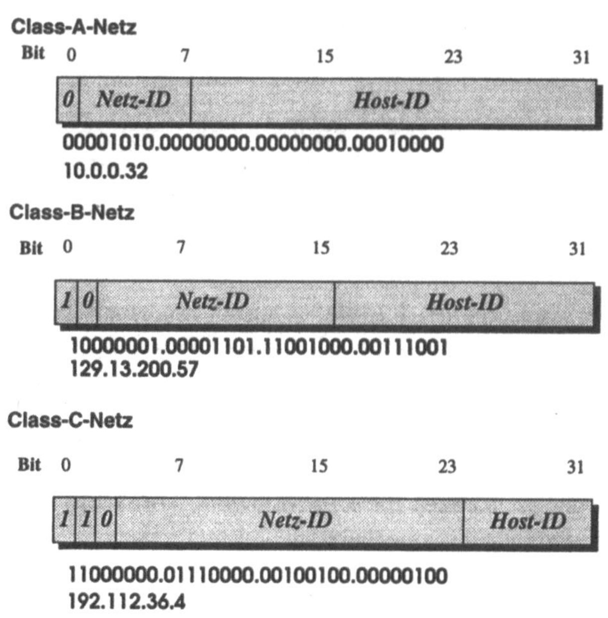

Abbildung 1.6: Internet-Adreßklassen

Besonders kritisch ist der Stand bei den Class-B-Netzen. Insge-

Class	Netze	%	zugeteilt	%	% des Adreßraumes
A	126	50	49	38	19
B	16363	25	7354	45	11
C	2097151	12	44014	2	0.2
gesamt:					≈30

Tabelle 1.1: Status der IP Adreßraumnutzung Anfang 1993 (aus [EUn93])

samt sind 25% des gesamten Internet Adressraums für Class-B-Adressen reserviert, diese sind aber schon fast zur Hälfte zugeteilt. Bei der derzeitigen Wachstumsrate können schon in wenigen Jahren alle Class-B-Adressen vergeben sein. Es können zwar dann statt dessen mehrere Class-C-Adressen vergeben werden, dies ist jedoch mit einer enormen Vergrößerung der Routingtabellen verbunden. Zur Zeit werden von den maßgeblichen Stellen verschiedene Lösungsalternativen untersucht.

1.5.4 DNS: Namen statt Internetnummern

Das *Domain Name System (DNS)* [Moc87a] [Moc87b] wurde geschaffen, um Rechnern statt den IP-Adressen auch logische Namen[7] zuordnen zu können. Dies erfolgte in den Anfängen des Internet über eine zentral gehaltene Datei (*/etc/hosts* auf UNIX Systemen) des Network Information Centers (NIC) die an alle Rech-   */etc/hosts*
ner jeder Domain regelmäßig mittels ftp verschickt wurde und die
jeder IP-Adresse eindeutig einen Namen zuordnete. Damals war
der Adreßraum noch flach[8] , jedoch wurde im Laufe der Zeit eine
größere Hierarchie nötig.

Als das Internet wuchs, war eine mittels ftp verschickte *hosts*-
Datei für jeden Rechner nicht mehr möglich. Das Aktualisieren
einer solchen Datei wäre zu aufwendig und würde das Netzwerk
zu sehr belasten. */etc/hosts* ist mittlerweile zu einer Datenbank
angewachsen und wird in *Zonen* aufgeteilt und von dedizierten
Rechnern, den *Domain Name Servern*, innerhalb der Zone verwaltet. Jeder Domain Name Server sieht also nur einen Teil des
gesamten *Domain Name Space*.

Insgesamt existieren drei Hauptkomponenten, aus denen sich das
DNS zusammensetzt (vgl. Abb. 1.7):

1. Der *Domain Name Space* (s. Abb. 1.8), ein baumartiger,   *Domain Name*
   hierarchisch strukturierter Namensraum und die *Resource*   *Space und*
   Records. Das sind Datensätze, die den Knoten zugeordnet   *Resource*
   sind.   *Records*

2. *Name Server* sind Programme bzw. Rechner, die die Infor-   *Name Server*
   mationen über die Struktur des Domain Name Space verwal-
   ten und aktualisieren. Ein Name Server hat normalerweise
   nur eine Teilsicht des Domain Name Space zu verwalten.

3. *Resolver* sind Programme, die für den Client Anfragen an   *Resolver*

---

[7] z.B. statt 129.13.200.33 *askhp.ask.uni-karlsruhe.de*
[8] Als die Domain *de* eingeführt wurde, gab es noch Adressen von der Art na-
me@de !

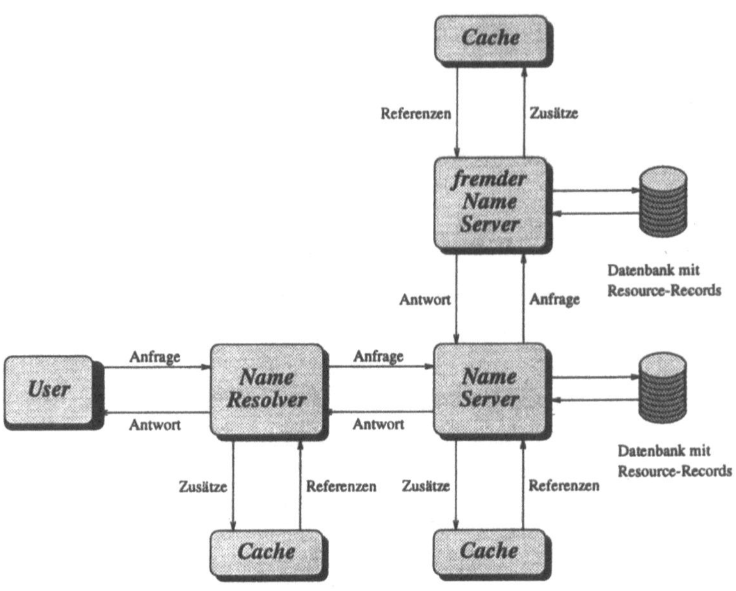

Abbildung 1.7: Beispiel einer Domain Name Anfrage

den Name Server stellen. Resolver sind einem Name Server zugeordnet. Bei Anfragen, die er nicht beantworten kann, kann er aufgrund von Referenzen andere Name Server kontaktieren, um die Information zu erhalten.

baumartige Struktur

Der Domain Name Space ist baumartig angelegt. Ausgehend von der Wurzel (*root*) folgen die *Top Level Domains* wie *at*, *edu* oder *de*. Diese spalten sich in weitere Unterdomains auf. Abb.1.8 zeigt einen kleinen Ausschnitt der Toplevel Domain *de* mit den Unterdomains *uni-karlsruhe* und *uka*.

Die Name Server des DNS verwalten also *Zonen*, die einen Knotenpunkt im DNS-Baum und alle darunterliegenden Zweige beinhalten. Durch die Existenz von Name Servern auf verschiedenen Tiefen des DNS-Baumes überlappen sich die Zonen der verschiedenen Name Server. Ein Name Server kennt jeweils seinen nächsthöheren und nächsttieferen Nachbarn. In jeder Zone gibt es aus Sicherheitsgründen mindestens zwei aktive Name Server (*primary* und *secondary*), die beide dieselben Informationen liefern. Für den Bereich *de* wird der Primary Server vom DE-NIC betrieben.

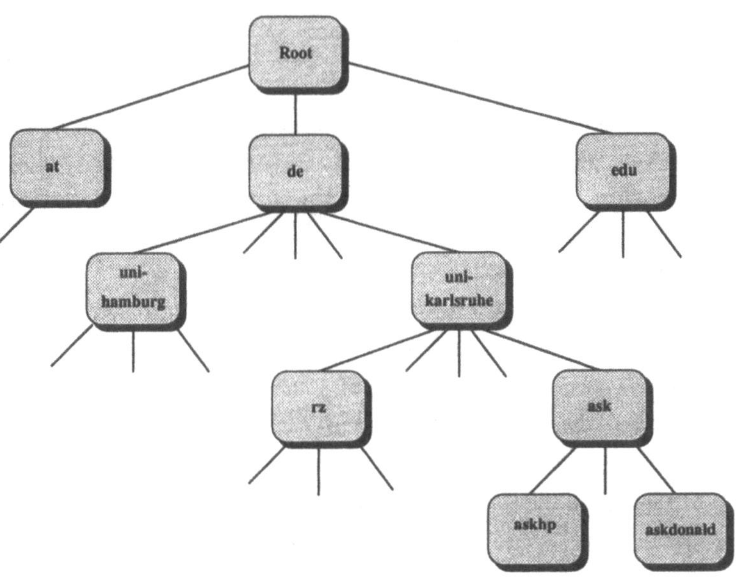

Abbildung 1.8: Domain Name Space (Ausschnitt)

1.5.5 Das Transportprotokoll TCP

TCP (*Transmission Control Protocol*) ist auf Ebene 4 der Protokollhierarchie angesiedelt. Es dient als Basis für Anwendungen wie *telnet* oder *ftp*, bei denen eine zuverlässige Übertragung der Daten gefordert wird, oder in ISO/OSI-Sprechweise: *TCP erbringt der Anwendungsschicht einen zuverlässigen, verbindungsorientierten Dienst.* Es stellt eine bidirektionale Verbindung zwischen den Partnern her. *Zuverlässig* bedeutet dabei, daß die Datenübertragung gesichert erfolgt und die gängigen Sicherungsverfahren wie Sequenznummernvergabe, Prüfsummenbildung mit Empfangsquittungen, Quittungen mit Zeitüberwachung und Sliding-Window-Verfahren angewendet werden.

Das verbindungsorientierte Transportprotokoll im Internet

Der Verbindungsaufbau erfolgt in Analogie zum herkömmlichen Telefonsystem. Ein Anrufer (Client) sendet einen sog. *request* (Anforderung) an einen Teilnehmer (Server). Dieser „hebt ab", indem er ein *reply* (Antwort) an den Client zurücksendet. Anschließend findet der Datenaustausch statt. Danach wird die Verbindung wieder abgebrochen.

Client-Server-- Architektur

29

1.5.6   Das User Datagram Protocol UDP

Selbstverständlich benötigen nicht alle Dienste auf der Transportebene eine gesicherte Verbindung zwischen zwei Kommunikationspartnern. Wenn beispielsweise das Netzwerk selbst sicher genug ist, wie das bei LAN's in der Regel der Fall ist, kann das Transportprotokoll erheblich einfacher gestaltet sein. UDP bietet einen einfachen *verbindungslosen* (Datagramm-)Dienst, der gegenüber IP lediglich zusätzlich Portnummern (s. Kap. 1.5.7) und eine Prüfsumme bietet. Gegenüber TCP ist UDP also ein Leichtgewicht, weswegen man auch hin und wieder von TCP's „kleiner Schwester" spricht.

verbindungsloses Transportprotokoll

Der Einsatz der Protokolle läßt sich wohl am besten wie folgt charakterisieren:

> *If you need a reliable stream delivery service, TCP might be best. If you need a datagram service, UDP might be best. If you need efficiency over long-haul circuits, TCP might be best. If you need efficiency over fast networks with short latency, UDP might be best.*
>
> *If your needs do not fall nicely into these categories, then the „best" choice is unclear. [SK91]*

1.5.7   Portnummern

Die Kommunikation erfolgt auf der Transportebene über sogenannte *Portnummern*. Diese ermöglichen das Ansprechen unterschiedlicher Dienste. Zusammen mit den IP-Nummern bilden die Portnummern *Kommunikationsendpunkte*.

Die Portnummern bestehen aus 16 bit, so daß von einem Rechner maximal 65.535 unterschiedliche Ports realisert sein können. Für einige Standarddienste werden von der IANA (*Internet Assigned Numbers Authority*) sog. *Well-Known-* Portnummern vergeben [RP92]. Dies sind Vereinbarungen, auf welche Ports bestimmte Dienste hören. FTP-Servern ist der Port mit der Nummer 21 zu-

Portnummern

geordnet, Telnet hört auf Port 23, Gopher-Server auf den Port mit der Nummer 70.

Portnummern sind auf einen Rechner beschränkt, sie werden für TCP und UDP getrennt vergeben, d.h. die Portnummer 4711 für UDP spezifizert einen anderen Dienst als die Portnummer 4711 für TCP. Unter UNIX erfolgt die Zuordnung vom Dienst zum Portnummer/Protokoll-Paar in der Datei */etc/services*.

Um bei der Analogie zum Telefonsystem zu bleiben, stehen Portnummern auf der gleichen Stufe wie Nebenstellenanlagen. Die Netzadresse entspricht dabei der Ortsvorwahl, die Hostadresse der Rufnummer, und der Port entspricht der Durchwahl. Mit diesen Angaben kann eine Verbindung zu einem bestimmten Dienst aufgebaut werden. Well-Known-Ports können nun mit der Auskunft, der Störungsstelle oder der Zeitansage verglichen werden, also Dienstleistungen, die unter einer allgemein verbreiteten Nummer erreichbar sind.

1.5.8 Prozesse und Daemons

Multiuser/Multitasking-Umgebungen, wie sie beispielsweise das Betriebssystem UNIX bietet, erlauben die quasi „gleichzeitige" Abarbeitung von Aufgaben. Die kleinsten Einheiten, die parallel ablaufen können, werden *Prozesse* genannt. Solche parallel lau-   *Prozesse*
fenden Prozesse sind etwa Programme der einzelnen Benutzer. Spezielle Programme, die feste Aufgaben durchführen, wie das Abwickeln von Druckaufträgen und die dazu ständig aktiv sein müssen, werden als *Hintergrundprozesse* oder auch *daemons* (*Disk*   *Daemons*
And Execution MONitor) bezeichnet.

Auch die Serverprozesse, über die die Kommunikation zwischen zwei Rechnern abläuft, sind als Hintergrundprozesse aktiv. Diese bauen einen Kommunikationspunkt oder *Socket* auf. Ein Client, der mit dem Server in Verbindung treten möchte, koppelt sich ebenfalls an einen Socket und beantragt einen Verbindungsaufbau zu dem Socket des Servers. Wenn der Serverprozeß die Verbindung annehmen will, gibt er dies dem Client bekannt und benennt ihm einen anderen Punkt, über den die Kommunikation mit dem Client stattfinden kann. Dies ist auf Serverseite mit der Abspaltung eines Hintergrundprozesses (*child process*) verbunden. Der ursprüngliche Serverprozeß ist nun wieder frei, um neue ankommende Clients zu bedienen [Gul88].

Damit ein Dienst angeboten werden kann, muß also ein Serverprozeß auf dem Serverrechner gestartet sein. Dies bedingt, daß auf diesem Rechner Prozesse laufen müssen, selbst wenn Dienste nie oder nur selten benutzt werden. Für die TCP/IP-Netzdienste schafft der „Superserver" *inetd* Abhilfe, der anstelle der einzelnen Serverprogramme die Ports abhört und auf ankommende Verbindungen wartet. Nachdem die Verbindung zustandegekommen ist, wird der zugehörige Serverprozeß gestartet. Dies hat den Vorteil, daß im inaktiven Zustand lediglich ein Prozeß laufen muß. Der Server ist unter UNIX über die Datei */etc/inetd.conf* konfigurierbar, so daß Serverdienste sehr leicht bereitgestellt werden können.

Der Internet services daemon inetd

Telnet

2.1 Einleitung

Telnet [PR83] ist der erste Dienst, der im Internet implementiert
wurde [LR93]. Mit Telnet, dem Standard-*Remote-Login*-Dienst
auf dem Internet, kann man auf Rechnern im Netz so arbeiten,
als ob die eigene Tastatur und das eigene Terminal direkt am entfernten Rechner angeschlossen wären; abgesehen von stellenweise
längeren Antwortzeiten bei langsamen Netzverbindungen.

Zwischen UNIX-Rechnern wird vor allem das Kommando *rlogin*
eingesetzt, das etwa die gleichen Funktionen wie Telnet realisiert.
Es unterstützt speziell die UNIX-Umgebung und kann so konfiguriert werden, daß zum Aufbau von Verbindungen zwischen *Trusted
Hosts* kein expliziter Login-Vorgang erforderlich ist [Kan91]. Für
die Arbeit in heterogenen Umgebungen ist jedoch Telnet vorzuziehen, da es u.a. Eigenschaften besitzt, die die Zusammenarbeit
mit Großrechnersystemen erleichtert [San90].

Telnet und rlogin

Im allgemeinen ist zur Arbeit auf anderen Rechnern eine Zugangs-
berechtigung (*account*) erforderlich. Daher bieten viele Rechner im
Internet entweder einen *Guest Account*, um ganz bestimmte Programme wie z.B. Datenbankschnittstellen zu benutzen, oder sie
verlangen überhaupt keinen expliziten Einlogvorgang. So können
via Telnet z.B. Clients für viele der in den nachfolgenden Kapiteln angeführten Dienste ausgeführt werden, ohne daß sie lokal
am eigenen Rechner installiert sein müssen. Die Bildschirminfor-
mation, die die entfernt gestarteten Programme ausgeben, wird
dazu über das Netzwerk an den eigenen Rechner geschickt, lokal
aufgearbeitet und dargestellt.

2.2   Allgemeine Grundlagen

Die folgenden Abschnitte enthalten allgemeine Informationen zum
Telnet-Konzept, die schematische Darstellung einer Telnet-Sitzung
unter UNIX und eine kurze Erläuterung der Verhandlungen, die
zwischen Client und Server stattfinden. Es ist nützlich, einige dieser Grundlagen zu kennen, um manche Phänomene bei der konkreten Arbeit mit Telnet zu verstehen.

2.2.1   Konzept

Im folgenden werden kurz die konzeptionellen Grundlagen des Telnet Protokolls skizziert, für weitergehende Informationen sei auf
die Literatur verwiesen [PR83] [LR93].
Telnet basiert hauptsächlich auf drei Ideen:

1. *Network Virtual Terminal*
   Beim Aufbau einer Telnet-Verbindung wird von beiden
   Kommunikationspartnern angenommen, daß sie von einem
   Network Virtual Terminal oder *NVT* aus operieren. Das
   NVT repräsentiert für die Kommunikationspartner ein netz-
   werkweit einheitliches virtuelles Referenzterminal. Telnet
   bildet die konkreten Eigenschaften der physikalischen Termi-
   nals der Kommunikationspartner auf das NVT ab; so benöti-
   gen Client und Server keine Kenntnis der Eigenschaften des
   Partnerterminals.

2. Aushandelbare Optionen (*Negotiated Options*)
   Alle Möglichkeiten „reeller" Terminals mit dem NVT-Konzept zu realisieren, würden einerseits das NVT-Konzept
   überladen und andererseits die Verständigung zwischen
   Kommunikationspartnern erschweren, da keiner der Kommunikationspartner die tatsächlichen Fähigkeiten des anderen kennt. Das *Negotiated-Options*-Konzept erlaubt den
   Kommunikationspartnern, Optionen auszuhandeln, die ihren Fähigkeiten entsprechen. Die Liste der zur Verfügung
   stehenden Optionen wurde im Laufe der Zeit ständig

NVT

*negotiated
options*

erweitert[1] und beschränkt sich nicht nur auf die Eigenschaften von Terminals.

3. Symmetrische Verbindungen
   Die Protokollfunktionen und -mechanismen von Telnet können von beiden Partnern der Kommunikationsverbindung gleichberechtigt benutzt werden. Daher eignet sich das Telnet-Protokoll z.B. auch für die Interprozeßkommunikation.

2.2.2 Schema einer Telnet-Sitzung

In Abbildung 2.1 wird der schematische Aufbau einer Telnet-Sitzung unter UNIX dargestellt. Der Standard-Zugangsport für

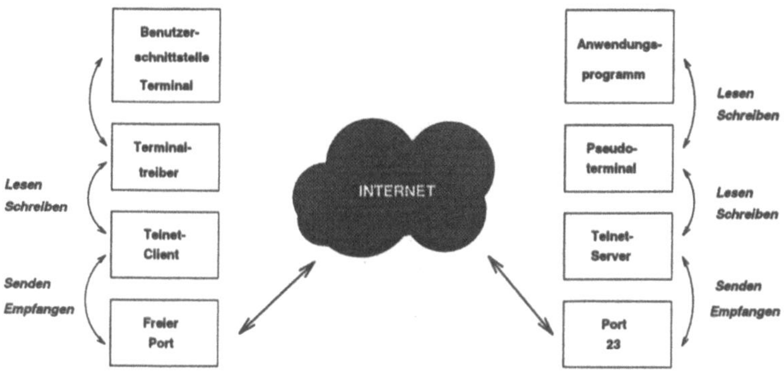

Abbildung 2.1: Schematische Darstellung einer Telnet-Sitzung

Telnet ist der Port mit der Nummer 23, der Server wird mit dem Telnet-Daemon *telnetd* realisiert. Telnet sorgt dafür, daß der Login-Vorgang für den Client so verläuft, als ob direkt mit dem Server-Rechner gearbeitet werden würde. Auf Server-Seite bietet Telnet dem Anwendungsprogramm ein *Pseudoterminal (pty)* an, mit dem es wie mit einem „normalen" Terminal arbeiten kann. Beim Start einer Sitzung laufen zwischen Telnet-Client und Telnet-Server oft Verhandlungen ab, bei denen der Client über den Server dem Anwendungsprogramm den Typ seines Terminals mitteilen kann. Gibt es auf Serverseite die erforderlichen Treiber für das

---

[1] siehe z.B.[Wai88] [Van89] [Mar89] [Ale94]

Client-Terminal, so kann dieses direkt von der Anwendung gesteuert werden. Telnet überträgt die Steuersequenzen transparent.

2.2.3 Verhandlungen beim Verbindungsaufbau

transparente Verhandlungen

Die Verhandlungen über Optionen, die zwischen Client und Server beim Verbindungsaufbau und ggf. während einer Telnet-Sitzung durchgeführt werden, sind normalerweise für den Benutzer von Telnet transparent. Sie können jedoch im Kommandomodus von Telnet (s. Kap.2.3) sichtbar gemacht werden. Abbildung 2.2 enthält ein konkretes Beispiel.

```
% telnet
telnet> toggle options
Will show option processing.
telnet> open askhp
Trying...
Connected to askhp.ask.uni-karlsruhe.de.
Escape character is '^]'.
SENT do SUPPRESS GO AHEAD
SENT will TERMINAL TYPE (don't reply)
SENT will NAWS (don't reply)
RCVD do 36 (reply)
SENT wont 36 (don't reply)
RCVD do TERMINAL TYPE (don't reply)
RCVD will SUPPRESS GO AHEAD (don't reply)
RCVD do NAWS (don't reply)
Sent suboption NAWS 0 80 (80) 0 24 (24)
Received suboption Terminal type - request to send.
RCVD will ECHO (reply)
SENT do ECHO (reply)
RCVD do ECHO (reply)
SENT wont ECHO (don't reply)

HP-UX askhp A.09.01 E 9000/755 (ttysb)

RCVD dont ECHO (don't reply)
login:
telnet>
```

Abbildung 2.2: Telnet: Verhandlungen beim Verbindungsaufbau

Die Kommandos, die zur Verhandlung verwendet werden, sind: *DO, DON'T, WILL* und *WONT. DO* und *DON'T* sind jeweils als Anforderung, *WILL* und *WONT* als Angebot zu verstehen. An dem Beispiel wird einiges an der Arbeitsweise von Telnet deutlich: Client und Server sind gleichberechtigt, jeder kann Vorschläge zur Verhandlung einbringen. Kann einer der Verhandlungspartner mit einer Option x nichts anfangen, antwortet er einfach mit *WONT x*,

im Beispiel *do 36 ... wont 36* [2]. Für die Verhandlung komplizierter Sachverhalte werden, wenn beide damit einverstanden sind,
Unterverhandlungen geführt, im Beispiel *will NAWS, do NAWS,
suboption NAWS* [3], *s. [Wai88]*; hier teilt der Client dem Server
die Größe seines Terminals mit (Anzahl Zeilen und Spalten).

2.3 Die Arbeit mit Telnet

2.3.1 Ein ganz einfaches Beispiel

Der Aufruf des folgenden Kommandos ist die einfachste Art mit
Telnet zu arbeiten. [4]:

telnet *Rechnername oder IP–Adresse*

Ein elementares Beispiel:

```
% telnet askartus.ask.uni-karlsruhe.de
Trying...
Connected to askartus.ask.uni-karlsruhe.de.
Escape character is '^]'.

HP-UX askartus A.09.01 A 9000/715 (ttys0)

login: geenen
Password:

askartus% pwd
/users/geenen
askartus% logout
```

2.3.2 Kommando-Modus

Gibt man den Telnet-Befehl ohne Parameter ein, kommt man
in den Kommando-Modus von Telnet. Im Verlauf einer Telnet-

---

[2] Option 36 ermöglicht die Übergabe von Umgebungsvariablen, s. [Ale94].
[3] Negotiate About Window Size
[4] Aufruf von einem UNIX-System aus. Auf anderen Systemen kann sich das
Kommando unterscheiden, z.B. *tn* bei manchen Telnet-Programmen für DOS.

Sitzung kann man durch Eingabe des Telnet *Escape Characters*[5] ebenfalls in den Kommando-Modus schalten. Was Telnet als *Escape Character* akzeptiert, wird meistens beim Aufbau einer Verbindung angegeben. Vor allem auf einer Reise durch unterschiedliche Systeme ist der *Escape Character* oft lebensnotwendig. Er ist häufig die einzige Möglichkeit, aus obskuren Systemen oder hängenden Verbindungen wieder herauszukommen.

Einen Überblick über die Möglichkeiten im Telnet-Kommando-Modus bekommt man durch die Eingabe eines Fragezeichens (?); alle möglichen Kommandos werden aufgelistet (s. Abb. 2.3). Zu

```
% telnet
telnet> ?
Commands may be abbreviated.  Commands are:

close           close current connection
display         display operating parameters
mode            try to enter line-by-line or character-at-a-time mode
open            connect to a site
quit            exit telnet
send            transmit special characters ('send ?' for more)
set             set operating parameters ('set ?' for more)
status          print status information
toggle          toggle operating parameters ('toggle ?' for more)
z               suspend telnet
!               shell escape
?               print help information
telnet>
```

Abbildung 2.3: Telnet im Kommando-Modus

einigen der Kommandos gibt es nähere Informationen, indem der Kommandoname gefolgt von einem Fragezeichen eingegeben wird. Die wichtigsten Kommandos und ihre Bedeutung:

open

- **open** *Rechnername bzw. IP-Adresse Portnummer*
  Dieses Kommando versucht, eine Verbindung zum angegebenen Rechner aufzubauen. Wird keine Portnummer angegeben, erfolgt der Verbindungsaufbau zum Port 23 (s. 2.3.3). Eine bestehende Verbindung muß ggf. vorher geschlossen werden.

close

- **Close** bricht eine Verbindung ab. Wenn eine Session aus dem Kommando-Modus gestartet wurde, kehrt Telnet wieder in den Kommando-Modus zurück; ansonsten wird das Telnet-Programm verlassen.

quit

- Mit **quit** verläßt man das Telnet-Programm.

---

[5] Bei UNIX i.d.R. *CNTRL* -], bei DOS oft F10.

- Durch die Eingabe von **z** wird das Telnet-Programm vorüber- *suspend*
  gehend „suspendiert", d.h. man kann am lokalen Betriebssystem Kommandos absetzen und die Telnet-Sitzung später
  wieder „reaktivieren".

- **Mode** beeinflußt den Zeitpunkt, wann Telnet die Eingaben *mode*
  des Benutzers überträgt. Es gibt zwei unterschiedliche Modi:
  Character- und *Line*-Mode. Im Character-Mode wird jedes
  Zeichen einzeln übertragen. Im Line-Mode erfolgt die Übertragung erst dann, wenn eine Zeile durch <return> abgeschlossen wird. Für viele Dienste und Anwendungen ist der
  Character-Mode erforderlich, da sie durch einzelne Zeichen
  gesteuert werden.

- Mit dem **set**-Kommando kann man für Telnet spezifische *set*
  Variablen setzen. Die wichtigste ist die *Escape*-Variable. Es
  kann vorkommen, daß der Standard *Escape Character* von
  der Anwendung, die man über Telnet benutzt, selbst als
  Steuerzeichen gebraucht wird. Durch Umsetzen der *Escape*-
  Variable auf „unkritische" Zeichen kann Abhilfe geschaffen werden. Ein weiterer Anwendungsbereich sind Telnet-
  Sessions über mehrere Rechner hinweg; z.B. von Rechner A
  nach Rechner B nach Rechner C. Dadurch, daß man auf jedem Rechner die *Escape*-Variable unterschiedlich setzt, hält
  man sich die Möglichkeit offen, auf jedem „Zwischenrechner"
  in den Kommandomodus schalten zu können.

- **Toggle** erlaubt es, Parameter ein-, aus- oder umzuschalten. *toggle*
  Der wichtigste ist der *Echo*-Parameter. Mit *toggle echo* kann
  zwischen *Local-* und *Remote Echo Mode* umgeschaltet werden. Im *Local Echo Mode* wird die Benutzereingabe vom
  lokalen Telnet-Client vor der Übertragung angezeigt. Im *Remote Echo Mode* ist der Server für die Anzeige der Eingaben
  vom Benutzer beim Client verantwortlich.

- Ein weiterer interessanter Parameter ist der **Options**-Para- *options*
  meter. Wird er eingeschaltet, kann man die Verhandlungen
  von Client und Server mitverfolgen (s. Abb. 2.2).

Die dargestellten Kommandos beziehen sich vor allem auf Telnet
in einer UNIX-Umgebung. Auf anderen Systemen stehen ähnli-

che und oft sogar mehr Möglichkeiten zur Verfügung, z.B. Aufbau mehrerer Verbindungen, zwischen denen bequem hin und her geschaltet werden kann.

2.3.3 Ports, Datenbanken und Tests

In Abbildung 2.1 wird als Standardport für Telnetzugänge der Port mit der Nummer 23 angegeben. Beim Aufruf eines Telnet-Clients kann man jedoch eine Portnummer angeben unter der sich der Client beim Hostrechner meldet. Telnet-Clients haben die schöne Eigenschaft, daß man beim Aufruf eine vom Standardport verschiedene Portnummer angeben kann. Ein Aufruf hat dann folgende Gestalt (Beispiele s.u.):

telnet *Rechnername oder IP-Adresse Portnummer*

Da der Telnet-Daemon normalerweise über Port 23 aktiviert wird, stellt sich natürlich die Frage: Was passiert auf der anderen Seite? Ist der angegebenen Portnummer ein Server zugeordnet [RP92], wird dieser Server gestartet. Er versucht, entsprechend seiner Protokollvorgaben, mit dem Telnet-Client zu kommunizieren. Das kann auf zweierlei Weise ausgenutzt werden.

Einfacher Zugang zu Datenbanken und anderen Diensten

Viele Anbieter von Datenbanken und anderen Diensten nutzen diese Eigenschaft von Telnet, indem sie ihre Server über spezielle Ports zugänglich machen. Informationen über solche Dienste enthalten Angaben über Rechnernummer oder -adresse *und* die erforderliche Portnummer. Der Kommunikationspartner eines Telnet-Clients ist dann nicht mehr ein Telnet-Daemon, sondern ein Anwendungsprogramm, das den zur Verfügung gestellten Dienst realisert. Bei solchen Diensten entfällt in der Regel der „normale" Login-Vorgang; gegebenenfalls wird die Authentisierung und Autorisierung vom Anwendungsprogramm direkt übernommen. Ein Beispiel (die Darstellung ist stark gekürzt):

```
% telnet downwind.sprl.umich.edu 3000
Trying...
Connected to downwind.sprl.umich.edu.
Escape character is '^]'.
-----------------------------------------------------
*              University of Michigan              *
*              WEATHER UNDERGROUND                  *
-----------------------------------------------------

Return for menu, or enter 3 letter city code: bos

Weather Cond. at 10AM EST on 23 FEB 94 for Boston, MA
Temp(F) Humidity(%)  Wind(mph)  Pressure(in)  Weather
=====================================================
  26       60%        ENE at 13    30.55       Overcast

Return to cont., M to return to menu, X to exit:x
Connection closed by foreign host.
%
```

Ein weiterer wohl eher für Systemadministratoren wichtiger Anwendungsbereich ist der Test von Serverprogrammen mit Hilfe von Telnet-Clients. Ein aktivierter Server, der einen beliebigen Dienst realisiert, hat keine Kenntnis davon, *wer* sich auf der anderen Seite einer Kommunikationsverbindung befindet; ob es sich um einen regulären Client oder z.B. um einen Telnet-Client handelt, der nicht den Standard-Telnet-Port benutzt. Kennt man die „Sprache", d.h. das Protokoll des Servers, kann man mit einem Telnet-Client einen regulären Client simulieren und so das Verhalten eines Servers testen. Natürlich sind dieser Vorgehensweise durch die oft hohe Komplexität von Protokollen Grenzen gesetzt. Bei einfacheno Protokollen kann man jedoch ohne Aufwand Clients simulieren. Am Beispiel eines Gopher-Servers kann man dieses Verfahren ohne Probleme ausprobieren[6] (Ausgabe des Gopher-Servers stark gekürzt):

Test von Servern

---

[6] zum Gopher-Protokoll s. [AML+93]

```
telnet askhp.ask.uni-karlsruhe.de 70
Trying...
Connected to askhp.ask.uni-karlsruhe.de.
Escape character is '^]'.
<return>

0 Willkommen am Gopher-Server der ASK .....

...

Connection closed by foreign host
```

Durch den Aufbau einer Telnet-Verbindung zum Port 70, dem Standard Gopher-Port eines Rechners der einen Gopher-Server anbietet, wird dort ein Server aktiviert, der dann auf eine Anfrage des Clients wartet. Durch Eingabe von <return> auf Client-Seite wird der Server gemäß dem Gopher-Protokoll veranlaßt, sein Rootverzeichnis zurückzuschicken und dann die Verbindung abzubrechen. Auf Client-Seite wird die Ausgabe des Servers angezeigt; man kann so sehen, wie Gopher-Daten aussehen, bevor sie von einem Gopher- oder WWW-Client aufbereitet und angezeigt werden.

Gopher einmal anders

2.3.4   Die IBM-Connection

Einige öffentlich zugängliche Systeme, vor allem Bibliothekskataloge[7] (sog. OPACs, *Online Public Access Catalogs*), sind auf IBM Großrechnern realisiert. Sie stellen wegen ihrer speziellen Arbeitsweise besondere Anforderungen an die Kommunikationssoftware. Im Bezug auf Telnet können diese Systeme in zwei Arten von Anwendungen aufgeteilt werden[8]:

- zeilenorientierte (*line-mode*) und

- bildschirmorientierte (*3270* oder auch *screen-mode*) Anwendungen.

zeilenorientierte Anwendungen

Zeilenorientierte Anwendungen sind in diesem Zusammenhang da-

[7] Eine ausführliche Liste solcher Kataloge ist in [SGL92] zu finden. Das Dokument ist allerdinges schon etwas älter.
[8] s. [Kro92]

durch gekennzeichnet, daß Eingaben des Clients zeilenweise an den Server übergeben werden. Unter Umständen muß bei solchen Anwendungen die lokale Echo-Funktion eingeschaltet werden (s. Kap.2.3.2), ansonsten bereiten sie keine weiteren Probleme.

Aus „historischen" Gründen arbeiten die bildschirmorientierten IBM-Anwendungen anders: 3270-Terminals sind proprietäre IBM-Terminaltypen, die speziell im Hinblick auf Dateneingabe ausgelegt wurden[9]. Hierfür sind sie mit speziellen Fähigkeiten, wie z.B. Funktionstasten (*PF, Programmed Function*), diversen Eingabefeldtypen usw. ausgerüstet [Koc93]. Die Datenübertragung erfolgt nicht zeilen- oder zeichenweise, sondern blockweise, nachdem der Benutzer dies mit den erforderlichen Funktionstasten ausgelöst hat. Um mit einer Anwendung, die auf die Eigenschaften eines IBM3270-Terminals aufbaut, richtig arbeiten zu können, braucht man eine spezielle Terminalemulation, d.h. Software, die es dem eigenen Terminal ermöglicht, sich wie ein 3270-Terminal zu verhalten. Hierfür gibt es unterschiedliche Lösungen:

bildschirmorientierte Anwendungen

- Der Mainframe übernimmt die Terminalemulation für den Client, hierfür muß der Terminaltyp des Clients eingegeben werden. Man kann jedoch mit dem „normalen" Telnet-Programm arbeiten. Ein Beispiel ist in Abbildung 2.4 zu sehen.

- Man benutzt *tn3270*, eine spezielle Version von Telnet, die auf die Emulation von 3270-Terminals spezialisiert ist.

Zunächst stellt sich die Frage, wie man erkennt, daß tn3270 erforderlich ist. Hier gibt es mehrere Möglichkeiten:

Wann hilft tn3270 weiter?

- Man ist in der glücklichen Lage und besitzt eine Dokumentation des Dienstes oder der Datenbank, die man nutzen will, wie z.B. Originaldokumente oder Angaben wie in [SGL92]. Vor allem weil hier nicht nur der Zugriffsmechanismus beschrieben wird, sondern weil weitere wichtige Angaben über die Benutzung des Systems, wie zum Beispiel Informationen über den Verbindungsabbau, enthalten sind.

---

[9] Oft werden solche Terminals auch *Data Entry Terminals* oder *DET's* genannt [LR93].

```
% telnet NUACVM.ACNS.NWU.EDU
Trying...
Connected to NUACVM.ACNS.NWU.EDU.
Escape character is '^]'.


Sim3278 TCP/IP Copyright(C) 1989 by Simware Inc
Sim3278 TCP/IP Release 2.0.1

Please enter your terminal id; '?' for MENU; 'L' to LEAVE Sim3278 TCP/IP
?

The following terminals are supported:

     8 - Digital VT-100                    9 - DEC VT52 or VT100 VT52-mode
    45 - IBM PC running SIMPC             56 - DEC VT100 remote echo mode
    57 - DEC VT52 remote echo mode        58 - IBM 3101 remote echo mode
    59 - DEC VT220 local echo mode        60 - DEC VT320 local echo mode
    61 - DEC VT220 remote echo mode       62 - DEC VT320 remote echo mode
    70 - Test Terminal Emulation + Co

Please enter your terminal id; '?' for MENU; 'L' to LEAVE Sim3278 TCP/IP
```

Abbildung 2.4: Terminalemulation durch einen Mainframe

- Das normale Telnet-Kommando führt zwar zu einem Verbindungsaufbau, dieser wird jedoch vom entfernten Rechner
  sofort wieder abgebrochen; hier führt der Einsatz von tn3270
  manchmal zum Erfolg.

- Aus den Angaben des Serverrechners kann auf den Rechnertyp geschlossen werden. Angaben wie:
  VM/XA SP ONLINE-PRESS ENTER KEY TO BEGIN SESSION
  VIRTUAL MACHINE/SYSTEM PRODUCT
  NERDC VM/ESA PRESS ENTER KEY TO BEGIN SESSION
  weisen auf einen Mainframe hin. Dabei sind außer der Großschreibung auch die Kürzel **VM** oder **MVS** typisch.

- Der Rechnername gibt Hinweise auf das Serversystem:

    - NUACVM.ACNS.NWU.EDU

    - Tam**mvs**1.Tamu.Edu

    - unb**mvs**1.csd.unb.ca

    - ner**vm**.nerdc.ufl.edu

Als größtes Problem bei der Verwendung von tn3270 oder aber
auch bei der Arbeit mit Mainframe-3270-Emulationen erweist sich
die Tastaturbelegung:
Welche Taste oder Tastenkombination beim Client-Rechner entspricht z.B. *PF1*?

Hier gibt es keine allgemeingültige Antwort, da sich einzelne Implementierungen stark unterscheiden. Auf jeden Fall sollte man sicherstellen, daß die Emulation den richtigen Terminaltyp kennt, von dem aus man arbeitet. Oft gibt es auch Dateien, in denen die Tastaturkombinationen aufgeführt sind, mit denen man die 3270-Steuerzeichen generieren kann. Im schlimmsten Fall ist man auf *Trial-and-Error* angewiesen, d.h. man muß ausprobieren:
Als Kandidaten zur Cursorpositionierung stehen die Pfeiltasten oder *Tab* zur Vefügung. Die *PF*-Keys sind oft durch die Funktionstasten oder über den Nummernblock realisiert. Manche Emulationen akzeptieren auch Zeichenfolgen, z.B. *ESC 1* für *PF1*, um die nötigen Aktionen auszulösen.

Das größte Problem: Die Tastaturbelegung

Im besten Fall sind die Anwendungen so realisiert, daß auch ohne 3270-spezifische Tastaturen gearbeitet werden kann.

2.4 Telnet: Informationen und Dienste

Via Telnet kann der Zugang zu unterschiedlichsten Informationen von Tausenden von Rechnern auf dem Internet verwirklicht werden. Einige Beispiele:

- Informationen z.B. der Wais-, Gopher-, Archie oder World Wide Web-Server[10]. Somit sind via Telnet fast alle Informationsrecherche-Systeme erreichbar.

- Datenbanken

- Elektronische Bibliotheken (OPACs)

Eine entscheidende Frage ist nun, wie man an die Namen der Rechner gelangt, die all diese Informationen anbieten. Abgesehen von den vielen Telnet-Adressen im weiteren Verlauf dieser Arbeit und dem Werkzeug *HyTelnet* (Kap. 12), das zu diesem Zweck eine eigene Datenbank enthält, gibt es Listen, in denen noch viele weitere Informationsquellen aufgeführt und beschreiben werden.

[10] Nähere Informationen, welche Rechner dies sind, stehen in den nachfolgenden Kapiteln über die Dienste.

Eine kleine Auswahl:

- Scott Yanoff:*inet-services.txt.*
  `ftp:// csd4.csd.uwm.edu/pub/inet-services.txt` oder
  via E-Mail an `bbslist@aug3.augsburg.edu` (Auto-Reply).

- Jeremy Smith*bigfun.txt*
  E-Mail an `jeremy@atlantis.cs.orst.edu`,
  Message: `send bigfun`

- Billy Barron, Marie-Christine Mahe:
  Accessing On-Line Bibliographic Databases
  `gopher://yaleinfo.yale.edu:7000/11/Libraries`,
  `gopher://gopher.utdallas.edu/1/Libraries` oder
  `gopher://gopher.sunet.se/1/Libraries/yaleinfo`

- Dr. Art St. George, Dr. Ron Larsen:
  Internet - Accesible Library Catalogs & Databases
  `ftp://ariel.unm.edu/library` oder
  `ftp://ftp.cerf.net/internet/resources/library_catalog`

Weitere Listen und Informationen sind in Kapitel 17 aufgeführt.

FTP und Anonymous FTP

3.1 Einleitung

Einer der wichtigsten Dienste im Internet ist *FTP* [PR85]. FTP steht für *File Transfer Protocol* und bezeichnet neben dem Protokoll auch gleichzeitig den Dienst, der mit dem Protokoll realisiert ist: die Übertragung von Dateien zwischen verschiedenen Rechnern über das Netz. FTP ist einer der am meisten genutzten Dienste im Internet. Der Anteil am Datenverkehr auf dem Internet lag Ende 1992, bezogen auf die Anzahl insgesamt übertragener Bytes, bei knapp 50%. Wie viele andere Internet-Dienste auch, arbeitet FTP Client/Server orientiert und steht auf fast allen Plattformen zur Verfügung.

Übertragung von Dateien

Einerseits ist es möglich, mit FTP „private" Dateien von einem Rechner zum anderen zu übertragen. Hierfür benötigt man natürlich auf den beteiligten Rechnern die entsprechenden Zugriffsrechte. Seine enorme Bedeutung für das Internet erhält FTP jedoch durch weltweit verteilte frei zugängliche *Anonymous FTP Server*, das sind Rechner, auf denen immense Mengen an unterschiedlichsten Dokumenten über FTP zur Verfügung gestellt werden. Man findet auf diesen Archiven Software für fast alle denkbaren Rechnertypen; Dokumente jeglicher Art in allen möglichen Formaten, Bilder, Videosequenzen, Sounddateien und vieles mehr.

Für Anonymous FTP Server braucht man keine individuellen Zugriffsrechte. Als Benutzername gibt man *anonymous* oder, was auf vielen Servern auch akzeptiert wird, *ftp* an. Als Passwort gibt man seine komplette E-Mail-Adresse ein.

Einige Zahlen zu Anonymous FTP, Stand März 1994:

- Weltweit gibt es rund 1.700 Anonymous FTP Server (Quelle: Archie-Server und [Rov94]). 1992 waren es noch etwa 1.000 Server [DJBH93].

- In Deutschland gibt es ungefähr 140 Server mit einem Gesamtvolumen von etwa 180 Gigabyte in 2,5 Millionen Dateien [Het94].

Im folgenden werden zunächst Architektur und Konzept von FTP dargestellt. Dieses Kapitel ist für die praktische Arbeit mit FTP nicht unbedingt erforderlich. Im anschließenden Kapitel 3.3 wird die Arbeit mit FTP im allgemeinen erklärt: Kommandos für den Dateitransfer, auftretende Probleme und Lösungsmöglichkeiten. In dem darauf folgenden Kapitel 3.4 wird genauer auf Anonymous FTP eingegangen. Dabei stehen Fragen nach Struktur, Inhalt und Konventionen, von Anonymous FTP Servern im Vordergrund. *Archie*, der wichtigste Dienst zur Erschließung von Anonymous FTP Servern, wird in Kapitel 13 vorgestellt.

3.2 Architektur und Konzept

Das File Transfer Protocol (FTP) nach [PR85] spezifiziert den benutzergesteuerten Datenaustausch zwischen zwei Rechnern, basierend auf einer TCP-Endsystemverbindung. Es durchlief seit den Anfängen des Arpanet (heutiges Internet) mehrere Entwicklungsstufen. Neben FTP, das auf TCP-Endsystemverbindung basiert, gibt es noch das *Trivial File Transfer Protocol (TFTP)* [Sol92], das auf dem UDP-Datagrammdienst aufbaut. TFTP ist ein sehr einfaches Protokoll und hat nicht die Kommandovielfalt von FTP. Es wird nicht in der Form wie FTP zur Erschließung von Ressourcen im Internet eingesetzt und deshalb hier nicht weiter erläutert.

FTP und TFTP

Der FTP-Standard beschreibt eine Architektur nach dem Client/Server-Prinzip (Abb. 3.1), deren zentraler Bestandteil die Trennung von *Kontroll- und Datenverbindung* ist.

Eine FTP-Sitzung läuft schematisch folgendermaßen ab: Der Client initiiert den Aufbau einer Kontrollverbindung zum Server und

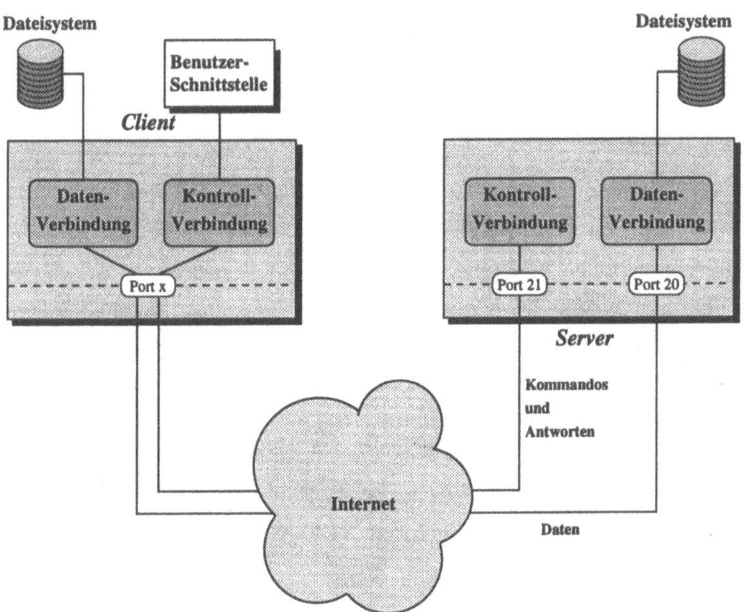

Abbildung 3.1: FTP-Architekturmodell

schickt über diese Kontrollverbindung Kommandos an den Server.
Der Server antwortet auf die Kommandos des Clients ebenfalls
über die Kontrollverbindung. Die Kommandos des Clients legen
die Parameter für die Datenübertragung, z.B. Datentyp, Übertragungsmodus, Datenstruktur, und die durchzuführenden Operationen fest, z.B. Speichern, Anfügen, Abholen von Dateien. Ist eine
Aktion mit den erforderlichen Parametern festgelegt, findet die
Datenübertragung über die Datenverbindung statt.

Schematischer Ablauf einer FTP-Sitzung

Im FTP-Protokoll werden Vorkehrungen für viele unterschiedliche Fälle und Konstellationen getroffen. Es gibt unterschiedliche Datentypen, z.B. ASCII, EBCDIC, IMAGE, die der Benutzer angeben kann. Auch werden verschiedene Übertragungsarten,
z.B. Stream (Datenstrom ohne Struktur), Block (Daten werden
blockweise übertragen) und Compressed (einfache Datenkompression bei der Übertragung) berücksichtigt. Selbst für unterschiedliche Datenstrukturen wie Datei, Rekord oder Seite werden Vorkehrungen getroffen. In konkreten Implementierungen werden jedoch meistens nicht alle Möglichkeiten realisiert[1]. Als Übertra-

Theorie und Praxis

---

[1] Anforderungen an Minimalimplementierungen werden in [Bra89] festgelegt.

gungsart steht meist nur Stream und als Datenstruktur Datei zur Verfügung. Die wichtigsten Kommandos und Parameter, wie sie sich dem Benutzer darstellen, werden später an einzelnen Beispielen erläutert.

Die Antworten des Servers bestehen aus einer dreistelligen Zahl und einer kurzen Textnachricht. Die Nachricht ist für den Benutzer gedacht, während die Zahl für die Auswertung durch den Client bestimmt ist. Demgemäß ist die Nachricht nicht zwingend festgelegt, wogegen die drei Ziffern des Antwortcodes xyz nach einem festgelegten System vom Server verwendet werden. Bei vielen FTP-Client-Programmen sind die Antworten des Servers genau in der Form, in der sie in der Norm beschrieben werden, sichtbar. Sie werden hier genauer aufgeschlüsselt. Für die erste Stelle sind die Ziffern 1-5 zulässig mit folgender Bedeutung:

$1yz$ positive Vorabbestätigung, die angeforderte Aktion konnte gestartet werden,

$2yz$ positive Vollzugsmeldung, die angeforderte Aktion wurde korrekt beendet,

$3yz$ positive Übergangsbestätigung, zur vollständigen Bearbeitung ist ein weiteres Kommando nötig,

$4yz$ vorübergehende negative Vollzugsmeldung, die angeforderte Aktion kann z.Zt. nicht durchgeführt werden,

$5yz$ dauerhaft negative Vollzugsmeldung, die angeforderte Aktion kann prinzipiell nicht erbracht werden.

Für die zweite Stelle des Antwortcodes sind die Ziffern 0-5 vorgesehen:

$x0z$ Fehler; selbst bei korrekter Syntax macht das Kommando keinen Sinn,

$x1z$ Informationsantwort, die z.B. den Status des Servers betrifft,

$x2z$ Antwort bezieht sich auf die Kontroll- oder Datenverbindung,

$x3z$ Antwort steht in Zusammenhang mit dem *Login* des Benutzers,

$x4z$ unbenutzt,

$x5z$ Antwort bezieht sich auf den Status des Server-Dateisystems.

Die dritte Stelle z verfeinert lediglich die Bedeutung der zweiten Stelle. Eine Liste aller zulässigen Codes findet sich in [PR85].

Zum Abschluß dieses Kapitels noch eine etwas ungewöhnliche Einsatzmöglichkeit von FTP: Die normale FTP-Anwendung findet zwischen einem Client und einem Server statt. Eine weitere Betriebsart zeigt Abb. 3.2, bei der ein Benutzer eine Datei zwischen zwei Rechnern austauschen möchte, von denen keiner der eigene ist. Der Benutzerclient initiiert dabei zwei Kontrollverbindungen zu den beiden Servern A und B und versetzt anschließend Rechner A in den *Passivzustand*. Nun teilt er Rechner B die Adresse von A als zu nutzende Datenverbindung mit und gibt das Kommando zum Datentransfer. Nach Vollzugsmeldung beendet der Benutzerclient die Verbindungen.

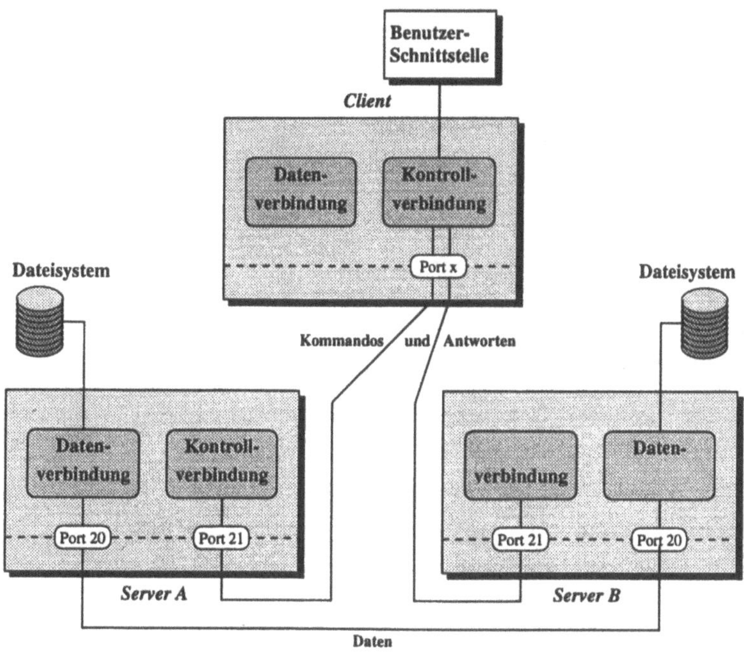

Abbildung 3.2: Möglicher FTP-Einsatz

3.3 Die Arbeit mit FTP

Dieses Kapitel enthält die Arbeitsgrundlagen von FTP: Start einer
Sitzung, Orientierung auf Servern, und die Übertragung von Dateien. Es ist außerordentlich wichtig, daß man sich bei der Arbeit
mit FTP darüber im klaren ist, daß man mit zwei unterschiedlichen
Rechnern „gleichzeitig" arbeitet, d.h. man hat es mit zwei unterschiedlichen Dateisystemen, dem eigenen und dem auf dem entfernten Rechner zu tun. Solange auf den beiden Rechnern das
gleiche Betriebssystem, z.B. UNIX zu Grunde liegt, ergeben sich
normalerweise keine Probleme. Vorsicht ist bei der Arbeit mit
zwei Systemen geboten, die unterschiedliche Meinungen darüber
haben, wieviele Zeichen ein Dateiname haben darf, mit welchem
Zeichen das Zeilenende in einer Textdatei realisiert ist oder ein
System EBCDI- und das andere ASCII-Codes verwendet. FTP
stellt Mechanismen zur Verfügung, die einige solcher Probleme
lösen. Man muß sich nur der Probleme bewußt sein.

zwei

Dateisysteme

3.3.1 Start einer FTP-Sitzung

Ein FTP-Client wird am einfachsten folgendermaßen aufgerufen:

ftp *Rechnername oder IP–adresse*

Beispiel:

```
% ftp lodsun1.lod.uni-karlsruhe.de
Connected to lodsun1.lod.uni-karlsruhe.de.
220 lodsun1 FTP server (SunOS 4.1) ready.
Name (lodsun1.lod.uni-karlsruhe.de:geenen): geenen
331 Password required for geenen.
Password: wird nicht angezeigt
230 User geenen logged in.
ftp> bye oder quit
221 Goodbye.
%
```

Nach dem erfolgreichen Verbindungsaufbau verlangt der Client die

Eingabe eines Benutzernamens, wobei auf vielen Systemen die aktuelle Userid vorgeschlagen wird und man nur durch <return> zu bestätigen braucht (die Eingabe im Beispiel war also nicht nötig). Der Client schickt die Userid dem Server, der daraufhin den Client auffordert, auch noch ein Passwort zu schicken. Nachdem das Passwort eingegeben, dem Server geschickt und von diesem überprüft und für richtig befunden worden ist, gibt dieser den Erfolg der ganzen Aktion bekannt.

Die Antworten des Servers sind, wie in Kapitel 3.2] geschildert, durch eine dreistellige Nummer und eine kurze Erklärung gekennzeichnet.

Das Beispiel zeigte auch schon, wie man eine Sitzung wieder beendet. Mit **bye** oder **quit** wird die Verbindung zum Server geschlossen und das FTP-Programm verlassen. Gibt man **close** anstelle von **bye** oder **quit** ein, wird nur die Verbindung zum Server geschlossen. Im Anschluß daran kann man mit **open** eine neue Verbindung aufbauen.

```
ftp> bye
ftp> quit
ftp> close
ftp> open Rechnername oder IP-adresse
```

3.3.2 Erste Schritte

FTP stellt Kommandos bereit, mit denen man sich auf einem Server zurechtfinden und sich einen Überblick verschaffen kann. Alle Kommandos dieses Abschnitts werden anhand eines Beispiels dargestellt. Als Client- und Server-System diente jeweils ein UNIX-Rechner. Ausgangspunkt ist ein erfolgreich abgeschlossener Einlogvorgang.

Zunächst möchte man wissen, *wo* man sich nach dem Einloggen befindet. Darüber gibt das Kommando *pwd* (*print working directory*) Auskunft:

```
ftp> pwd
257 "/users/morgause" is current directory.
```

Mit den Kommandos **dir** und **ls** verschafft man sich einen Überblick über den Inhalt eines Verzeichnisses (*directories*). Die Ausgabe von **dir** ist ausführlich, sie enthält i.d.R. die Namen und Dateigrößen von Dateien und Datumsangaben. Die Ausgabe von **ls** hingegen enthält nur die Namen von Dateien. Leider gibt es Systeme, auf denen **ls** die gleiche Ausgabe wie **dir** liefert. Hier erledigt oft das Kommando **nlist** die ursprüngliche Arbeit von **ls**.

```
ftp> dir
200 PORT command successful.
150 Opening ASCII mode data connection for /bin/ls.
total 12
drwxr-xr-x  3 morgause hist  1024 Mar 14 19:06 demo
-rw-rw-rw-  1 morgause hist   229 Mar 25 10:33 hallo
226 Transfer complete.
```

Im Beispiel wurde der Inhalt des aktuellen Verzeichnisses angezeigt. Es ist jedoch möglich, **dir** und **ls** über einen Parameter anzugeben, welches Verzeichnis angezeigt werden soll. Doch zunächst werden vor dem nächsten Beispiel die vielen Meldungen des Servers mit dem Kommando **verb**[2] ausgeschaltet.

```
ftp> verb
Verbose mode off.
```

```
ftp> ls demo
demo/file1.txt
demo/file2.txt
demo/demodir
```

Zu guter Letzt kann man noch über einen weiteren Parameter die Ausgabe der Kommandos auf eine *lokale Datei* lenken.

```
ftp> ls demo local_file
output to local-file: local_file? y
```

Hier sind noch einmal die beiden Kommandos mit den möglichen Parametern:

[2] *Verbose* heißt soviel wie wortreich oder langatmig.

```
ftp> dir Verzeichnis lokale-Datei
ftp> ls Verzeichnis lokale-Datei
```

Die meisten Server können bei der Angabe eines *Verzeichnisses*
auch Wildcards (das * Symbol für beliebig viele und ? für ein einzelnes Zeichen) verarbeiten, so daß der Begriff *Verzeichnis* etwas
eng gefaßt ist. Beim Einsatz von Wildcards unterscheiden sich die
einzelnen Systeme bei der Behandlung von Suffixen (das sind die
typischen Endungen von Dateinamen wie z.B. *.txt*). Angenommen, man hat drei unterschiedliche Dateien: *test1.txt, test2.txt,
test3*. Ein *dir test** auf einem UNIX-Server listet alle drei Datei-
en auf, ein Server unter DOS nur *test3*. Wie die einzelnen Server
reagieren, erfährt man am zuverlässigsten durch Ausprobieren.

Speziell auf UNIX-Servern liefert das folgende Kommando den
ausführlichen Inhalt des aktuellen Verzeichnisses und aller Unterverzeichnisse und deren Unterverzeichnisse usw., ein sogenanntes
rekursives Listing:

```
ftp> ls -lR lokaler-Dateiname
```

Auch hier kann der Name einer lokalen Datei angegeben werden. Beim Absetzen dieses Befehls sollte man vorsichtig sein, es
gibt Anonymous FTP Server, deren Inhaltsverzeichnisse weit über
10 Megabyte umfassen. Ein *ls -lR* kostet auf diesen Rechnern erstens Rechenzeit und zweitens dauert es auch bei schnellen Verbindungen einige Zeit, bis 10 Megabyte übertragen sind. Viele
Anonymous FTP Server halten deshalb Dateien mit dem kom-
primierten rekursiven Listing bereit, doch dazu später mehr. Für
„private" Anwendungen gibt *ls -lR* jedoch einen schnellen Überblick über den Inhalt von Verzeichnissen.

Zum Wechsel des aktuellen Arbeitsverzeichnisses stehen die Kommandos *cd Pfadname* und *cdup* (oder auch *cd ..*) zur Verfügung,
wobei *cdup* ins nächsthöhere Verzeichnis wechselt:

```
ftp> cd demo
ftp> pwd
257 "/users/morgause/demo" is current directory.
ftp> cdup
ftp> pwd
```

```
257 "/users/morgause" is current directory.
```

Als *Pfadname* können sowohl absolute als auch relative Pfade angegeben werden.

Die meisten FTP-Clients bieten die Möglichkeit, auch im lokalen Dateisystem innerhalb einer FTP-Sitzung Verzeichnisse anzuzeigen oder zumindest das aktuelle Arbeitsverzeichnis zu wechseln. Dies macht Sinn, wenn man z.B. die Ergebnisse von Kommandos überprüfen will. Für umfangreichere Aktivitäten auf dem Client kann auch während einer FTP-Sitzung auf die lokale Betriebssystemebene gewechselt werden. Die erforderlichen Kommandos sind:

```
ftp> lcd Pfadname
ftp> ldir Verzeichnis
ftp> lpwd
ftp> !
```

wobei mit ! auf die lokale Betriebssystemebene gewechselt werden kann. Damit hat man die Möglichkeit, auf dem Client-Rechner während einer FTP-Sitzung beliebige Kommandos auszuführen. Ein Beispiel für den Einsatz von ! folgt im nächsten Kapitel.

3.3.3 Übertragen und Verwalten von Dateien

Einige der Kommandos dieses Kapitels werden an einem Beispiel demonstriert. Dabei werden Dateien zwischen dem Client und dem Server übertragen. Es handelt sich hierbei um Textdateien, die als ASCII-Dateien übertragen werden. Die Bedeutung unterschiedlicher Übertragungsarten (ASCII, BINARY, IMAGE) wird in Kapitel 3.3.4 genauer erklärt. Der Client läuft auf einem UNIX-System, der Server läuft auf einem PC unter DOS, die Verbindung ist schon aufgebaut. Zum Überblick:

```
ftp> pwd
250 Current working directory is Z:\TRANSFER\DEMO
ftp> dir
<dir>                        .   Tue Jan 01 00:00:00 1980
<dir>                        ..  Tue Jan 01 00:00:00 1980
```

```
          9      SERVER.XYZ   Fri Mar 25 16:10:20 1994
ftp> !ls -l
drwxrwxrwx  2 mo hist  1024 Mar 25 15:38 demo_ftp_dir
-rw-r--r--  1 mo hist     8 Mar 14 19:06 demoa.txt
-rw-r--r--  1 mo hist    16 Mar 14 19:06 demob
```

Insgesamt stehen zwei Kommandopaare für die Übertragung von Dateien bereit. Das Kommandopaar *get* und *mget* ist für das Kopieren von Dateien vom Server zum Client zuständig, wobei *get* eine einzelne Datei kopiert und mit *mget* die Übertragung mehrerer Dateien angestoßen werden kann. Ein Beispiel zu *get*: *get und mget*

```
ftp> get SERVER.XYZ get_test
ftp> !ls get_test
get_test
```

Im Beispiel wurde die Datei SERVER.XYZ vom Server zum Client übertragen und unter dem Namen get_test abgelegt. Man muß nicht unbedingt einen Namen für die lokale Datei angeben; läßt man ihn weg, wird der ursprüngliche Name übernommen.

Die zwei Kommandos *put* und *mput* realisieren die Übertragung vom lokalen zum entfernten Rechner. Hier ist *put* für die Übertragung einer einzelnen und *mput* für die Übertragung von mehreren Dateien zuständig. Analog zur Verfahrensweise bei *get* kann bei *put* ein Name für die übertragene Datei auf dem Zielsystem angegeben werden. *put und mput*

Bei *mget* und *mput* sind Wildcards (s.o.) erlaubt. Besonders hierbei kommen Unterschiede einzelner Systeme zum Tragen: Bei *mput* mit Wildcards wird die Erweiterung von Dateinamen nach den Konventionen des Clients, bei *mget* nach Konventionen des Servers durchgeführt. Eine weitere Stelle, an der die Unterschiedlichkeit der Systeme sichtbar wird, ist die Behandlung von Groß- und Kleinschreibung. Das wird in dem folgenden Beispiel zu *mput* deutlich:

```
ftp> mput demo*
mput demo_ftp_dir? y
demo_ftp_dir: not a plain file.
mput demoa.txt? y
mput demob? y
```

```
ftp> dir
<dir>                       .     Tue Jan 01 00:00:00 1980
<dir>                       ..    Tue Jan 01 00:00:00 1980
              9       SERVER.XYZ   Fri Mar 25 16:10:20 1994
              9       DEMOA.TXT    Fri Mar 25 16:54:10 1994
             18          DEMOB     Fri Mar 25 16:54:12 1994
```

Neben der unterschiedlichen Behandlung der Groß- und Kleinschreibung macht dieses Beispiel eine weitere Eigenschaft von FTP
deutlich: Verzeichnisse können nicht auf einmal übertragen werden!

Die Kommandos mit ihren Parametern noch einmal im einzelnen:

ftp> **get** *Dateiname lokaler-Dateiname*
ftp> **put** *Dateiname entfernter-Dateiname*
ftp> **mget** *Dateinamen*
ftp> **mput** *Dateinamen*

Speziell für das Kommando *get* gibt es bei vielen Clients, vor allem
auf UNIX-Rechnern, Erweiterungen, die die Arbeit erleichtern:

ftp> **get** *Dateiname* -

Gibt die Datei auf den Bildschirm aus[3].

ftp> **get** *Dateiname* "|Kommando"

Die Datei wird einem Kommando als Eingabe übergeben. Sinnvolle Kommandos sind z.B. *more* oder *grep*.

Innerhalb einer FTP-Sitzung können auch Dateien gelöscht werden:

ftp> **delete** *Dateiname*
ftp> **mdelete** *Dateinamen*

Diese Kommandos löschen, bei entsprechender Berechtigung, eine
oder mehrere Dateien auf dem entfernten Rechner.

Wie gezeigt wurde, hat FTP den Nachteil, daß nur Dateien und
keine ganzen Verzeichnisse übertragen werden können. Natürlich
stehen auf vielen Systemen Programme bereit, mit denen man
ganze Dateibäume in eine einzelne Datei *archivieren* kann; solche
Programme werden später genauer beschrieben, sie sind aber nicht

---

[3] Auf manchen Systemen heißt das Kommando auch *show*.

Bestandteil des FTP-Pakets selbst. Mit FTP kann man jedoch
Verzeichnisse lokal (*lmkdir*) und auch auf dem entfernten Rechner
(*mkdir*) anlegen und so, nach und nach, manuell Verzeichnisse kopieren. Verzeichnisse auf dem Serverrechner können auch gelöscht
werden. Insgesamt stehen für die Behandlung von Verzeichnissen
auf den meisten Systemen die folgenden Kommandos bereit:

```
ftp> lmkdir  Verzeichnisname_lokal
ftp> mkdir   Verzeichnisname_auf_dem_Server
ftp> rmdir   Verzeichnisname_auf_dem_Server
```

3.3.4 ASCII, BINARY, IMAGE

Texte werden auf unterschiedlichen Systemen unterschiedlich dargestellt. Obwohl z.B. auf UNIX, DOS und Macintosh der ASCII-
Code[4] verwendet wird, unterscheiden sich Texte, die auf diesen
unterschiedlichen Systemen erstellt werden in der Art und Weise, wie das Zeilenende repräsentiert wird: Während unter UNIX
Zeilen mit einem *LF* (*Line-Feed*, Zeilenvorschub) beendet werden,
zieht es ein Mac vor, seine Zeilen mit *CR* (*Carriage-Return*, Wa-
genrücklauf) zu beschließen. DOS hingegen markiert den Zeilen-
wechsel mit einer *CR/LF* Kombination [Eng93]. Probleme, die
hier auftreten, sind noch relativ klein, zumindest kann z.B. ein
„unbehandelter" DOS-Text unter UNIX noch gelesen werden (s.
Abb. 3.3). Das ist nicht mehr möglich, wenn zur Textdarstellung

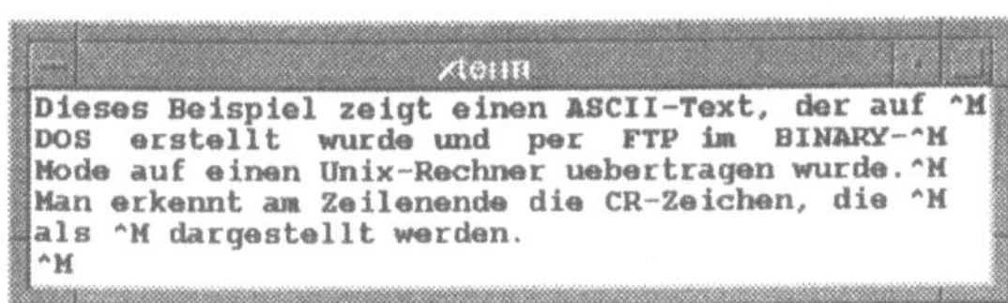

Abbildung 3.3: Falsch übertragene Textdatei von DOS nach UNIX

unterschiedliche Codes verwendet werden. Auf einer IBM VM Maschine wird der EBCDI-Code[5] zur Darstellung von Texten eingesetzt. Ein solcher Text ist beispielsweise auf einer UNIX-Maschine

---

[4] American Standard Code for Information Interchange, siehe auch [Dud93]
[5] Extended Binary Coded Decimal Interchange Code, siehe auch [Dud93]

ohne Konvertierung unlesbar (s. Abb. 3.4). Werden Dateien im

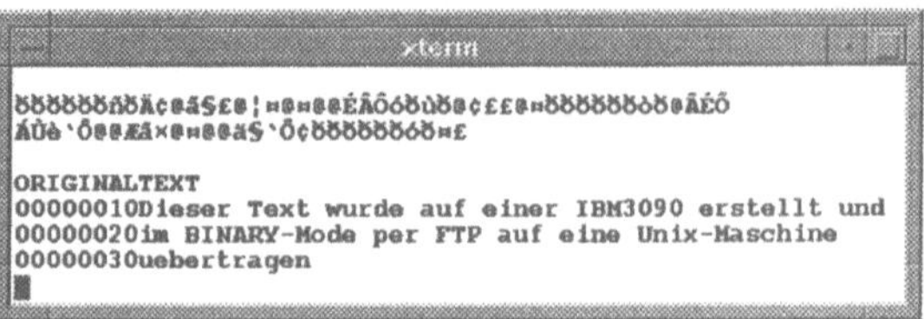

Abbildung 3.4: EBCDI-Code in UNIX-Editor

ASCII-Mode übertragen, führt FTP die erforderlichen Umsetzungen automatisch durch. Im BINARY- oder IMAGE-Mode[6] finden keine Konvertierungen statt, d.h. Dokumente auf Client- und Server-Seite sind nach der Übertragung bitweise identisch. Dieser Übertragungsmode ist für den Transfer von Programmen, Bildern usw. erforderlich, wo die Veränderung von einzelnen Bits oder Bytes fatale Folgen haben kann. Der Übertragungsmodus kann folgendermaßen eingestellt werden:

```
ftp> ascii
ftp> binary
ftp> type
```

Das Kommando *type* gibt Auskunft über den aktuell eingestellten Übertragungsmodus. Wenn man weiß, daß Client und Server unter dem gleichen System laufen, ist der BINARY-Mode für die Übertragung vorzuziehen. Denn erstens kostet die Konvertierung im ASCII-Mode Zeit und zweitens befindet man sich auf jeden Fall auf der sicheren Seite; egal, ob es sich um Text- oder Binärdateien handelt. In heterogenen Umgebungen muß man jedoch auf den richtigen Übertragungsmodus achten.

3.3.5 Befehlsübersicht

Tabelle 3.1 enthält einen Überblick der erklärten Befehle. Wie schon mehrfach erwähnt, unterscheiden sich einzelne FTP-Clients im Hinblick auf Anzahl und Namen von Kommandos. Eine vollständige Liste aller Kommandos, die ein Client bereitstellt, erhält

---

[6] BINARY und IMAGE werden synonym verwendet.

man durch das Kommando *help*. Wie bei allen Diensten und Werkzeugen macht man sich am besten durch Ausprobieren mit den zur Verfügung stehenden Kommandos vertraut.

3.4 Anonymous FTP

3.4.1 Zugriff und FTP-Etiquette

Anonymous FTP ist der meistgenutzte Dienst im Internet, da er für die meisten der Internetbenutzer immer noch die Hauptbeschaffungsquelle für Daten jeglicher Art darstellt. Wie in der Einleitung schon dargestellt wurde, gibt man als Benutzername *anonymous* oder *ftp* und als Passwort seine eigene E-Mail-Adresse ein. Auf die meisten Anonymous-FTP-Server kann man zwar zugreifen auch ohne die E-Mail Adresse anzugeben, man sollte es aber trotzdem tun. Das gibt erstens dem Verwalter eines Archivs Informationen und Kontrolle über die Nutzer und somit auch eine Bestätigung seiner oft freiwilligen Arbeit. Zweitens kann ein Verwalter im „Notfall" (Fehler, Unregelmäßigkeiten im Betrieb usw.) die Benutzer des Archivs über die angegebene Mail-Adresse erreichen. Drittens ist es einfach eine Sache der *FTP-Etiquette* und des guten Stils, seine Mail-Adresse anzugeben. In diesem Zusammenhang noch einige weitere Regeln, die jeder kennen und beachten sollte.

In Eigenverantwortung sollten Übertragungen außerhalb von bestimmten Zeiten gemacht werden, da die FTP-Archive als Rechner von den jeweiligen Institutionen natürlich auch für eigene Zwecke genutzt werden. Als Faustregel gilt, daß man auf aufwendige FTP-Sitzungen zu den Server-seitigen Bürozeiten verzichtet. Die Server-seitige Ortszeit wird bei vielen FTP Archiven nach dem Einlogvorgang angezeigt. Es sollte ebenso selbstverständlich sein, seine Dateien nicht aus Australien zu kopieren, wenn sie in Deutschland verfügbar sind. Mit Archie (s. Kap. 13) findet man oft geeignete Server ganz in der Nähe.

Kommando	Bedeutung
`open <rechner>`	Verbindungsaufbau zu einem Server
`close`	schließt Verbindung.
`bye` oder `quit`	beendet die FTP-Sitzung.
`pwd`	zeigt aktuelles Arbeitsverzeichnis auf dem Server an.
`cd <pfad>`	Wechsel des Arbeitsverzeichnisses auf dem Server
`cdup`	wechselt ins nächsthöhere Verzeichnis beim Server.
`lcd <pfad>`	Wechsel des Arbeitsverzeichnisses auf dem Client
`lcd ..`	wechselt ins nächsthöhere Verzeichnis beim Client.
`lpwd`	aktueller Pfad beim Client
`!`	Wechseln auf Betriebssystemebene
`dir <verz> <lok. datei>`	ausführliche Inhaltsangabe von Verzeichnissen des Servers
`ls <verz> <lok. datei>`	kurze Inhaltsangabe von Verzeichnissen des Servers
`ldir`	Inhaltsangabe von Verzeichnissen des Clients
`ascii, binary`	Wechseln des eingestellten Übertragungsmodus
`type`	Anzeige des aktuellen Übertragungsmodus
`get <datei> <lok. datei>`	Übertragen einer Datei vom Server zum Client
`mget <dateinamen>`	kopiert mehrere Dateien vom Server zum Client. *Wildcards* sind erlaubt (z.B. *.c).
`put <datei> <entf. datei>`	Übertragen einer Datei vom Client zum Server
`mput <dateinamen>`	kopiert mehrere Dateien vom Client zum Server. Auch hier sind Wildcards erlaubt.
`mkdir <verz>`	Anlegen eines Verzeichnisses auf Server-Seite
`lmkdir <verz>`	Anlegen eines Verzeichnisses auf Client-Seite
`rmdir <verz>`	Verzeichnis auf dem Server löschen
`delete <datei>`	Löschen einer Datei des Servers
`mdelete <dateinamen>`	Löschen mehrerer Dateien des Servers

Tabelle 3.1: FTP Benutzerkommandos

3.4.2 Orientierung auf Anonymous-FTP-Servern

Gut organisierte FTP-Archive haben eine übersichtliche Verzeichnisstruktur: Dateien liegen geordnet nach Themengebieten in Unterverzeichnissen auf dem Server.

Zur Orientierung für einen Benutzer findet sich häufig in den (Unter)-Verzeichnissen eine Datei *README*[7], die wichtige Anmerkungen zum Verzeichnisinhalt enthält. Die Datei mit dem Namen *ls-lR* im Einstiegsverzeichnis enthält, soweit vorhanden, eine Inhaltsangabe oder ein „Inhaltsverzeichnis" des gesamten FTP-Archives, so wie es das Kommando *ls -lR* erzeugt. Neben der Datei mit dem Namen *ls-lR* findet man verstärkt Dateien mit dem Namen *INDEX* in den Einstiegsverzeichnissen. Diese enthalten zwar auch eine Inhaltsangabe des gesamten Servers, jedoch in einem anderen Format, das sich besser zum automatischen Durchsuchen[8] eignet und eine schnellere Orientierung erlaubt. Das folgende kurze Beispiel verdeutlicht die unterschiedlichen Darstellungsarten:

README

Index

```
DR-X        0 23-Mar-1994 11:57
DR-X        0 23-Mar-1994 11:57 /demo_dir
DR-X        0 23-Mar-1994 11:58 /demo_dir/docu
FR--      337 23-Mar-1994 11:58 /demo_dir/docu/prog.doc
FR--      349 23-Mar-1994 11:46 /demo_dir/prog.exe
FR--       12 23-Mar-1994 11:45 /text1
```

ls-lR

```
total 4
drwxr-xr-x   3 mor    ask    1024 Mar 23 11:57 demo_dir
-rw-r--r--   1 mor    ask      12 Mar 23 11:45 text1
./demo_dir:
total 4
drwxr-xr-x   2 mor    ask    1024 Mar 23 11:58 docu
```

[7] Weitere typische Namen sind *Readme, Read_me, 00README*, manchmal auch *INDEX* oder *Contents*.
[8] z.B. *grep* auf UNIX

```
-rw-r--r--    1 mor     ask      349 Mar 23 11:46 prog.exe
./demo_dir/docu:
total 2
-rw-r--r--    1 mor     ask      337 Mar 23 11:58 prog.doc
```

Erfreulicherweise gibt es in letzter Zeit auf immer mehr Servern Entwicklungen, die die Orientierung und die Arbeit mit Anonymous FTP erleichtern. Hierzu gehört neben den INDEX-Dateien auch der *online site index*. Der Server stellt ein Kommando bereit, mit dem man Dateien direkt auf dem Server suchen kann. Das folgende Beispiel wurde auf `ftp://ftp.inf.tu-dresden.de` durchgeführt:

```
ftp> quote site index gnutar
200-index gnutar
200-pub/win-nt/progs/gnutar_nt.zip
200-pub/AlphaCD/binmx/gnutar
200  (end of 'index gnutar')
```

Leider ist der Online Site Index erst auf sehr wenigen Servern zu finden. Eine weitere Orientierungshilfe, die relativ weit verbreitet ist, ist die Anzeige eines kurzen Überblicks über den Verzeichnisinhalt beim Wechseln in ein Verzeichnis. Abb. 3.5 zeigt eine exemplarische Anonymous-FTP-Sitzung mit einem übersichtlichen Archiv.

3.4.3 Von ASCII bis ZOO

Auf Anonymous-FTP Servern findet man Dokumente, Software usw. für die unterschiedlichsten Systeme und Anwendungen. Dementsprechend groß ist die Anzahl von Dateitypen und -formaten. Hinzu kommt, daß man auf der einen Seite mit FTP keine ganzen Verzeichnisse und Unterverzeichnisse übertragen kann, daher werden sehr oft ganze Gruppen von zusammengehörigen Dateien mit allen Verzeichnissen und Unterverzeichnissen in einzelne große Archive gepackt. Dann können sie auf einen Schlag übertragen werden, müssen jedoch auf Client-Seite wieder entpackt werden. Auf der anderen Seite werden große Dateien, um

```
                                xterm
% ftp ftp.ask.uni-karlsruhe.de
Connected to askhp.ask.uni-karlsruhe.de.
220 askhp FTP server (Version wu-2.1c(2) Mon Mar 14 14:07:13 MEZ 1994) ready.
Name (ftp.ask.uni-karlsruhe.de:geenen): ftp
331 Guest login ok, send your complete e-mail address as password.
Password:
230- ________________________________________________________________
230- Software Archive of ASK
230-                                                     /|   kademische
230- Akademische Software Kooperation                   /-|
230- Englerstrasse 14, D-76128 Karlsruhe               /  (  oftware
230- Phone   : +49 721 608 4872                        /__)
230- E-Mail  : ftpadm@ask.uni-karlsruhe.de            /  |/ ooperation
230- ___________________________________________/  |\_______________
230-
230- Use ./incoming to upload files to the archive. The files will be stored
230-         ONLY, IF AN APPROPRIATE DESCRIPTION IS AVAILABLE.
230- To describe your file use the form in
230- /pub/info/ask-info/sw-description_form.<lang>.txt
230- Also email to ftpadm@ask.uni-karlsruhe.de
230-
230 Guest login ok, access restrictions apply.
Remote system type is UNIX.
Using binary mode to transfer files.
ftp> dir
200 PORT command successful.
150 Opening ASCII mode data connection for /bin/ls.
total 3760
drwxrwxr-x    9 ftpadm    ftp          1024 Mar 20 23:12 .
drwxrwxr-x    9 ftpadm    ftp          1024 Mar 20 23:12 ..
-rw-r--r--    1 ftpadm    ftp        654699 Mar 20 23:12 INDEX
drwxrwxr-x    2 ftpadm    ftp          1024 Mar 20 23:12 INDEX-diffs
drwxrwxr-x    2 ftpadm    ftp          1024 Mar 20 23:12 INDEX-old
-rw-r--r--    1 ftpadm    ftp        172744 Mar 20 23:12 INDEX.Z
-rw-r--r--    1 ftpadm    ftp        128540 Feb 28 23:12 NEW-LAST-MONTH
-rw-r--r--    1 ftpadm    ftp         23350 Mar 14 23:12 NEW-LAST-WEEK
-rw-r--r--    1 ftpadm    ftp         69861 Mar 20 23:12 NEW-THIS-MONTH
-rw-r--r--    1 ftpadm    ftp         38603 Mar 20 23:12 NEW-THIS-WEEK
-rw-r--r--    1 ftpadm    ftp         16016 Mar 20 23:12 NEW-TODAY
drwxr-xr-x    3 ftpadm    ftp          1024 Aug 13  1993 bin
-rw-------    1 ftpadm    6             876 Feb 16 23:17 dead.letter
-rwxrwxr--    1 ftpadm    ftp          2404 Oct 14 17:39 dir-hierarchie
drwxr-xr-x    2 ftpadm    ftp          1024 Aug 18  1993 etc
drwxrwxrwx    2 ftpadm    ftp          1024 Mar 18 12:26 incoming
-rw-r--r--    1 ftpadm    ftp        603505 Mar 20 23:12 ls-lR
-rw-r--r--    1 ftpadm    ftp        147737 Mar 20 23:12 ls-lR.Z
drwxrwxr-x   18 ftpadm    ftp          1024 Feb 28 09:42 pub
drwxr-xr-x    2 ftpadm    ftp          1024 Jan 28 14:05 tmp
-rw-r--r--    1 ftpadm    ftp           766 Oct 26 12:25 welcome.msg
226 Transfer complete.
ftp> bye
221 Goodbye.
%
```

Abbildung 3.5: FTP-Beispielsitzung mit *ftp.ask.uni-karlsruhe.de*

Übertragungs- und Speicherkosten zu senken, gepackt und komprimiert auf den Server gelegt. In vielen Fällen muß man also zunächst eine Datei übertragen, entkomprimieren und danach entpacken.

Archivieren und Komprimieren

Für die unterschiedlichen Betriebssysteme gibt es einige typische, häufig verwendete Komprimierungs- und Archivierungsprogramme. Welches zur Komprimierung/Archivierung eingesetzt wurde, erkennt man meist an der Dateiendung. Da man normalerweise Software für z.B. DOS-Rechner auch mit einem der Plattformtypischen Programme archiviert/komprimiert, geben die Dateiendungen oft auch Auskunft darüber, auf welchem Rechner Software, die man auf einem FTP-Server findet, läuft.

Einen sehr guten Überblick über die meisten aktuellen Komprimierungs- und Archivierungsprogramme, mit welchem Namen sie auf welcher Plattform zur Verfügung stehen und, ganz wichtig, auf welchem Server sie zu finden sind, gibt ein von David Lemson erstelltes und betreutes Dokument, das im Original unter:

`ftp://ftp.cso.uiuc.edu/doc/pcnet/compression`
zu finden ist.

DOS

Typische Komprimierungs- und Archivierungsprogramme für DOS-Rechner sind: *arc602.exe*, erkennbar an der Endung *.arc*, *arj239d.exe*, das das typische Suffix *.arj* erzeugt, *pkzip* (Endung *.zip*) und *zoo210.exe* (Endung *.zoo*). Sogenannte *selbstextrahierende Archive*, aber auch „ganz normale" Programme für DOS sind an der Endung *.exe* zu erkennen. Selbstextrahierende Archive können mit unterschiedlichen Programmen hergestellt werden und enthalten selbst den Code, der das Auspacken durchführt.

MacIntosh

Programme für den MacIntosh werden häufig mit *StuffIt* (Endung *.sit*) gepackt und komprimiert, und in der Regel zusätzlich mit *BinHex* (Endung *.hqx*) in ASCII-Format transformiert, so daß viele MacIntosh-Dateien die Endung *.sit.hqx* besitzen. Eine weitere MacIntosh-spezifische Dateiendung ist *.cpt*. Dateien mit dieser Endung wurden mit *Compact Pro* komprimiert und gepackt. Archive für den MacIntosh, die sich selbst auspacken und entkomprimieren sind an der Endung *.sea* (*self-extracting archive*) zu erkennen.

UNIX

Programmpakete für UNIX-Rechner werden meistens mit *tar* (*tape archiv*) gepackt (Endung *.tar*) und dann mit dem UNIX-Kommando *compress* (Endung *.Z*) komprimiert. Dementsprechend bedeutet eine Endung *.tar.Z*, daß eine Datei zunächst entkomprimiert und dann entpackt werden muß. Als Kompressionsprogramm unter UNIX verbreitet sich zunehmend *gzip* (*GNU-zip*); erkennbar an der Endung *.gz*. Früher produzierte *gzip* Dateien mit der Endung *.z* , was zu einiger Verwirrung und zu Verwechslungen führte, da das Programm *pack* unter UNIX auch Dateien mit dieser Endung erzeugt. In Verbindung mit *tar* findet man häufig die Dateiendung *.tgz*, was *.tar.gz* entspricht. Das Suffix *.shar* kennzeichnet Archive, die mit dem UNIX–typischen *shar* (*shell archive*) Programm angelegt wurden. Sie sind Vertreter der *self-extracting Archives* auf UNIX–Seite und werden durch Aufruf einer Shell *sh* entpackt. Eine Besonderheit von Shell-Archiven: Es sind reine ASCII-Dateien.

Es gibt Server, die dynamisch komprimieren (Stichwort: *compression/uncompression on the fly*) und/oder packen (Stichwort: *tar on the fly*), der Benutzer kann dies durch Angaben von entsprechenden Suffixen steuern: Gibt es beispielsweise ein Paket mit dem Namen *bigpackage.tar.gz* auf dem Server, wird die Dekompression vor der Übertragung durchgeführt, indem man einfach

```
ftp> get bigpackage.tar
```

aufruft, *ohne* die Endung *.gz*. Möchte man auf der anderen Seite eine Datei, die unkomprimiert auf dem Server liegt, komprimiert übertragen, z.B. eine Datei *README* gibt man einfach bei der Übertragung das Kompressionssuffix *.Z* an:

```
ftp> get README.Z
```

Auf *ftp://ftp.inf.tu-dresden.de/* stehen diese Mechanismen z.B. zur Verfügung.

Neben den spezifischen Dateiendungen der Kompressions- und Archivierungs-Programme gibt es noch eine Reihe weiterer Suffixe mit „fester" Bedeutung: Häufig sind z.B. Dateien mit der Endung *.uu* oder *.uue*. Dateien mit dieser Endung sind reine ASCII-

Dateien, sie wurden mit dem Programm *uuencode* transformiert und können auch problemlos über E-Mail verschickt werden. Tabelle 3.2 gibt einen Überblick über die geschilderten und noch weitere gebräuchliche Dateiendungen. Sie enthält außerdem Angaben über die jeweils erforderliche Übertragungsart für den Transfer (ASCII oder BINARY).

Endung	Bemerkung	ASCII/binary
.arc	arc602.exe, DOS Archiv	binary
.arj	arj239d.exe, DOS Archiv	binary
.cpt	Compact Pro, Mac Archiv	binary
.au	spezielles Tonformat	binary
.doc	Text	ASCII
.(e)ps	(encapsulated) PostScript	ASCII
.exe	Self-extracting Archive, DOS	binary
.gif	spezielles Format für Bilder	binary
.gz	mit GNUs *gzip* komprimiert	binary
.hqx	Macintosh *Binhex*-Datei	ASCII
.jpeg	spezielles Format für Bilder	binary
.jpg	spezielles Format für Bilder	binary
.sea	Self-extracting Archive, Mac	binary
.shar	Shell Archive, UNIX	ASCII
.sit	StuffIt, Mac Archiv	binary
.snd	spezielles Tonformat	binary
.tar	tar, UNIX Archiv	binary
.txt	Text	ASCII
.uu(e)	*uuencode*-Datei	ASCII
.voc	spezielles Tonformat	binary
.wav	spezielles Tonformat	binary
.zip	pkzip, DOS Archiv	binary
.zoo	zoo210.exe, DOS Archiv	binary
.z	mit *pack* komprimiert	binary
.Z	mit *compress* komprimiert, UNIX	binary

Tabelle 3.2: Zusammenhang zwischen Dateiformat und FTP-Übertragungsmodus

3.4.4 Viren

Für die meisten Systeme gibt es Viren-Scanner auf dem Netz. Auf vielen Servern gibt es Verzeichnisse, die typischerweise den Namen *antivirus* tragen, hier kann man meistens Viren-Scanner finden (s. 13). Es wird dringend empfohlen, Software für DOS, Macintosh und ähnliche Systeme vor dem Einsatz auf Viren zu überprüfen!

Speziell für DOS findet man häufig das *scanv*-Paket von McAfee, für den Mac das *disinfectant*-Programm und *gatekeeper*.

Bevor man *Shell Archive* unter UNIX mit Root-Rechten auspackt, sollte man überprüfen, was genau passiert. Des weiteren können *Makefiles* zu Gefahrenquellen werden.

3.4.5 Incoming, Upload und Mirror

Bei der Arbeit Anonymous FTP wird man über kurz oder lang auf die Begriffe *Incoming, Upload* und *Mirror* stoßen, deshalb eine kurze Erklärung.

Normalerweise können von Anonymous-FTP-Servern Dateien nur „gelesen" werden, was ja durchaus sinnvoll und berechtigt ist. Auf den meisten Anonymous-FTP-Servern gibt es jedoch ein Verzeichnis mit dem Namen *incoming* oder *upload*, in das man „von außen" Dateien schreiben kann. Möchte man Software oder Dokumente über Anonymous FTP zur Verfügung stellen, ohne selbst einen Server zu betreiben, kann man seine Dateien in das *incoming/upload*-Verzeichnis eines Servers legen. Hier sollte man jedoch Richtlinien, die meistens in *README-* oder ähnlichen Dateien abgelegt sind, berücksichtigen. Oft genügt eine Mail an den FTP-Administrator. Ob die Dateien auf den Server übernommen werden, hängt von seinem Administrator ab.

Ein sehr wichtiger Mechanismus zum Duplizieren von Dateien, Verzeichnissen und auch ganzen Anonymous-FTP-Servern ist das automatische „Spiegeln". Viele FTP Server (*Mirror-Server*) halten Kopien des Inhalts oder Teile des Inhalts anderer Server bereit. Erstens werden so Übertragungskosten eingespart und zweitens können auf diesem Weg Dokumente und Programme thematisch zusammengefaßt auf einem Server angeboten werden. Auf diese Art und Weise werden Dateien „automatisch" in kürzester Zeit in der ganzen Welt verteilt. Die wichtigsten Softwarepakete aus den USA und aus Kanada findet man beispielsweise auf sehr vielen deutschen Servern und auch auf Servern anderer Länder.

Die Mirror-Software kann i.d.R. so konfiguriert werden, daß ausgewählte Dateien oder Verzeichnisse auf gespiegelten Servern periodisch auf Veränderungen überprüft und ggf. übertragen werden.

3.4.6 Weitere Informationen

Die Liste der Anonymous FTP Server in Deutschland enthält neben den Adressen der Server Angaben über Inhaltsschwerpunkte. Sie steht unter anderem per Anonymous FTP zur Verfügung:

- `ftp://askhp.ask.uni-karlsruhe.de`
  im Verzeichnis
  `/pub/info/ftp-list-de`
  Eine Aktualisierung von `ftp-list-de` erfolgt monatlich.

Die Liste weltweit verfügbarer Anonymous FTP Server ist ebenfalls per Anonymous FTP verfügbar:

- `ftp://rtfm.mit.edu`
  im Verzeichnis
  `/pub/usenet/new.answers/ftp-list/sitelist`

Eine Liste aller News-Gruppen aufzuführen, die Ankündigungen oder Informationen zu Software oder Dokumenten enthalten, die über Anonymous FTP zugänglich sind, würde den Rahmen dieses Kapitels sprengen. Speziell für Administratoren interessant sind die Gruppen:

- `comp.archives.admin`

- `de.admin.archiv`

Electronic Mail

4.1 Grundlegende Eigenschaften von E-Mail

Electronic Mail, oder kurz *E-Mail*, erlaubt den Austausch von Nachrichten über elektronische Netzwerke. Bei näherer Betrachtung des Systems ist es immer wieder hilfreich, sich die Analogie zur gelben Post zu vergegenwärtigen. Gewaltig ist hingegen der Unterschied bei der Zustellungsdauer. Während Ansichtskarten aus Australien Wochen unterwegs sind, benötigen über E-Mail versandte Notizen lediglich Minuten, um zum Empfänger auf der anderen Seite der Erde zu gelangen. E-Mail Anhänger nennen die gelbe Post daher auch abfällig . *snail mail* [1]

E-Mail und gelbe Post

snail mail

Zunächst wird das grundsätzliche Prinzip, das E-Mail zugrundeliegt, näher erläutert. Im Kapitel 4.2 werden anhand eines Beispiels die wesentlichen Eigenschaften eines Mailprogramms gezeigt. Im nächsten Kapitel wird auf das Versenden von Dateien via E-Mail eingegangen. Kapitel 4.4 beschäftigt sich mit der Erweiterung MIME. Mehr über SMTP und X.400 erfährt man im Kapitel 4.5. Abschließend wird noch kurz auf Mailserver und Listserver eingegangen.

4.1.1 Vom Sender zum Empfänger

Beim Versenden von Briefen über die herkömmliche Post sind im wesentlichen die folgenden drei Schritte notwendig:

[1] Schneckenpost

- Erstellen des Briefs

- Eintragen des Adressaten (und des Absenders) auf dem Briefumschlag

- Abgabe auf dem Postamt und Bezahlung der Gebühr

Die Verwendung von E-Mail verlangt die gleichen Arbeitsschritte.

- Erstellung des Textes mit Hilfe eines Texteditors

- Vermerken der E-Mail Adresse des Empfängers

- Absenden der E-Mail

Genau wie der Verfasser für den Inhalt seines Briefes beim Versenden mit der gelben Post verantwortlich ist, ist dies auch beim Versenden über E-Mail der Fall. Genau wie vor dem Versenden eines Briefes eine korrekte Empfängeradresse auf den Umschlag geschrieben werden muß, müssen auch E-Mails mit korrekten Empfängerdaten versehen werden. Und genau, wie sich der Schreiber nach Abgabe eines Briefes nicht darum zu kümmern braucht, über welche Wege der Brief zum Empfänger gelangt, ist es auch für den E-Mail-Absender unerheblich, welchen Weg seine Post nimmt. Nach Betätigen der „Sende"-Taste ist der *E-mailing*-Vorgang für ihn beendet. Die Auslieferung, zu der auch die Wegewahl gehört, wird vom Mail-Transportsystem übernommen. Die E-Mail wird vom Transportsystem „bis zur eigenen Haustüre", sprich dem benutzereigenen Briefkasten, der auch *Mailbox* oder *Inbox* genannt wird, geliefert.

E-Mail nur für ASCII-Texte

Eine Einschränkung gegenüber der herkömmlichen Post, abgesehen davon, daß (noch) nicht alle Bewohner der Erde via E-Mail erreichbar sind, darf nicht unerwähnt bleiben. Der Inhalt einer Briefpost ist nahezu beliebig, ein elektronischer Brief soll hingegen nur aus Textzeichen (Buchstaben, Ziffern und einige Sonderzeichen) bestehen. Es gibt Ansätze, dies in absehbarer Zeit zu ändern (vgl. MIME, Kapitel4.4), zur Zeit empfiehlt es sich jedoch, keine Grafiken, oder allgemeiner, keine Dateien, die einen vollen 8-bit-Code verwenden, über Mail zu versenden, sondern E-Mail als Möglichkeit des Austausches von *textuellen* Nachrichten zwischen Computeranwendern anzusehen.

Weiterhin verlangt eine E-Mail eine absolut korrekte Adreßeingabe, während menschliche Postboten oft sehr viel Kreativität entfalten, trotz unzulänglicher Adressinformation die Post beim gewünschten Empfänger abzuliefern.

4.1.2 Die Adressierung

Eindeutigkeit von Mailadresen

Voraussetzung für die weltweite Kommunikation über E-Mail sind eindeutige Mailadressen. Im Internet ist durch das *Domain Name System* die Eindeutigkeit von Rechnernamen gewährleistet. Da auf Rechnern Benutzeraccounts eindeutig sein müssen, liegt es nahe, die Kombination Benutzernummer/Domainname als eindeutige Identifizierung für Mailadressen zu verwenden. Als Schreibweise wurde das Schema `user@domain` (gesprochen: user at domain) eingeführt [Cro82]. `user` steht dabei für den Benutzeraccount. Dieser besteht normalerweise nur aus Buchstaben und Ziffern. `domain` enthält ebenfalls nur Buchstaben und Ziffern sowie die Sonderzeichen . und -. In einer Mailadresse treten also keine Leerzeichen auf. Ein Beispiel einer gültigen Adresse ist

`rz56@ibm3090.rz.uni-karlsruhe.de`

Diese Art der Namensvergabe gewährleistet zwar eindeutige Mailadressen, allerdings sind die Kennungen nicht immer sonderlich aussagekräftig. Daher geht man immer mehr dazu über, generische Mailadressen, d.h. Mailadressen, die unabhängig von Rechnernamen und Benutzeridentifikationen sind, und die die logische Struktur der Organisation wiederspiegeln, zu verwenden. So lauten die Mailadressen der Mitarbeiter der ASK alle einheitlich:

generische Mailaddressen

`<Nachname>@ask.uni-karlsruhe.de`, also z.B.
`boden@ask.uni-karlsruhe.de`, obwohl es keinen Rechnernamen `ask.uni-karlsruhe.de` gibt.

Es gibt jedoch einen Rechner, der für die „Zustellung innerhalb des Postbezirks" `ask.uni-karlsruhe.de` verantwortlich ist. Dieser lokale Rechner weiß, an welche Rechneradresse und an welchen Benutzeraccount so adressierte Mails weitergeleitet werden müssen. Hierdurch können Mails individuell auf den vom Anwen-

*RFC822
Schreibweise*

der gewünschten Rechner ausgeliefert werden.[2]

Die Adressierungsart von Mailadressen im Internet in der Form
<user>@<domain> wird auch als Internetschreibweise oder als
RFC822 Schreibweise bezeichnet.

4.1.3 Mail über Netzwerkgrenzen

Im Gegensatz zu den übrigen in diesem Buch besprochenen Diensten ist für die Teilnahme am nationalen und internationalen E-Mail-Verkehr nicht unbedingt ein Anschluß ans Internet notwendig. Viele Netze bieten ihren Kunden die Möglichkeit, über sog. Gateways zwischen den Netzwerken Mails in andere Netze zu verschicken bzw. Mails aus anderen Netzen zu empfangen. So kann ein CompuServe-Teilnehmer[3] Mails an Personen, die am Internet angeschlossen sind, senden. Dazu gibt er in seinem Mailprogramm als Adresse

*von anderen
Netzen ins
Internet*

```
INTERNET: <user>@<domain>
```

an. Die Eingabe von INTERNET teilt dem System mit, den Brief zum Internet Gateway zu senden. Der Gatewayrechner sorgt für die Auslieferung der Nachricht beim Empfänger. Umgekehrt kann mit der Adressierung

*aus dem Internet
in andere Netze*

```
12345.6789@compuserve.com
```

eine Nachricht über das Internet an einen CompuServe-Teilnehmer gesendet werden. 12345.6789
entspricht dem CompuServe Benutzeraccount
12345,6789.
Über die Domainangabe compuserve.com wird der Gatewayrechner zwischen CompuServe und dem Internet angesprochen. Eine komplette Anleitung zur Umsetzung von Mailadressen zwischen ca. 50 Netzen ist im *internetwork-mail-guide*[4] von Scott Yanoff zu finden.

---

[2] z.B. wird Mail an boden@ask zu boden@askhp.ask weitergeschickt, Mail an kampermann@ask geht an kamper@askhp2.ask
[3] CompuServe ist ein großes kommerzielles Mailboxunternehmen.
[4] ftp://csd4.csd.uwm.edu/pub/internetwork-mail-guide

4.1.4 Der Aufbau einer Mail

Eine Mail besteht aus den Teilen *Header* und *Body*. Der Header
enthält Informationen über die Mail (Briefumschlag), während die
Textnachricht selbst (Inhalt des Briefes) in den BodyPart eingetragen wird. Der Body ist durch eine Leerzeile vom Header
getrennt. Der Header besteht seinerseits aus verschiedenen Hea-
derfeldern, die wiederum aus einem Schlüsselwort mit folgendem
„:" und einem Text bestehen. Das Schlüsselwort zur Eingabe der
Empfängeradresse lautet beispielsweise

`To:`

Als Text folgt die Mailadresse. Der komplette Header einer Empfängeradresse wäre damit beispielsweise:

`To: boden@ask.uni-karlsruhe.de`

Es gibt sehr viele Header-Felder. Einige können vom Absender
einer Mail direkt eingegeben werden, andere werden automatisch
vom Mail-Transportsystem angehängt. Die wichtigsten vom Benutzer angebbaren Headerfelder sind:

*Header und
Body*

- To:
  Angabe einer oder mehrerer, durch Kommata getrennte,
  Mailadresse(n). Dieses Feld ist zwingend vorgegeben.

- Subject:
  Eingabe eines kurzen „Betreffs".

- Cc:
  Carbon Copy. Zusätzlich wird ein „Durchschlag" zur Kennt-
  nisnahme an die hier angegebene(n) Adresse(n) gesendet.

- Bcc:
  Blind Carbon Copy. Ähnlich `Cc:`, die übrigen Adressen bleiben dem Empfänger eines `Bcc:` jedoch verborgen.

- Reply-To:

  Ein Reply, also eine direkte Antwort, wird an die hier an-
  gegebene(n) Adresse(n) statt an die Absenderadresse geschickt.

Beim Lesen einer Mail werden weitere Headerfelder sichtbar, die vom sendenden Programm automatisch eingefügt werden oder während des Transports generiert wurden. Dies sind z.B.:

- From:
  zeigt die Absenderadresse an.

- Date:
  zeigt das Absendedatum und die Uhrzeit an.

- To:
  zeigt den Empfänger der Mail an.

- Message-Id:
  Jeder Mail wird eine eindeutige Identifikationsnummer zugeordnet.

- Received:
  zeigt an, welchen Weg die Mail durchs Netz genommen hat.

4.2 Eine Beispielsitzung

user agent

Alle E-Mail-Aktivitäten werden vom Arbeitsplatz aus, mit Unterstützung durch ein Mailprogramm, eines sog. *user agents*, getätigt. Viele User Agents bieten aber mehr als nur das reine Versenden von Nachrichten. Sie erlauben die Verwaltung von Mails, das Einrichten von Kurznamen, sog. *Aliasnamen* für häufig verwendete Mailadressen, automatisches Anhängen von Signaturen an alle herausgehenden Mails und vieles mehr. Anhand von *elm*, einem weit verbreiteten Mailprogramm für UNIX-Rechner, das 1986 von Dave Taylor entwickelt wurde, werden die wesentlichen Funktionen eines User Agents erläutert.

elm

4.2.1 Senden einer Mail

Es wird davon ausgegangen, daß dem Benutzer vor dem ersten Aufruf des Programms eine Basiskonfiguration durch den System-

verwalter zur Verfügung gestellt wurde. Nach dem Aufruf des Programms mit

elm

erscheint eine Ansicht wie in Abb. 4.1. Die Bedienung des Pro-

Abbildung 4.1: Der Aufruf von elm

gramms erfolgt mittels einfacher Tastaturkommandos. Nach der
Eingabe von **m** können Mails versendet werden. Es erfolgt eine
Aufforderung, den Adressaten einzugeben: Hier wird entweder die
komplette Mailadresse des Empfängers in RFC822 Schreibweise
oder ein Aliasname (s.u.) eingegeben. Nun wird das Subject abgefragt. Je nach Konfiguration erfolgt die Abfrage weiterer Header-
felder. Anschließend wird ein Texteditor zur Eingabe des Textes
geöffnet. Zur Absendung bereiten Mails kann automatisch eine
Signatur angehängt werden, um weitere Absenderinformation wie
Name, Postanschrift, Telefon und Faxnumer anzugeben. Sie werden oft durch sog. *ASCII-Art* ergänzt. Dies sind kleine Grafiken,
die nur mit ASCII-Zeichen erstellt wurden (vgl. Abb. 4.4). Die Signatur wird automatisch in die editierbare Anzeige geladen. Nach
Beenden der Texteingabe erfolgt ein Menü mit den Möglichkeiten, die Nachricht erneut zu editieren (**e**), den Header zu ändern
(**h**), die Nachricht zu senden (**s**) oder den Vorgang abzubrechen
(**f**). Liegen bereits vorgefertigte Texte als Dateien vor, so können
diese natürlich, sofern der verwendete Editor dies erlaubt, in den
aktuellen Text eingebunden werden.

*Bedienung über
Tastaturkom-
mandos*

Mail versenden

signature

4.2.2 Empfangen und Beantworten von E-Mails

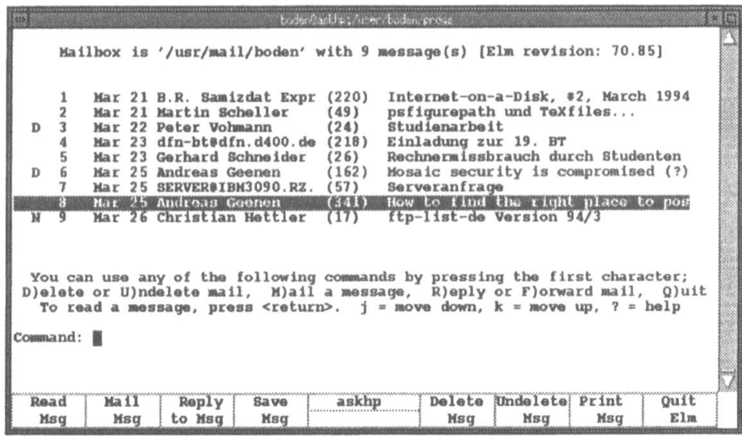

Abbildung 4.2: Ein elm-Fenster mit neuen und gelöschten Nachrichten

Empfang und Beantwortung von Briefen ist noch einfacher als das Senden. Briefe an einen Benutzer werden automatisch in seiner Inbox abgelegt. Dies ist in der Regel die Datei

/usr/mail/<username>

Nach dem Aufruf von elm

Mail empfangen zeigt das Programm zunächst alle Nachrichten an, die in der Inbox liegen. Angezeigt wird eine laufende Nummer, das Datum, der Absender, die Größe des Textes sowie das Subject. Mit den Tasten j und k kann man nach unten oder nach oben gehen und eine Mail auswählen. <Return> zeigt die ausgewählte Mail an. Noch nicht gelesene Briefe werden durch ein voranstehendes N gekennzeichnet. Briefe, die im Laufe der Sitzung mit d gelöscht wurden, werden mit D markiert und beim Verlassen von elm gelöscht. Bereits gelesende Mails sind nicht mehr besonders gekennzeichnet. In Abb. 4.2 ist also die neunte Mail neu, die dritte und die sechste wurden gelöscht, alle übrigen wurden bereits angeschaut aber noch nicht bearbeitet.

4.2.3 Nützliche Eigenschaften

Mit der Taste **r** (*Reply*) läßt sich eine E-Mail direkt beantworten. Als Adresse wird automatisch die Absenderadresse oder, falls vom Sender gesetzt, die Reply-To-Adresse verwendet. Dem Subject wird ein

```
Re: <originalsubject>
```

vorangestellt. Im Editor bleibt eine Kopie des Originalinhalts erhalten. Man kann seine Erwiderungen also an geeignete Stellen des Originalinhalts einfügen und auf diese Art ein „primitives Gespräch" simulieren.

Reply

Wurde die Original-Mail an mehrere Personen versendet, möchte man eine Antwort oft an alle und nicht nur an den Absender schicken. Dies ist mittels eines *Group Replys* über die Eingabe von **g** möglich.

Group Reply

Über die Taste **a** lassen sich sog. Aliasnamen definieren. Dies ermöglicht eine abkürzende Schreibweise für oft benötigte Mailadressen. Im `To:`-Feld genügt dann die Angabe des Aliasnamens, die Mailadresse wird automatisch expandiert. Aliasnamen erlauben auch die Eingabe mehrerer Mailadressen. Dies ist besonders nützlich für die Einrichtung eigener Mailverteiler. Wenn der Benutzer öfter Mails an eine bestimmte Gruppe von Personen sendet, kann er durch Eingabe eines kurzen Aliasnamens viele Leute gleichzeitig adressieren.

Aliasnamen

Weiterhin erlaubt elm die Ablage von Briefen. Dies erfolgt über sogenannte *Folder*. Dies sind Dateien im gleichen Format wie die eigene Mailbox, jedoch können sie vom Benutzer selbst in einem eigenen Verzeichnis [5] erzeugt werden. Mit **s** wird eine Mail aus der Inbox entfernt. Es erfolgt eine Abfrage, in welchem Folder der Brief abgelegt werden soll. Standardmäßig wird der Benutzername aus dem `From:`-Feld verwendet[6]. Es können auch eigene Namen angegeben werden. **?** liefert eine Übersicht über vorhandene Folder.

Ablage in Foldern

elm ist mit einer On-Line-Hilfe ausgestattet, die über **?** aktiviert wird. Die Einstellung der eigenen Konfiguration erfolgt über **o**

On-Line-Hilfe

---

[5] i.d.R. $HOME/Mail
[6] genauer: Das was links von @ steht.

bzw. über die Datei `.elm/elmrc`. Die Taste q beendet das Programm.

4.3 Programme versenden über E-Mail

E-Mail ist eine sehr bequeme Möglichkeit, textuelle Daten zwischen Personen auszutauschen. Es wäre weiterhin wünschenswert, beispielsweise auch Grafiken, Programme oder formatierte Tabellen via E-Mail zu versenden. Wie das, wenn auch etwas umständlicher, gemacht werden kann, zeigt das folgende Kapitel.

4.3.1 Zeichencodierung innerhalb von Texten

Bisher wurde gesagt, daß Internet Mail lediglich das Versenden von Textnachrichen erlaubt, oder genauer: „Über Internet Mail können nur Nachrichten versendet werden, deren Body die druckbaren Zeichen aus dem 7-bit-US-ASCII-Code enthält". Dieser Code enthält im wesentlichen alle im amerikanischen Sprachgebrauch benötigten Buchstaben, die Zahlen und Satzzeichen. Dies mag für den englisch sprechenden Anwender genügen, die meisten europäischen Sprachen enthalten jedoch noch weitere Zeichen, etwa *Darstellung von Umlauten* die deutschen Umlaute: ä, ü oder ß, französische Buchstaben wie à, è oder ô, oder gar die griechischen Buchstaben α, β, ... Eine Möglichkeit ist die „Codierung" dieser Zeichen. In deutschen Texten kann ä auch als "a, Ü als "U und ß als "s geschrieben werden. Der Text ist zwar schwerer lesbar, aber verständlich. Ähnliches gilt auch für andere Sprachen. Dies funktioniert aber nur, wenn den Mailpartnern die Bedeutung klar ist und der überwiegende Teil der Worte unverändert bleibt.

4.3.2 Kodierung von Binärdateien

Grafiken, Programme oder von Programmen generierte Dateien
liegen in der Regel im Binärformat vor, d.h. sie werden durch eine
lange Folge der Ziffern 0 und 1 repräsentiert. Um sie per E-Mail
versenden zu können, müssen sie zunächst ins ASCII-Format gebracht werden. 0 und 1 ihrerseits sind aber im ASCII-Code enthalten. Man könnte also mittels eines Programms die lange Kette von
0 und 1 auslesen und übertragen und mit einem entsprechenden
Umkehrprogramm könnte auf der anderen Seite die exakt gleiche Binärdarstellung wieder auf Platte schreiben. Man benötigt
also auf der sendenden Seite einen *binary-to-ASCII*-Codierer und
auf der empfangenden Seite den entsprechenden *ASCII-to-binary*-
Codierer. Natürlich gibt es intelligentere Verfahren als nur die
Ziffern Null und Eins als ASCII-Repräsentanten zu verwenden.
Weit verbreitete Programme, die aus Binärdarstellungen ASCII-
Zeichenketten machen, sind *uuencode, xxencode, base64* und *btoa
(binary to ascii)*. Die Programme selbst sind sehr unterschiedlich. Sie können nicht untereinander ausgetauscht werden, d.h.
eine Datei, die mit btoa kodiert wurde, muß auch wieder mit btoa
entkodiert werden.

*Binärdateien
dürfen nur
ACSCII-kodiert
übertragen
werden.*

4.3.3 Ein Beispiel

Ein Mitarbeiter in Australien benötigt für eine Publikation drin-
gendst das DOS-Programm *qwerty.exe*, das Meßdaten nach neuesten Erkenntnissen auswertet. Der Kontakt zum Mitarbeiter erfolgt täglich über mehrere E-Mail Nachrichten. Wie kann ihm nun
das Programm zugesendet werden?

Der Absender benötigt eines der vorhin erwähnten Kodierungs-
programme, z.B *uuencode*. Diese Programme sind im Internet frei
verfügbar[7]. Über das Kommando:

```
uuencode qwerty.exe qwerty.uue
```

wird eine Datei `qwerty.uue` erzeugt, die nur aus ASCII-Zeichen

---

[7] z.B. ftp://ftp.ask.uni-karlsruhe.de/pub/archiver/

```
begin 644 qwerty.uue
M]P(!@Y+`'#L`````^@;(%1E6"!O=71P=70@,3DY-"XP+'("Y+$H.,$0;P``
M``$``````````````````````````````````# _____I`XY
M\XV$`'XY\P`'9F+2';@WO8o`#CgS`'!Fg)L(>9Fn0F:-c9'QQ@v$'`!Fg@`..?..
MC9(!N02)A```9F8'#CgGc)(Z@`EJA`8v@_>$?%8v-C9\(B2R-C9$JK=N?Z3SA
MA```@``!'(<.CHv-D@%5;MR?Z3S@[QQC;vQO<B!P=7-H(&-M>6L@+C'@+C'@
M+C'@+C$UGR(DKKD'(B2O'('')D^\)8v]L;W(@<&]PC8v1!Q@YG^[MJ>\]8v]L
M;W(@<'58:"!"; &%C:^\)8v]L;W(@<&]PCHz.CHz.CHz@'A[@ZXv@_>\"HXv1
M*JW;\TOQ:T%('!O````*'''"&-M<W-B>#$PZTM);FAA;'1S=F5R>F5I8VAN
M:7....N26,R-D2JMV_,>&O(B5@'*''''"@''''9C;6)X,#;1&%SE@/55%>;
M_PJK;W)L9)-7:61EDU>896^-D@"G_\'QCHz?&```C8v1.;W<\QE+\6!Y``H`
M`''*'''!6-M<C$PQ@#$N,8Z14*W@1&%EEP-5545ME;CC=)-M:6.3:vQU;F>8
M9&5SF%=75Y$!J?R-D0)__,:"Z!B_@`*``''@@''''9C;6Ul,#%.Hz6!\<5
MC9$"?_PZCI.-D0)__#J$6dD?(G]\.Hz3C9$"?_PzCI.-D0)__#J$6dXv1
M.Hz3c9$"?_PzCI.-D0)__#J$6dXv1'G_\.Hz3C9$"?_PzCI.-D0)__#J$6dXv1
MDG_\.Hz-D1;=6,0QCHzD#@'`C8v14^M@,2XQ+C&.D7"MX41I99$#555)9&5E
MD0*C'Hv1'G_\Q3J.E@?'%8v1'G_\.Hz3C9$"?_PzCI.-D0)__#J$6dXv1'G_\
M.Hz3C9$"?_PzCI.-D0)__#J$6dXv1'G_\.Hz3C9$"?_PzCI.-D0)__#J$6dXv1
M'G_\.Hz3C9$"?_PzCI.-D0)__#J$6dXv1'G_\.Hz3C9$"?_PzCI.-D0)__#J.
MDXv1'G_\.Hz3C9$"?_PzCI.-D0)__#J$6dXv1'G_\.Hz-D1;=6,0QCHzAC8v1
M4^M@,2XQ+C^.D7"MX45I;I8#555K=7)Z97"^3>F5I=&QI8YJXXvAE<I-2C9!'
M'9YO8G^.=6,8:v)L:6,8:Y$%,.N-D0)__,4ZCI8'QQ6-D0)__#J$6dXv1'G_\
"qwerty.uue" 2749 lines, 170271 characters_PZCHV1%MU8Q#*.CJ&-
```

Abbildung 4.3: Ansicht einer uucodierten Datei

besteht (s. Abb. 4.3). Diese Datei wird über den Texteditor in den Body der Mail geladen und anschließend abgeschickt. Der Empfänger erhält diese Mail in seine Inbox, aus der er sie in eine externe Datei names `qwerty.uue` abspeichert. Mit dem Programmaufruf

uudecode qwerty.uue wird wieder das ausführbare Programm generiert. Auch wenn der Austausch von Dateien komplizierter erscheint als beim File Transfer mit *ftp* (vgl. Kapitel 3), bietet dieser Mechanismus Vorteile:

- Es wird kein eigener Benutzeraccount auf dem entfernten Rechner benötigt.

- Selbst wenn das Ziel momentan nicht erreichbar ist, kann die Datei sofort losgeschickt werden.

- Dateien können über Netzgrenzen hinweg, also z.B. von und nach CompuServe, versendet werden.

4.4 MIME

Aus dem bisher gesagten über E-Mail ist zwar zu sehen, daß Mail ein nützlicher, wenn auch noch verbesserungsfähiger Dienst ist. Das MIME Protokoll (*Multipurpose Internet Mail Extensions*) zeigt weitere Möglichkeiten auf, Dokumente jedweder Art wie Grafiken, Audio, Videosequenzen über Mail zu versenden.

4.4.1 Grundlagen zu MIME

Die wesentliche Beschränkung von RFC822 besteht darin, nur den US-ASCII-Zeichensatz zu unterstützen. Außerdem wird nicht spezifiziert, wie Audio Mail, Videos oder Grafiken übertragen werden können. Daher ist für diese Fälle immer eine Kodierung wie aus dem obigen Beispiel (s. Kap. 4.3.3) durch den Anwender notwendig. Ein weiteres Problem tritt beim Übergang zwischen X.400 und Internet auf (s. Kap. 4.5.3). X.400 erlaubt das Einfügen nichttextueller Daten in Mails. Die Standards, die die Abbildung von X.400-Nachrichten auf RFC822-Nachrichen beschreiben, erlauben nur die Konversion nach ASCII oder das Löschen von Nicht--ASCIIBlöcken. Dies ist natürlich nicht wünschenswert.

Eine Lösung, kompatibel zum alten RFC822-System zu bleiben, und doch auch andere als US-ASCII-Texte zu versenden, liefert MIME. MIME beruht auf der Erweiterung der Header-Funktionalität und auf der Möglichkeit sog. *multipart messages* zu versenden. Der Body einer Mail wird in mehrere Teile untergliedert, die ihrerseits wieder als eigenständige BodyParts angesehen werden.

Erweiterung der Headerfelder

4.4.2 Erweiterte Headerfelder

Es sind 5 weitere Headerfelder möglich. Dies sind

- Mime-Version
  zur Angabe einer Mime-Version,

- Content-Type
  zur Angabe eines Attributs und eines Wertes des BodyParts der Mail,

- Content-Transfer-Encoding
  zur Spezifizierung weiterer Kodierungsmaßnahmen bzgl.
  Angaben zum Mail-Transportsystem, sowie die optionalen
  Felder,

- Content-ID und Content-Description
  zur Beschreibung der Daten im Nachrichtenbody.

Das *Mime-Version*-Headerfeld ist ein Textfeld.
`MIME-Version: 1.0`
ist ein Beispiel eines gültigen Eintrags. Es tritt nur einmal zu
Beginn einer Mail und nicht zu Beginn eines jeden *multiparts* auf.

Das *Content-Type*-Headerfeld bestimmt den Typ und den Subtyp
des folgenden Bodies und gibt, wenn notwendig, weitere Parameter an. Die Schreibweise lautet
`Attribut/Wert;Parameter`
wobei grundsätzlich zwischen 7 verschiedenen Typen oder Attributen unterschieden wird. Das Paar
`image/gif`
zeigt z.B. an, daß der folgende Bodypart ein Bild im GIF-Format
enthält.

Folgende sieben Attribute werden offiziell anerkannt und sind bei
der IANA (vgl. Kap. 1.5.7) registriert.

- Application
  wird verwendet, um im Body Daten von Anwendungen zu
  kennzeichnen, z.B.
  `application/postscript`

- Audio
  wird zum Senden von Audio Daten bzw. von Sprache verwendet, z.B.
  `audio/basic`

- Image wird zum Senden von Grafiken verwendet, z.B.
  `image/gif` oder `image/jpeg`

- message
  Ein Body vom Typ Message enthält seinerseits wieder eine
  komplette RFC822-Nachricht mit Header und Body, z.B.
  `mesage/rfc822`

- multipart
  Multipart kennzeichnet voneinander unabhängige Datentypen innerhalb eines Bodyparts, z.B.
  `multipart/mixed`

- text
  kennzeichnet unterschiedliche Darstellungen von Texten,
  z.B.
  `text/plain`

- video
  wird zum Senden von Videosequenzen verwendet, z.B.
  `video/mpeg`

Das Attribut

- X-
  steht zur freien Erweiterbarkeit zur Verfügung und wird
  auch als „privates" Attribut bezeichnet.

Das Feld *Content-Transfer-Encoding* beschreibt, welche Kodierung nach ASCII verwendet werden soll. Werte sind beispielsweise
„BASE64", „quoted printable" oder „binary". Bei Binary findet
keine Kodierung statt. Dies führt an herkömmlichen Internet Gateways natürlich zu Problemen. Bilder und sonstige binäre Datei-
en müssen daher durch die Angabe von
`Content-Transfer-Encoding: base64`
nach ASCII transformiert werden.

4.4.3 Bilder versenden mittels E-Mail

Ohne auf weitere Einzelheiten einzugehen, wird nun gezeigt, wie
mit Hilfe von `elm` eine Grafik mittels E-Mail versendet und vom
Empfänger wieder angeschaut werden kann. Voraussetzung dazu
ist die Installation des Pakets `metamail`, das eine Implementierung
von MIME darstellt. Zunächst wird eine Mail auf herkömmlichem
Wege erstellt. Das Einbinden der Grafik erfolgt über die Zeile

```
Hi Klaus

hier das neue ASK-Logo als GIF Datei

Gruesse
sonja


[include /scsi1/user/zwissler/asklogo3.gif image/gif base64]
--


Sonja Zwissler                                      ` ` `
ASK Universitaet Karlsruhe                         (o -)
Englerstr. 14                        ---------ooOO-(_)-OOoo--------
FRG-76128 Karlsruhe 1
phone: +49 721 608-4872
zwissler@askdonald.ask.uni-karlsruhe.de
~
~
~
~
```

Abbildung 4.4: Versenden einer Grafik mit elm

[include dateiname image/gif base64].

Das Schlüsselwort *include* weist das Programm an, eine externe Datei einzulesen. Anschließend erfolgt die Angabe des MIME Typs, für eine Grafik im GIF-Format lautet der Eintrag **image/gif**. Der Parameter **base64** gibt an, wie das Objekt vor dem Transfer kodiert werden soll.

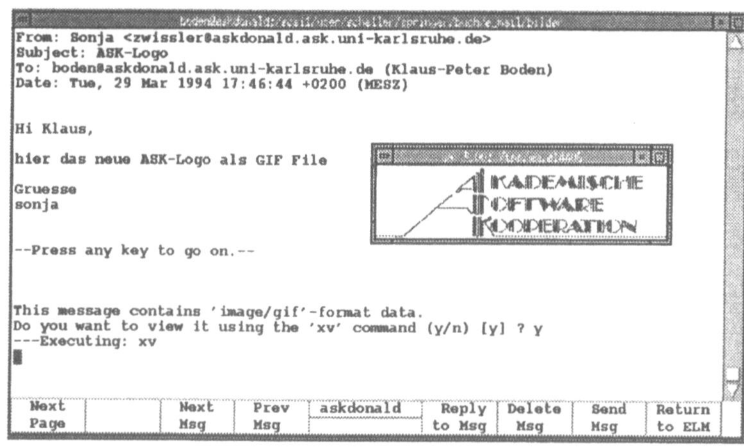

Abbildung 4.5: Empfang einer Mail mit Grafik

Der Empfänger erhält die Mail in seine Inbox. Beim Anschauen der Mail erfolgt ein Hinweis, daß der Inhalt MIME-konforme Daten enthält. Anschließend erfolgt eine Abfrage, ob das Bild angezeigt werden soll. Die Anzeige erfolgt über ein externes Programm, im hier gezeigten Beispiel wird zur Anzeige der GIF-Datei das Programm *xv* verwendet.

Man wird sich nun die Frage stellen, woher das Mailprogramm weiß, welches externe Programm aufgerufen werden muß, um Dateien eines bestimmten Formats anzuzeigen. Die Zuordnung zwischen MIME-Attributen und „Anzeige"programmen erfolgt über die Datei *.mailcap*. Einträge in dieser Datei haben die folgende Struktur:

.mailcap

```
Type/subtype; Programmname
```
also beispielsweise
```
image/gif; xv %s
image/jpeg; view_jpeg %s
application/postscript; ghostview %s
video/mpeg; mpeg_play -loop %s
text/x-html; Mosaic %s
```

Die Datei .mailcap kann vom Anwender selbst konfiguriert werden. Somit besteht die Möglichkeit, individuell die bevorzugten Anzeigeprogramme einzustellen.

4.5 SMTP und X.400

Bisher wurde Mail nur aus der Anwendersicht betrachtet. Das Transportsystem wurde als eine *Black Box* angesehen, die über Mechanismen verfügt, Mails vom Sender zum Empfänger zu bringen. Zunächst wird kurz skizziert, wie das Internetprotokoll SMTP (*Simple Mail Transfer Protocol*) [Pos82] diese Aufgabe löst. Im darauffolgenden Abschnitt erfolgt ein kurzer Exkurs in das *X.400 MHS*[8], den ISO/OSI-Standard für den E-Mail-Austausch.

Transport vom Postamt des Senders zu dem des Empfängers

---

[8] Message Handling System

4.5.1 Das Simple Mail Transfer Protocol

Die Aufgabe von SMTP ist der zuverlässige und effiziente Transport von Mail. SMTP ist unabhängig von dem unterliegenden Netzprotokoll, in der Regel wird jedoch TCP verwendet. Die Kommunikation erfolgt über den *well known* TCP Port 25. Abbildung 4.6 veranschaulicht das Kommunikationsmodell. Der

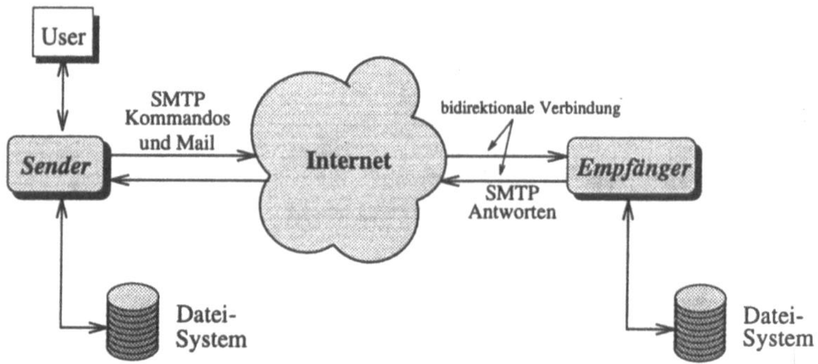

Abbildung 4.6: Das SMTP-Kommunikationsmodell

Sender erhält vom Benutzer den Auftrag, eine Mail zuzustellen. Er baut dazu eine bidirektionale Verbindung zum Empfänger auf. Dieser ist entweder direkt das Ziel der Nachricht oder ein Nachrichtenübermittler auf der Strecke zum Ziel. Im letzteren Falle sorgt dieser für die weitere Verbindung zum Zielrechner. Der Sender als aktiver Teil schickt Kommandos, die vom Empfänger akzeptiert oder abgelehnt werden können. Der Empfänger ist nun für die Zustellung beim Benutzer verantwortlich.

Eine Implementierung von SMTP stellt das Programm *sendmail* dar. Es agiert als sogenannter *delivery agent* oder auch *mailer* genannt. Sendmail akzeptiert Mails von User Agents und gibt diese an die Zieladresse weiter. Umgekehrt kann sendmail auch Mails empfangen und beim gewünschten Empfänger abgeben.

4.5.2   Ablauf einer SMTP-Sitzung

Im folgenden werden einige Kommandos des SMTP-Protokolls
aufgelistet (vgl. Tab. 4.1), die der Sender dem Empfänger übermittelt. Der Empfänger sendet keine Kommandos zurück; er antwortet lediglich über eine Codenummer, die den Sender über Erfolg
oder Mißerfolg einer Aktion unterrichtet.

*Kommandos des
SMTP-
Protokolls*

Kommando	Beschreibung
HELO	Senderidentifikation
MAIL	Beginn der Mailtransaktionen
RCPT	Identifikation des Empfängers
VRFY	Bestätigung einer Benutzeriden-tifikation
DATA	Beginn des Datentransfers; endet mit $< CRLF > . < CRLF >$
HELP	Hilfeinformation
NOOP	erwarte OK, keine weitere Ak-tion
QUIT	Verbindungsabbau

Tabelle 4.1: Die wichtigsten SMTP-Kommandos

In Abbildung 4.7 wird ein einfacher Mailaustausch zwischen
`jones@alpha.com` und `smith@beta.com` aus SMTP-Sicht veranschaulicht. Zunächst erfolgt eine Anforderung des Senders für den
Verbindungsaufbau. Der Empfänger sendet daraufhin ein O.K..
Mittels des Kommandos `HELO alpha.com`[9] macht sich der Sender
beim Empfänger bekannt. Dieser bestätigt, daß er `beta.com` ist,
bzw. für die Auslieferung von Mails an `beta.com` verantwortlich
ist. Host `alpha.com` teilt dem Empfänger den Absendernamen
mit, den der Rechner `beta.com` akzeptiert. Anschließend teilt der
Sender dem empfangenden Host den Adressaten `smith@beta.com`
mit. Der Empfänger akzeptiert den Adressaten. Nun teilt der Sender dem Empfänger seine Bereitschaft mit, Daten zu senden. Der

---

[9] =Hello

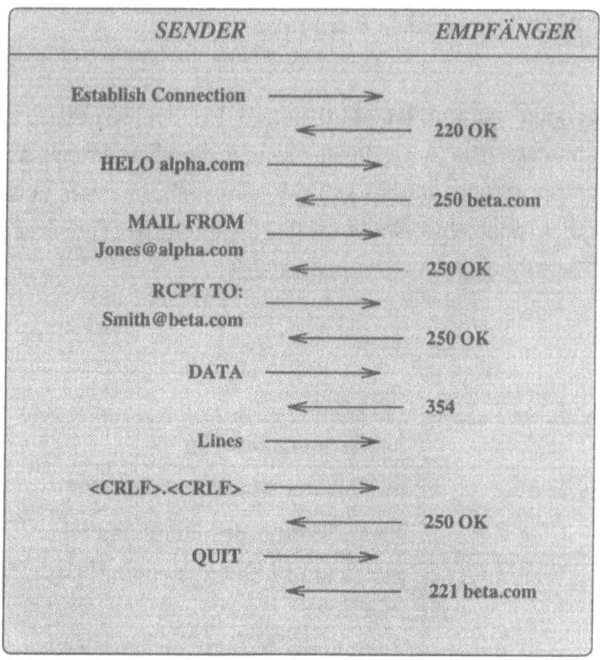

Abbildung 4.7: Ein Mailaustausch aus SMTP-Sicht

Empfänger fordert durch die Ausgabe des Codes 354 den Sender
auf, mit dem Übertragen der Daten zu beginnen. Ein . als erstes
und einziges Zeichen in einer Zeile interpretiert der Empfänger
als das Ende der Datenübertragung. Nach Erhalt dieses Zeichens
sendet der Empfänger ein O.K.. Der Sender verabschiedet sich,
daraufhin schließt der Empfänger ebenfalls den Übertragungska-
nal.

4.5.3 Eine kurze Einführung in X.400

Für den Austausch elektronischer Nachrichten gibt es ebenfalls
einen von der ISO genormten Standard. Dieser wird mit X.400
MHS (*X.400 Message Handling System*) bzw. ISO MOTIS (*Message Oriented Text Interchange System*; ISO 10021) bezeichnet. Er
ist das funktionelle Pendant zum im Internet verwendeten SMTP.
X.400 wurde 1984 als X.400-X.430 Message Handling System von

der CCITT[10] eingeführt und 1988 deutlich in seiner Funktionalität erweitert. Der Begriff X.400 steht stellvertretend für eine ganze Gruppe von Protokollen mit unterschiedlichen Aufgaben.[Bla91] In Abbildung 4.8 wird die grundsätzliche MHS-Struktur dargestellt. Der Benutzer kommuniziert mit dem System über den ihm

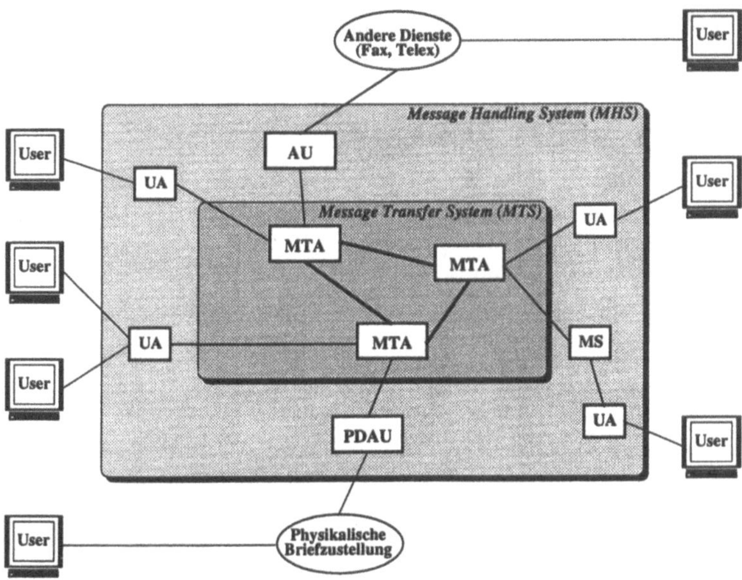

Abbildung 4.8: Das MHS-Modell

zugeordneten *User Agent* (UA). User Agents sind also Programme, vergleichbar dem Programm *elm* aus der Internetumgebung. Mit ihnen wird das Versenden, das Lesen, die Organisation der Ablage usw. durchgeführt. Davon losgelöst sorgen die MTAs (*Message Transfer Agent*) für das Ausliefern der Mail. Sie entsprechen dem Programm *sendmail*. Die MTAs stehen untereinander in Verbindung. Das gesamte System der miteinander verbundenen MTAs wird als MTS oder *Message Transfer System* bezeichnet. MTAs können aber nicht nur Verbindung zu UAs haben, sondern ebenfalls zu anderen Dienstelementen oder sog. *Access Units* (AU) und zu *Message Stores* (MS). Über Access Units können Mails z.B. über Fax oder Telex ausgeliefert werden; Message Stores erlauben das Zwischenspeichern über einen längeren Zeitraum. Über

User Agent

MTA = Message Transfer Agent

MTA = Message Transfer Agent

---

[10] Comité Consultatif International de Télégraphique et Téléphonique; Vereinigung nationaler Postorganisationen und einiger Telekommunikationsfirmen

die Schnittstelle PDAU (Physical Delivery Access Unit) können
Mails auch durch die *gelbe Post* ausgeliefert werden.

Der Aufbau einer MHS-Mail ist ähnlich der der Internet-Mail.
Eine Nachricht besteht aus einem Header (Kopf) und einem Body (Körper). Der Kopfteil enthält Absenderinformation, Datum,
Betreff,... der Body enthält den eigentlichen Inhalt. Zum Versenden wird die Nachricht in einen *Envelope* (Umschlag) gesteckt,
der mit der Empfängeradresse und der Absenderadresse versehen
wird. Man vergleiche Abbildung 4.9.

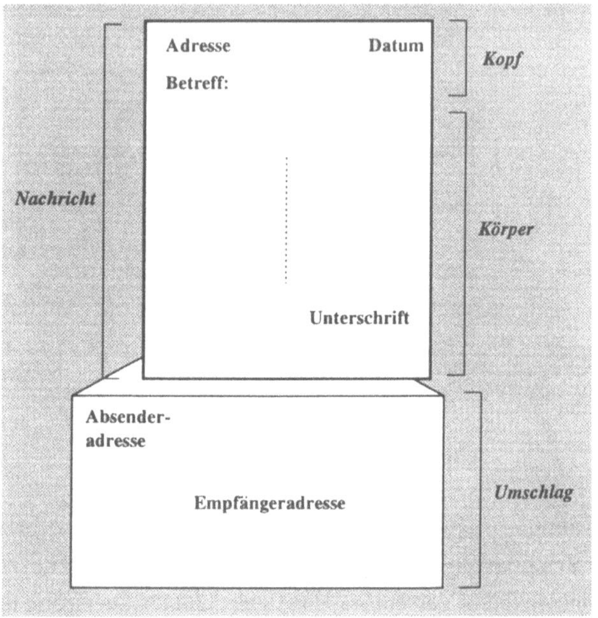

Abbildung 4.9: Aufbau einer MHS Mail

Ein wesentlicher Vorteil des X.400-Konzepts gegenüber der Internet Mail besteht in Vorkehrungen für das Versenden und Empfangen *beliebiger* Daten und nicht auf ASCII beschränkt zu sein.

Weiterhin erwähnenswert ist die X.400-Adreßstruktur. X.400-Adressen bestehen aus einer Reihe von Namensattributen. In Tabelle 4.2 werden die wichtigsten dargestellt. Mailadressen in X.400
heißen auch X.400-O/R-Namen (Originator/Recipient Name). Es
gibt Attribute, die zwingend vorgeschrieben sind und nur einmal
auftreten, wie z.B. der Ländercode C, oder der Nachname S. An-

Schlüsselwort	Attribut	Bedeutung
S	Surname	Personenname
G	Given Name	Vorname
I	Initials	Initialien
OU	Organizational Unit	Organisationseinheiten
O	Organization	Organisation
P	Private Domain	Privater Versorgungsbereich
A	Administration Domain	Öffentlicher Versorgungsbereich
C	Country Code	Ländername (-kennung)

Tabelle 4.2: Die X.400 Standardattribute

dere Attribute dürfen auch öfters vorkommen, OU beispielsweise bis zu viermal.

```
c=de;a=d400;p=uni-karlsruhe;ou=ask;ou=askhp;s=boden
```

wäre eine gültige Mailadresse in O/R-Schreibweise.

Prinzipiell ist es möglich, sowohl Mails aus dem Internet an einen X.400 Teilnehmer zu senden wie umgekehrt aus X.400 heraus ins Internet zu adressieren. Leider ist die Adreßstruktur beider Systeme vollkommen unterschiedlich. Eine Standardkonvertierung wie im „CompuServe"-Beispiel zu Beginn dieses Kapitels existiert leider nicht, da jedes Land seine eigenen Konvertierungsregeln hat! Daher sollen hier keine Konvertierungsregeln angegeben werden, da diese nur falsch sein können. Einige Organisationen bieten ihren Nutzern die Möglichkeit, eine On-Line-Adreßkonversion durchzuführen. In Deutschland betreibt der DFN-Verein ein solches System, auf das mittels

Umformung zwischen O/R-Namen und RFC822-Schreibweise

```
telnet sirius.dfn.de
login:adressen
```
bzw. über die X.29 Nummer
```
45050335006
```

zugegriffen werden kann. Abbildung 4.10 zeigt eine Beispielsitzung.

```
HP-UX Sirius A.08.00 B 9000/832 (ttys5)

login: adressen
Konvertierung zwischen RFC822-Adressen und X.400-Adressen
~~~~~~~~~~~~~~~~~~~~~~~~~~~~~~~~~~~~~~~~~~~~~~~~~~~~~~~~~~~~

Zur Konvertierung der Adressen werden RFC-Tabellen benutzt.
  RFC--->X400        Tabelle vom 24.02.94
  X400--->RFC        Tabelle vom 24.02.94

Geben Sie eine Adresse in der X.400-Form   (c=de; a=d400; p=dfn; .....)
oder in der RFC-Schreibweise  (jaretzki@dfn.d400.de) an.
Sie erhalten dann die entsprechende Adresse in der anderen Form.
Zum Beenden geben Sie nur <CR> ein.

Adresse: boden@ask.uni-karlsruhe.de

Zur Konvertierung wird der RFC-Tabellen-Eintrag
uni-karlsruhe.de                        # O=; P=uni-karlsruhe; A= ; C=de;
benutzt.

Die entsprechende X.400-Adresse lautet:
C=de; A= ; P=uni-karlsruhe; OU=ask; S=boden
```

Abbildung 4.10: Adressenkonvertierung zwischen RFC822- und X.400-Schreibweise

4.6 Mailserver und Diskussionsforen

Mailserver sind Programme, die ankommende Mails automatisch weiterverarbeiten. Dies kann für sehr unterschiedliche Aufgaben eingesetzt werden. Zwei weit verbreitete Anwendungen werden im folgenden beschrieben. Zunächst wird gezeigt, wie mittels E-Mail Dateien von FTP-Servern abgerufen werden können. Anschließend wird kurz auf die Themen Diskussionsforen und Bitnetlisten eingegangen.

4.6.1 Zugang zu FTP-Servern über E-Mail

Über das vielfältige Angebot von Informationen und Software auf FTP-Servern wurde bereits im Kapitel 3 eingegangen. Einige FTP-Archive bieten neben dem interaktiven Zugang die Möglichkeit auch über Mail auf den Datenbestand zuzugreifen. Der Zugang wird über ein spezielles Programm, den *Mailserver*, ermöglicht. Während sich hinter „normalen Mailboxen" die Adressen von Menschen verbergen, läuft hinter der Adresse eines Mailservers ein Programm ab. Dieses bearbeitet die Eingaben des Benutzers und stellt ihm automatisch eine Antwort zu. Die Kommandos haben selbstverständlich eine bestimmte Syntax und werden in der

Regel in den BodyPart einer Mail eingegeben. Es handelt sich also beim Abruf von Dateien von FTP-Servern über E-Mail um die Ausführung eines *Batch Jobs* über Netzwerkgrenzen hinweg.

Leider gibt es unterschiedliche Serversoftware mit unterschiedlichen Benutzerbefehlen. Welche Kommandos möglich sind, erfährt man normalerweise durch ein *Help* an den Server. Ein weit verbreitetes Programm ist der in *perl* geschriebene *Squirrel Mailserver* von Johan Vromans, der im folgenden am Beispiel des ASK-Mailservers kurz beschrieben wird. Die Adresse des Mailservers lautet:

Squirrel

```
mail-server@ask.uni-karlsruhe.de
```

Außer dem *To:*-Feld sollten keine weiteren Header Felder angegeben werden, insbesondere muß das *Subject*-Feld leer bleiben. Eine Kurzübersicht über alle möglichen Kommandos erhält man mit:

```
HEADER
To: mail-server@ask.uni-karlsruhe.de
Subject:
BODY
begin
help
end
```

Die Begin/End-Klammer kennzeichnet, welche Kommandos der Mailserver als Befehle interpretiert. Dies ist notwendig, wenn beispielsweise Signaturen automatisch an jede abgesendete Mail angehängt werden. Das Kommando `help` liefert als Antwort eine Liste aller möglichen Befehle in Kurzform (s. Tab. 4.3) Das folgende kurze Beispiel zeigt den grundlegenden Umgang mit dem System. Das `limit`-Kommando weist den Server an, Mails in einer maximalen Größe von 750 KBytes zu versenden. `index` zeigt ein komplettes Inhaltsverzeichnis an. Mit dem Kommando `dir /pub/education` wird ein Listing des Verzeichnisses /pub/education angezeigt. Der Befehl `send /pub/archiver/unzip.exe` sendet das Programm unzip.exe, `send /pub/archiver/lolo` das Programm lolo uucodiert an den Absender zurück.

```
HEADER
To: mail-server@ask.uni-karlsruhe.de
```

Kommando	Beschreibung
begin	Anfang der zu interpretierenden Kommandos
end	Ende der zu interpretierenden Kommandos
help	Kurzbeschreibung aller Kommandos
mail <address>	Anfragen werden an die angegebene Adresse gesendet
limit <number>	maximale Dateigröße in KBytes pro Transfer
encoding <format>	Versenden der Mail im angegebenen Format. <format> kann sein **uuencode**, **xxencode** oder **btoa**
pack <format>	Angabe eines Packformats. <format> kann sein **zip**, **tar** oder **zoo**
index	Zusendung des Inhaltsverzeichnisses
dir <path>	Inhaltsverzeichnis des angegebenen Pfads
send <datei>	Zusenden der angegebenen Datei

Tabelle 4.3: Kommandos des Squirrel-Mailservers

```
Subject:
BODY
begin
limit 750
index
dir /pub/education
send /pub/archiver/unzip.exe
send /pub/archiver/lolo
end
```

Als Resultat dieser Anfrage erhält man mehrere Mails. Die erste, die über das weitere Vorgehen des Servers informiert, wird sofort zugesendet. Sie hat folgendes Aussehen:

```
Processing message contents...
begin
=> Resetting
Command: limit 750
=> Limit = 750K
Command: index
=> Transfer via email to "boden@ask.uni-karlsruhe.de"
=> Send: INDEX
Command: dir /pub/education
=> Dir: /pub/education
Command: send /pub/archiver/unzip.exe
=> Send: /pub/archiver/unzip.exe
Command: send /pub/archiver/lolo
=> Send: /pub/archiver/lolo
Command: end
 => Okay
Your message has been processed.
Result from Dir /pub/education:
   drwxrwxr-x   2 ftpadm 1024 Sep 16  1993 astronomy
      .            .               .
      .            .               .
   drwxrwxr-x   2 ftpadm 1024 Feb 28 18:18 psychology


Request results:

   Request                   Size  Enc  Limit  Status
   ----------------------   -----  ---  -----  ------
   INDEX                     663K   A    750K  Queued
   /pub/archiver/unzip.exe    40K   U    750K  Queued
   /pub/archiver/lolo                          Not found


Encoding A means: not encoded (plain file).
Encoding U means: encoded with uuencode.
The requests with status "Queued" will be sent as soon
as the load of the server system permits, usually
within 24 hours.
```

Zunächst werden die Benutzereingaben wiederholt. Die wichtigste
Angabe sind die *Request Results*. Der Status *Queued* bedeutet,

daß der Auftrag registriert wurde und baldmöglichst bearbeitet wird. *Not Found* heißt, daß eine Datei unter diesem Namen nicht existiert. *Encoding* zeigt an, wie die Datei für den Transfer kodiert wird. Anschließend erhält der Benutzer die angeforderten Dateien an seine Mailbox gesendet.

Einige Institutionen bieten die Möglichkeit, nicht nur auf die lokalen Archive, sondern auch auf entfernte FTP-Server zuzugreifen. Eine Liste dieser *ftp-mailer* befindet sich am Ende dieses Kapitels.

4.6.2 Diskussionsforen

Hinter Diskussionsforen oder Diskussionslisten verbergen sich ebenfalls Mailprogramme, die Mailanfragen automatisch weiterverarbeiten. Der Zweck ist allerdings nicht primär das automatische Abrufen von Dateien, sondern die Verwaltung von Diskussionsgruppen. Eine Diskussionsgruppe erhält einen eindeutigen Namen (Mailadressen), eine Mail an diese Adresse wird allen Personen, die an der Diskussion teilnehmen, weitergeleitet. Die Idee stammt aus der IBM-Großrechnerwelt und ist dort unter dem Namen *listserver*

Listserver bekannt. Mittlerweile gibt es auch eine UNIX-Implementierung von Anastasios C. Kotsikonas, die unter dem Namen *listproc* verbreitet ist. Im folgenden wird die grundlegende Funktionsweise anhand des ASK-Listprozessors beschrieben. Wie beim Mailserver sind auch beim Listserver Kommandos erforderlich, die in den BodyPart einer Mail eingegeben werden. Die Adresse des Servers lautet:

```
listproc@ask.uni-karlsruhe.de
```

Eine Übersicht über gültige Kommandos (s. Tab. 4.4 erhält man, bei leerem Subject Feld, mit:

```
HEADER:
To: listproc@ask.uni-karlsruhe.de
Subject:
BODY:
help
```

Zunächst ist man sicher daran interessiert, welche Diskussionsli-

Kommando	Beschreibung
help	Kurzbeschreibung der Kommandos
lists	zeigt an, welche Listen der Server kennt.
review <lists>	E-Mail-Adresse aller, die am Forum <lists> teilnehmen
which	Liste aller Foren, bei denen man angemeldet ist
statistics <list>	Ausgabe, wer wie oft einen Beitrag an die Liste sendete
information <lists>	Kurze Information zum Sinn und Zweck der Liste
subscribe <list> <name>	Anmelden zur Teilnahme an der Liste <list> unter Angabe des eigenen Namens
signoff <list>	Abmelden von der Liste <list>
index	Angabe der archivierten Beiträge
get <archive>	Holen der archivierten Beiträge

Tabelle 4.4: Kommandos des Listprocs

sten ein Server anbietet. Dies erfolgt über

HEADER:

```
To: listproc@ask.uni-karlsruhe.de
Subject:
BODY:
lists
```

Man kann natürlich auch mehrere Kommandos an den Listserver senden. Über die folgende Mail erhält man Auskunft, wer am Forum *hcl* teilnimmt, worum es im Forum *bll* geht und ob man bereits an einem ASK Forum teilnimmt. Gleichzeitig subscribt man sich am Forum *askinfo* und beendet die Teilnahme am Forum *os2*

HEADER:

```
To: listproc@ask.uni-karlsruhe.de
Subject:
```

BODY:
review hcl
information bll
which
subscribe askinfo <Vorname> <Zuname>
signoff os2

Das Senden von eigenen Beiträgen an eine Liste ist genauso einfach wie das Senden einer Mail an eine einzelne Person. Eine herkömmliche Mailadresse ist in der Regel in der Form *userdomain* aufgebaut. Um einen Beitrag an eine Liste zu senden, gibt man als Adresse *listenname@listdomain* ein. *listdomain* steht dabei für die Domain des Servers. Ein Diskussionsbeitrag an die ASK Liste *hcl* würde demnach an

hcl@ask.uni-karlsruhe.de

adressiert, also beispielsweise:

HEADER:
To: **hcl@ask.uni-karlsruhe.de**
Subject: **Probleme bei der HCL Installation**
BODY:
Liebe HCL'ler

folgende Fehlermeldung tritt bei mir beim
Versuch der Installation des Programms ...
...
...
Gruesse
K.-P. Boden
-kpb>

Manchmal ist es nicht erwünscht, das sich jeder zu einer Gruppe subscriben darf oder daß jeder Artikel in die Gruppe senden kann. Der listproc ermöglicht auch die Einrichtung von geschlossenen oder moderierten Gruppen.

moderierte Gruppen

Neben dem hier besprochenen Listserver gibt es weitere Programme zur Realisierung von Diskussionslisten. Ein anderes weit verbreitetes System wird mit dem Programm *pp*, daß von größeren Organisationen als MTA eingesetzt wird, ausgeliefert. Um sich

zu einer Liste zu subscriben, existiert eine Mailadresse der Form
`<listname>-request@host`, an die eine Bitte um Teilnahme an
der Liste gesendet wird. Es ist normalerweise keine bestimmte
Syntax erforderlich, da Eintragungen manuell erfolgen. Mails an
die Liste werden an `<listname>@host` gesendet.

4.6.3 Weitere Informationen über E-Mail

- Newsgruppen

    - *comp.mail* Hierarchie

    - *bit.listserv* Hierarchie

- Liste deutscher Mailserver

    - servers@encap.hanse.de

- Der Internetworking Mail Guide

    - ftp://csd4.csd.uwm.edu/pub/internetwork-mail-guide

- ftpmailer mit Zugang zu allen ftp Servern

    - ftpmail@decwrl.dec.com

    - ftpmail@info2.rus.uni-stuttgart.de

    - ftpmail@grasp.insa-lyon.fr

Usenet News

5.1 Was ist Usenet News?

Usenet News, *NetNews* oder kurz *News* ist ein weltweites, nichtinteraktives Konferenzsystem. Im Gegensatz zum E-Mailing ist News jedoch ein öffentliches Kommunikationsmedium, das vom Aufbau her einem *schwarzen Brett* ähnelt.

weltweites Bulletin Board System

News ist hierarchisch in verschiedene Themengebiete eingeteilt. Die oberste Stufe dieser Hierarchie bestimmt den thematischen Bereich. Weitere Stufen spezifizieren den Bereich genauer, bis sie in den einzelnen *Newsgruppen* enden. Die Newsgruppen lassen sich grob in drei Sparten unterteilen: Computerbezogene Themen, wissenschaftliche Themen und Themen aus allen Gebieten des täglichen Lebens [HS92].

Einteilung in Newsgruppen

Entgegen der weitläufigen Meinung handelt es sich beim *Usenet* nicht um einen Teil des Internet. Es ist auch kein reines Unix-Netzwerk. Das Usenet ist vielmehr ein Verbund von etwa 40.000 Server-Rechnern, die untereinander Nachrichten austauschen. Jeder Teilnehmer von News ist einem News-Server angebunden. Die Anbindung erfolgt in Deutschland meist durch das *Network News Transfer Protocol* (NNTP) oder alternativ dazu durch *UNIX-to-UNIX-Copy* (UUCP).

NNTP

Das Usenet entstand 1979 an der Universität von Duke in North Carolina (USA) [Spa93], als ein Medium zum Informationsaustausch. Es kann deshalb jedoch nicht als „akademisches Netzwerk" betrachtet werden, zumal heutzutage die meisten Server bei kommerziellen Einrichtungen aufgesetzt sind.

Entstehungsjahr: 1979

In Kapitel 5.2 wird auf den hierarchischen Aufbau von News eingegangen und Kapitel 5.3 stellt das NNTP-Protocol vor. Anschliessend wird in Kapitel 5.4, stellvertretend für die vorhandenen Clients, der Newsreader *xrn* vorgestellt. Kapitel 5.5 bietet zum Abschluß weitere Informationsquellen zum Thema „News" und darüberhinaus Bezugsquellen für diverse Clients.

5.2 Newsgruppen

hierarchisches
System

Die Newsgruppen sind nach einem hierarchischen System eingeteilt. Die oberste Stufe dieser Hierarchie (*Top-Level*) gibt die grobe Einteilung in Themenbereiche an. In Deutschland sind etwa 30 Top-Level-Bereiche aktiv. Hier eine Auswahl:

alt	*alternative* — alles was sich nicht in eines der anderen Themengebiete einordnen läßt
belwue	Informationen zum Baden-Württembergischen Netz *BelWUE*
bionet	Informationen für Biologen
bit	Gateway zu Bitnet *listserv* Mailing Listen
biz	*business* — die Welt des Kommerz
cl	Gruppen aus dem ComLink e.V. Netz (Internationales Computernetz für Frieden, Ökologie, Soziales und Menschenrechte)
comp	*computer* — computerbezogene Themenbereiche
de	Hierarchie für deutsche Gruppen
eunet	Hierachie für europäische Gruppen
fidonet	Gruppen aus dem *fidonet*
gay-net	Kontakte ohne Ende...
gnu	Informationen zum *GNU* Projekt

list	Gateway zu Internet-Mailing-Listen
maus	Gruppen aus dem *Maus*-Netz
misc	*miscellaneous* — verschiedenes, was sonst nicht in die übrige Gruppenhierarchie paßt
news	Beiträge über News selbst, Hilfen usw.
rec	*recreational* — Hobby und Freizeitbereich
sci	*science* — Natur- und Geisteswissenschaft
soc	*social* — Soziales
talk	Diskussionen aller Art
uka	Lokale Hierarchie für die Universität Karlsruhe. Einige Universitäten und Forschungseinrichtungen bieten auf diese Weise lokale Gruppen an.
vmsnet	Themenbereiche von *vax/vms* Benutzern und Betreibern
zer	Gruppen aus dem *zerberus*-Netz

Die einzelnen Hierarchien werden durch einen . getrennt. Daraus ergeben sich nach Abbildung 5.1, die nur einen kleinen Ausschnitt aller vorhandener Newsgruppen zeigt, z.B. folgende Newsgruppen: *de.answers, de.comm.gatebau, de.comm.gateways* usw.

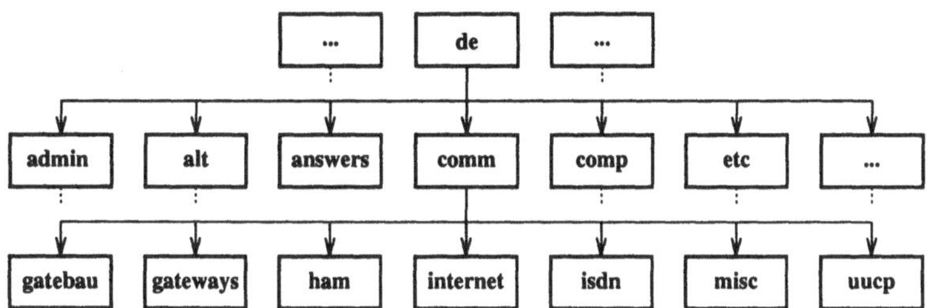

Abbildung 5.1: Hierarchie in News unter Toplevel „de"

5.3 Network News Transfer Protocol

Die Definition des *Network News Transfer Protocol (NNTP)* steht in [KL86]. Seine Wirkung ähnelt der des SMTP, nur werden keine interpersonellen Nachrichten zwischen Benutzern, sondern *Postings* (Artikel) zwischen NNTP-Servern bzw. NNTP-Servern und NNTP-Clients ausgetauscht. NNTP benötigt als unterliegendes Protokoll TCP.

Wirkung ähnlich zu SMTP

5.3.1 Newsaustausch

Das NNTP regelt den regelmäßigen Austausch von News zwischen zwei NNTP-Servern. Dazu arbeitet auf beiden Rechnern ein *NNTP-Daemon*.

Eine UNIX-Implementierung von NNTP besteht aus mehreren Unterprogrammen:

nntpd: Der NNTP-*Daemon* er verwaltet die Verbindungen mit Benutzern und anderen NNTP-Servern und regelt den Zugriff auf den Newsvorrat.

nntpsend und nntpxmit: Diese beiden Programme übernehmen das regelmäßige Aufbereiten und Senden von News zum Nachbar-NNTP-Server (Abb. 5.2). Das Zusammenspiel von *nntpsend* und *nntpxmit* wird auch als *push*–Methode [RT92] bezeichnet.

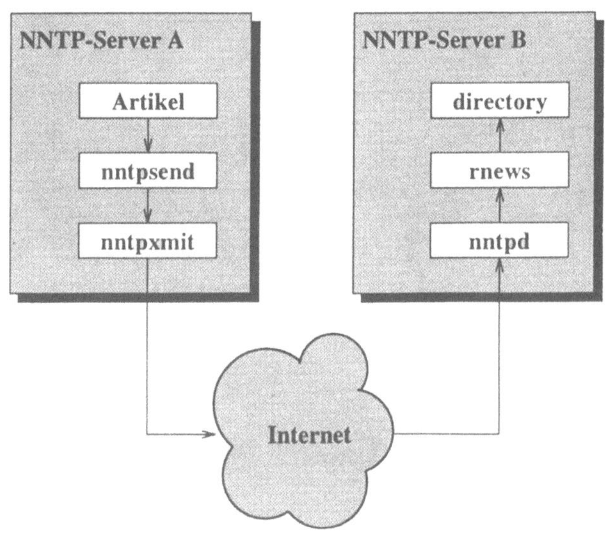

Abbildung 5.2: Die NNTP-*push*-Methode

nntpxfer: Mit diesem Programm wird nach News beim Nachbar-NNTP-Server angefragt (Abb. 5.3). Das Zusammenspiel zwischen *nntpd* und *nntpxfer* wird *pull*-Methode [RT92] genannt.

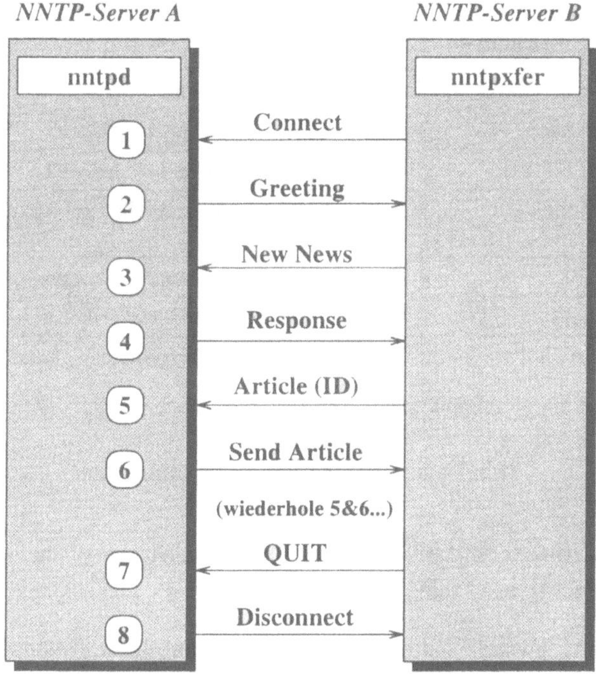

Abbildung 5.3: Die NNTP-*pull*-Methode

NNTP spezifiziert auch eine Reihe interaktiver Kommandos, die
zwischen News-Clients und News-Servern ausgetauscht werden.
Tabelle 5.1 zeigt eine Auswahl.

5.3.2 Das Usenet-Nachrichtenformat

Den Aufbau einer Usenet-Nachricht spezifiziert [HA87]. Die Nachricht setzt sich aus dem *Header* (Kopf) und dem *Body* (der eigentliche Artikel) zusammen. Die Felder des Usenet News Headers im
einzelnen:

From: Dieses Feld enthält die E-Mail Adresse des Senders in
[Cro82]-Schreibweise.

Path: zeigt den Pfad an, den die Nachricht bisher durch das Netz
ging.

Kommando	Beschreibung
NEWNEWS	Schicke eine Liste neuer Newsartikel!
HEAD	Schicke den *Header* eines Artikels!
ARTICLE	Schicke den angeforderten Artikel!
NEXT	Schicke den nächsten Artikel in der aktuellen Newsgruppe!
LIST	Schicke eine Liste gültiger Newsgruppen!
POST	Verschicke den folgenden Artikel!
IHAVE	Habe einen bestimmten Artikel, möchtest Du ihn?

Tabelle 5.1: Einige NNTP-Kommandos

Newsgroups: enthält diejenige(n) Newsgroup(s), an die die Nachricht geschickt wurde.

Subject: Dieses Feld enthält den Gegenstand der Nachricht.

Message-ID: ordnet einer Nachricht eine eindeutige Kennung zu.

Date: Absendedatum bezogen auf den Verfasser der Nachricht

Hinzu kommen noch weitere optionale Felder, die in [HA87] genauer erläutert werden.

5.4 Zugang zu Usenet News

diverse Clients erhältlich

Um Teilnehmer im News Systems zu werden, braucht man eine Schnittstelle (NNTP-Client), die es erlaubt, News Artikel am eigenen Rechner zu lesen. Zu diesem Zweck existieren mehrere Programme für verschiedenste Plattformen. Einige Beispiele sind *nn*, *rn*, *trn*, *xrn* oder *trumpet*. Zur Demonstration von News wird im folgenden *xrn* verwendet.

Newsreader xrn

xrn ist ein NNTP-Client, der auf dem X-Windows-Standard beruht.

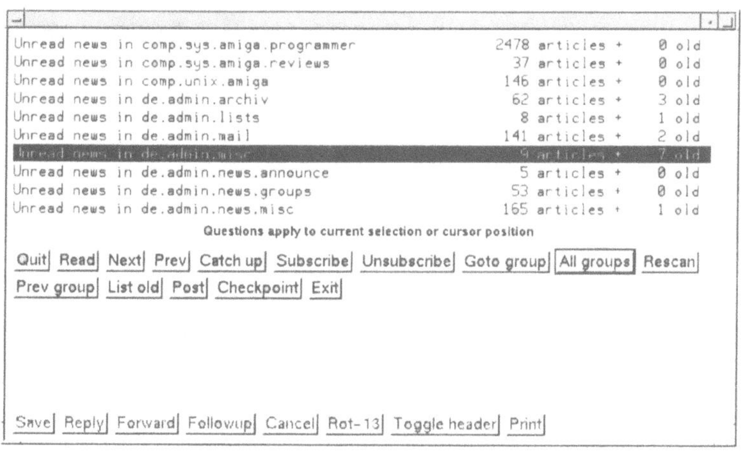

Abbildung 5.4: *xrn* im Modus *Newsgroup*

Im Usenet News kann man inzwischen allein unter der Hierarchie „de" unter ca. 170 Newsgruppen wählen, weltweit dürfte die Zahl aller Gruppen bei etwa 6.000 liegen. Da nicht jeder Benutzer alle Gruppen lesen möchte, verwendet *xrn* die Datei `$HOME/.newsrc`, um nur diejenigen Gruppen zu lesen, in denen sich der Benutzer eingeschrieben (*subscribed*) hat. Beim ersten Aufruf wird diese Datei automatisch erzeugt und bei jedem *Checkpoint* (Abspeichern) aktualisiert.

ca. 170 deutsche Newsgruppen

xrn ist in vier Modi unterteilt:

- *Add:* Beim Aufruf von *xrn* befindet man sich zuerst hier. Es werden alle Newsgruppen angezeigt, bei denen der Benutzer sich noch nicht entschieden hat, ob er sich für sie einschreiben möchte oder nicht (z.B. neue Gruppen).

- *Newsgroup:* In diesem Modus werden alle Gruppen angezeigt, für die man sich eingeschrieben hat. Abbildung 5.4 zeigt *xrn* im *Newsgroup*-Modus.

- *All:* Im Modus *Newsgroup* besteht die Möglichkeit, mittels des *All-Groups*-Buttons in diesen Modus zu wechseln, in dem eine Liste aller gegenwärtigen Gruppen und deren Status (*subscribed/not subscribed*) präsentiert wird.

- *Article:* Durch Anwählen einer Newsgruppe im Modus *Newsgroup* gelangt man in diesen Modus. Hier ist es möglich, die angewählten Artikel zu lesen, darauf zu antworten, einen Artikel zu verschicken (*post an article*), sie abzuspeichern oder auszudrucken (Abb. 5.5).

Steuerung über Buttons

xrn wird über *Buttons* gesteuert. In jedem Modus sind nur bestimmte Buttons aktiv und können ausgelöst werden. Alle nichtaktiven Buttons werden in „Geisterschrift" angezeigt. Durch die Positionierung des Mauszeigers auf einem Button wird automatisch eine Online-Hilfe zum Kommando angezeigt, das dieser Button auslösen würde.

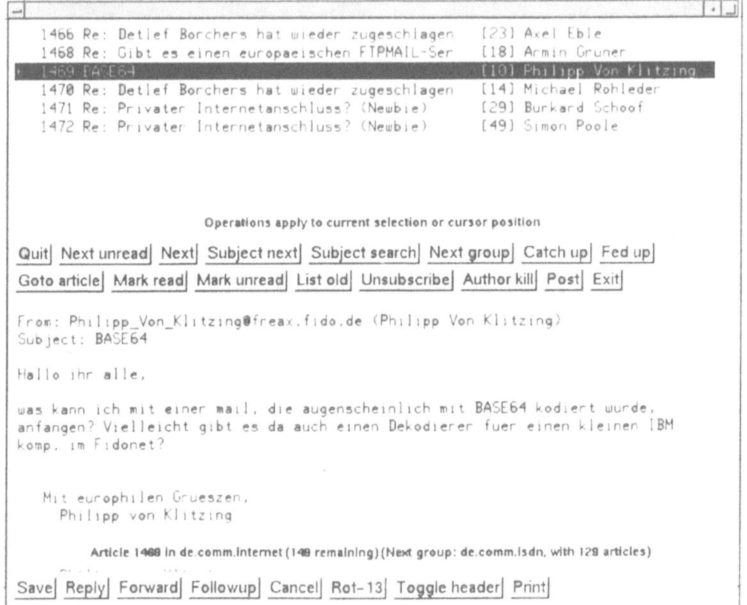

Abbildung 5.5: *xrn* im Modus *Article*

5.5 Informationen zu Usenet News

- Die Newsgruppe *news.announce.newusers* bietet zahlreiche Hilfestellungen für neue Benutzer. Sollte diese Newsgruppe via News nicht erreichbar sein, kann die Information mittels Anonymous FTP von *ftp.sunet.se*, Verzeichnis */pub/usenet/news.announce.newusers* bezogen werden.

- Fragen über Software, Einrichten neuer Newsgruppen, Liste der deutschen Newsgruppen findet man unter der Hierarchie *de.admin.**.

- Eine Auswahl der Newsreader [Spa93] und Beispiele ihrer Bezugsmöglichkeiten:

  nn (Unix), Anonymous FTP von *ftp.zdv.uni-mainz.de*, Verzeichnis */pub/news/nn*

  rn (Unix), Anonymous FTP von *ftp.uni-jena.de*, Verzeichnis */pub/unix/news/rn*

  trn (Unix), Anonymous FTP von *coli.uni-sb.de*, Verzeichnis */pub/news*

  xrn (Unix/X Window), Anonymous FTP von *iraun1.ira.uka.de*, Verzeichnis */pub/x11*

  xvnews (Unix/X Window), Anonymous FTP von *sun0.urz.uni-heidelberg.de*, Verzeichnis */pub/X11/contrib*

  HyperNews (Apple Macintosh), Anonymous FTP von *ftp.ruf.uni-freiburg.de*, Verzeichnis */misc*

  trumpet (DOS oder Windows), Anonymous FTP von *sun0.urz.uni-heidelberg.de*, Verzeichnis */pub/msdos/comm*

## Kapitel 6

Finger

6.1 Benutzerinformation über das Internet

Finger [Zim91] unterstützt den Austausch von Benutzerinformation wie E-Mail-Adresse, Login-Name, Vor- und Zuname, Telefonnummer, usw. über das Internet. Wie, das zeigt dieses Kapitel. Nach einer allgemeinen Einführung in Kapitel 6.2 wird anschließend kurz die Arbeitsweise des Protokolls erläutert. Der Aufruf von *Finger* wird in Kapitel 6.4 beschrieben. Es folgen einige Beispiele für den Gebrauch von *Finger*.

6.2 Allgemeines über Finger

Finger wurde an der University of California, Berkeley entwickelt. Ursprünglich nur für UNIX-Systeme gedacht, gibt es heute auch Implementierungen für andere Betriebssysteme.

Zu den Informationen, die mit dem Befehl *Finger* für einen bestimmten Rechner ausgegeben werden können, gehören eine Auflistung der momentan eingeloggten Benutzer sowie für jeden Benutzer folgende Daten:

- Login-Name

- Vor- und Zuname

- Terminal-Schreibstatus

- Zeit seit der letzten Tätigkeit am Rechner

- Zeitpunkt des Logins

- Falls im Home-Verzeichnis die Datei `.project` existiert, den Inhalt dieser Datei. Typischerweise steht hier das Projekt, an dem der Benutzer arbeitet

- Falls im Home-Verzeichnis die Datei `.plan` existiert, den Inhalt dieser Datei. Hier stehen sonstige persönliche Daten wie z.B. E-Mail Adresse, Telefonnummer, Hobbys, Schuhgröße usw.

Zu beachten ist, daß die Ausgabe je nach Konfiguration variieren kann. Nachteilig ist außerdem der Umstand, daß die genaue Rechneradresse bekannt sein muß, um Informationen zu bekommen.

Finger ist in Fachkreisen nicht unumstritten. Viele Systemverwalter möchten die doch sehr persönlichen Daten nicht der Öffentlichkeit zur Verfügung stellen, bzw. halten *Finger* für ein Sicherheitsrisiko und haben den *Fingerdaemon* deaktiviert bzw. geben nicht alle Informationen aus.

6.3 Finger User Information Protocol

Das *Finger User Information Protocol* ist ein einfaches Protokoll, das auf einer TCP-Verbindung basiert und standardmäßig Port 79 verwendet. Die *Finger*-Anfrage läuft folgendermaßen ab:

Finger Anfrage

1. Der lokale Rechner baut eine TCP-Verbindung zum entfernten Rechner auf. Beim entfernten Rechner wird dadurch der Fingerdaemon *fingerd* angesprochen, der die nun folgende Anfrage bearbeitet.

2. Der lokale Rechner sendet eine einzeilige Anfrage an den *fingerd*.

3. Der *fingerd* bearbeitet die Anfrage, sendet die Antwort zurück und beendet die Verbindung.

4. Der lokale Rechner empfängt die Antwort und bestätigt das Ende der Verbindung.

Das Format einer Anfrage sieht eine ASCII-Zeile vor, die mit
<CR><LF> beendet wird. Die Antwort des *fingerd* hingegen besitzt keine strenge Spezifikation in der Reihenfolge der Information. Die einzelnen Zeilen werden mit <CR><LF> beendet.

fingerd untersucht bei einer Anfrage den Inhalt folgender Dateien
auf seinem Rechner:

`/etc/utmp`	für die momentan eingeloggten Benutzer
`/etc/passwd`	für allgemeine Benutzerinformation
`/usr/adm/lastlog`	für die Zeit des letzten Login
`~/.plan`	für individuelle Informationen des Benutzers
`~/.project`	für projektbezogene Informationen des Benutzers

6.4 Der Aufruf von Finger

Der Aufruf von *Finger* erfolgt über die Kommandozeile

```
finger [-mlpsR] [benutzername][@hostname] 
```
[1]

```
% finger -l schertel@lodsun1.lod.uni-karlsruhe.de
[lodsun1.lod.uni-karlsruhe.de]
Login name: schertel                    In real life: Stephan Schertel
Directory: /home/obelix                 Shell: /bin/csh
On since Mar 29 09:48:15 on ttyp2 from lodmac1
31 minutes Idle Time
No unread mail
No Plan.
% 
```

Abbildung 6.1: Beispiel für eine *Finger*-Abfrage

Die Optionen haben folgende Bedeutung:

-m vergleicht die Argumente nur bezogen auf den Benutzernamen

-l veranlaßt eine ausführliche Ausgabe

[1] **bezogen auf Betriebssystem HP-UX**

-p unterdrückt die Ausgabe der .plan–Datei

-s veranlaßt eine kurze Ausgabe (Standard)

-R gibt den Rechnernamen des Benutzers aus

Auch **benutzername** und **@hostname** sind optional. Ohne diese Parameter werden die augenblicklich am eigenen Rechner eingeloggten Benutzer angezeigt.

6.5 Beispiele

Den Aufruf von

%finger -l schertel@lodsun1.lod.uni-karlsruhe.de

zeigt Abbildung 6.1. Neben einigen persönlichen Daten wie dem vollen Namen erfährt man noch weitere unter Umständen nützliche Dinge. **Idle Time** von 31 Minuten weist darauf hin, daß der

```
% finger @lodsun1.lod.uni-karlsruhe.de
[lodsun1.lod.uni-karlsruhe.de]
Login        Name                  TTY Idle    When      Where
schertel Stephan Schertel          p2    30 Tue 09:48   lodmac1
rieg     Rieg Diplomand von A      p7    17: Mon 16:38  lodsun1
%
```

Abbildung 6.2: *Finger*-Aufruf zur Anzeige der eingeloggten Benutzer

Benutzer heute schon am Rechner gearbeitet hat und so zum Beispiel eine Nachricht, die man ihm zusenden würde, wahrscheinlich noch am selben Tag lesen wird. Hätte man ihm eine Mail geschickt, könnte man anhand der Meldung **No unread Mail** davon ausgehen, daß er sie gelesen hat[2]. Möchte man wissen, wer alles von wo aus auf dem Rechner

[2] sofern sie bereits vom Mail Transportsystem abgeliefert wurde!

`lodsun1.lod.uni-karlsruhe.de`
eingeloggt ist, gibt man

%finger @lodsun1.lod.uni-karlsruhe.de

ein. Das Ergebnis dieser Eingabe zeigt Abbildung 6.2.

6.6 Finger als einfacher Informationsdienst

Die Möglichkeit, die `.plan`-Datei auf dem Bildschirm auszuge-
ben, kann dazu verwendet werden, einen einfachen Informationsdienst aufzubauen. Ein Beispiel dafür zeigt Abbildung 6.3. Selbstverständlich gibt es auch ernsthaftere Anwendungen.

```
% finger coke@xcf.berkeley.edu
[xcf.berkeley.edu]
Login name: coke                       In real life: Coke is it!
Directory: /usr/users/coke             Shell: /usr/users/coke/bin/coke
Last login Tue Apr  5 14:36 on ttyp0 from 192.131.239.5
Plan:
Stock Value: $98.67    Total Balance: $49.27  Loss Percentage:  0.00%
Outstanding real debts:        stas 13.14     alee 10.25       aaron 2.78
seidl 1.12       grady 0.68
Current Stock List:
   15 Coke                   35 Dole Juice         16 Ho-ho (death)
   41 Pepsi                  11 Minute Maid        27 ETC (death)
    5 Dr Pepper              7 --FOOD--             2 Cup Cake
    8 7-up                   8 Power Bars           8 Fruit Gems
   19 Dads RB                1 Danish               1 Reeses Pieces
    0 NY Selzer              3 Pudding              0 Twix
   12 Hansens               ? Fruit Rolls           0 Nestle Crunch
    1 Koala                  1 Cookies              5 Crackers
    2 Martinellis           47 Frito                1 Granola Bars
    5 Calistoga              1 Nabisco              0 M&M Almonds
    0 Twister                9 Pep Patties
   20 Gatorade               0 Choc Muffin


Hail our Coke Warriors:
Total          Daily Total   Coke            death          Gummi Bears
400 cgd             2 aaron    53 cgd          20 marco        20 scott
292 bernt           1 marco    43 marco        17 seidl         8 genie
265 marco           0 empty    17 genie         8 cgd           4 cgd
253 scott           0 empty    15 seidl         6 grady         2 wei

Logged on:
Login          Name          TTY Idle    When     Where
coke          Coke is it!     00    9m Mon  1:21   con (tty00)
% 
```

Abbildung 6.3: Beispiel für einen *Finger*-Server

Whois

7.1 Was ist Whois?

Der Dienst *Whois* ermöglicht den Zugang zu personenbezogener Information im Internet. Er erlaubt den Zugriff auf Mailadressen, Postadressen, Telefon- und Telefaxnummern. Daher wird Whois auch als *Telefonbuch* des Internet bezeichnet.

Zunächst wird kurz auf die Entwicklung des Systems eingegangen. Kapitel 7.3 zeigt die Verwendung von Whois sowohl über Telnet als auch über den Whois-Client. Anschließend werden Möglichkeiten erläutert, mittels Whois Information über Netzwerkorganisationen zu erhalten. Abschließend erfolgt eine Darstellung des Aufbaus der Whois Datenblöcke.

7.2 Die Entwicklung von Whois

Der Dienst wurde in RFC 812 [HW82] von 1982 und RFC 954 [HSF85] vom Oktober 1985 als Nicname/Whois spezifiziert. Die ursprüngliche Absicht war, den Anwendern im Internet einen TCP-basierten Verzeichnisdienst anzubieten. Dazu sollte vom damaligen Network Information Center eine Datenbank aufgebaut werden, in der jeder Anwender, der Arpanet oder Milnet nutzen wollte, registriert sein mußte. Verlangt wurde die Eingabe eines Namens und einer Organisation, die Angabe von Telefonnummer, Faxnummer und Mailadresse war freiwillig. Die Daten sollten zentral auf einem Whois-Server[1] gehalten werden. Gleichzeitig forder-

Nicname/Whois

---

[1] damals: nic.ddn.mil

te man bei der Vergabe der Internetnummern, daß jeder, der IP Nummern beantragte, sich damit einverstanden erklärte, in die Whois-Datenbank aufgenommen zu werden.

Whois für Netzwerkadministratoren

Die vollständige Registrierung aller Internetteilnehmer ist aus heutiger Sicht natürlich utopisch. Die Eintragung der Netzbeauftragten, also in der Regel derjenigen, die Internummern beantragen und für den Betrieb des Teilnetzes verantwortlich sind, wird jedoch auch heute immer verlangt. Der Server `whois.ripe.net` hält diese Information für Europa vor, der Server `whois.internic.net` für den Rest der Welt. Neben der Angabe von Ansprechpartnern sind in diesen Whois-Servern auch Informationen über IP-Adressen und Domains gespeichert. Der Datenbestand dieser Server ist besonders für die Netzwerkadministratoren interessant, da bei auftretenden Problemen sehr schnell verantwortliche Personen gefunden werden können. Obwohl öffentlich zugänglich, eignen sich diese Server nicht, Informationen über *Anwender* im Internet zu erhalten.

Whois für Anwender

Mittlerweile gehen auch einzelne Institutionen dazu über, eigene Whois-Server zu betreiben. Diese benutzen Whois im Sinne eines öffentlich zugänglichen Verzeichnisdienstes. Die Eintragung erfolgt auf freiwilliger Basis. In diesen Servern findet man Anschriften, Telefonnummern und Mailadressen von Angehörigen der jeweiligen Institution. Da es sich bei Whois aber nicht, wie z.B. bei X.500, um einen verteilten Dienst handelt, muß genau bekannt sein, bei welcher Organisation zu suchen ist, um einen Eintrag zu finden.

7.3 Anwendungsbeispiele

Whois kann sowohl über einen zeilenorientierten Client als auch über Telnet auf Port 43 eines Whois-Servers genutzt werden. Da es unterschiedliche Implementierungen von Whois gibt, empfiehlt sich der Telnet Zugang, da dort normalerweise angegeben wird, welche Features der Server unterstützt. Um eine Suche durchzuführen, muß der Rechnername des Whois-Servers bekannt sein. Eine immer aktuelle Liste aller Whois-Server findet man unter *ftp://sipb.mit.edu/pub/whois/whois-servers.list*

7.3.1 Telnetzugang zu Whois

Sucht man z.B. die Adresse einer Frau oder eines Herrn Muller an
der University of California at Berkeley, so hilft einem der Whois
Dienst wie folgt: Zunächst wird mittels des Kommandos

telnet whois.berkeley.edu 43

eine Verbindung zum Whois Server der Berkeley Universität aufgebaut. Es ist darauf zu achten, den Port 43 anzugeben, da ohne Portangabe ein „normales" login auf dem Rechner whois.ber-
keley.edu erwartet wird. Der Server gibt zunächst nur eine sehr
spärliche Information.

Port 43 ist der Whois Standardport

% telnet whois.berkeley.edu 43

```
Trying...
Connected to nak.Berkeley.EDU.
Escape character is '\^]'.
UNIVERSITY OF CALIFORNIA AT BERKELEY WHOIS SERVER
```

Die Eingabe des Kommandos **help** an dieser Stelle hilft weiter.
Es folgt die Ausgabe von:

```
**
* U.C. BERKELEY WHOIS SERVER (v. 4) 10/13/93
* General purpose commands:
*       HELP
* Berkeley campus directory query commands:
*       NAME    EMAIL    MAILBOX
* For information about a command send HELP <command>.
* Commands may be sent in lower case.
*To report bugs in whois server send email to
*       <netinfo@nic.berkeley.edu>.
** End of HELP info
Connection closed by foreign host.
```

Die Verbindung wird anschließend wieder abgebaut. Der Berkeley Server unterstützt also die Suche nach Namen und Mailadressen. Abbildung 7.1 zeigt die Anfrage nach dem Namen Muller.

```
boden@askhp:/user/boden> telnet whois.berkeley.edu 43
Trying...
Connected to nak.Berkeley.EDU.
Escape character is '^]'.
 UNIVERSITY OF CALIFORNIA AT BERKELEY WHOIS SERVER    (v 4.0 - 13 Oct 93)

Name Muller
 Searching in campus faculty and staff directory for MULLER

/usr/local/bin/fspb 'MULLER' *
MULLER, Richard A.                                   Last update 05/14/92
        Prof
        Physics          382 Leconte        486-7430        486-5235
        LBL              Blg 50 RM 232       486-7430
        RAMULLER@LBL.GOV
MULLER, Richard S.                                   Last update 05/21/93
        Prof EECS
        EECS           . 401 Cory            642-0614        643-6690
        Bsac
        MULLER@EECS.Berkeley.EDU
MULLER, Susan J.                                     Last update 06/22/92
        Assistant Professor
        Chem Engr        110A Gilman Hall    642-4525        642-2291

        MULLER2@GARNET.Berkeley.EDU

 End of directory search.
Connection closed by foreign host.
boden@askhp:/user/boden>
```

Abbildung 7.1: Abfrage am Whois–Server der Berkeley University

7.3.2 Der Whois-Client

Ripe-Client

Es gibt unterschiedliche Whois-Clients, die folgenden Beschreibungen beziehen sich auf den Ripe-Client[2], der als Standardserver *whois.ripe.net* verwendet. Der Client unterstützt zwar nicht alle Eigenschaften aller Server, er reicht jedoch aus, um einfache Anfragen auch an andere Server zu stellen.

Die Eingabe des Kommandos

whois

ohne Parameter liefert weitere Hinweise zur Bedienung.

```
usage: whois [-a] [-F] [-v] [-h hostname]
[-s source] [-r] key ...
where:
-a              search all databases
```


[2] ftp://ftp.ripe.net/tools/ripe-whois.tar.Z

```
-F              fast raw output (implies -r)
-v              verbose client output
-h hostname     search alternate server
-s source       search databases with source <source>
-r              turn off recursive lookups
```

Der Aufruf wird in der Regel durch

whois [-h hostname] key

erfolgen, wobei als Hostname der Name eines Whois-Servers eingegeben wird. Als key wird die Eingabe eines Suchbegriffs erwartet.

Eine Anfrage nach Herrn Liebe von der TH Darmstadt erfolgt mit
dem Kommando

whois -h whois.th-darmstadt.de Liebe

und liefert folgende Ausgabe:

```
Request: >>Liebe<<

H0001       Dipl.-Ing. Andreas Liebe

            Network Administration
            Comment: Administrator of archie,whois,
            nameserver,gopher and modempool

            Postal: TH Darmstadt
                    Hochschulrechenzentrum
                    Petersenstr. 30
                    D-64287 Darmstadt

            E-Mail: liebe@hrz.th-darmstadt.de
            Phone:  +49 6151 16 3150
            FAX:    +49 6151 16 3050

            last modified 08/05/1993 (DD/MM/YYYY)
```

Das folgende Beispiel zeigt, wie das System bei mehreren Treffern
verfährt.

whois -h whois.th-darmstadt.de Andreas

```
Request:  >>Andreas<<

found 3 matches

H0023 Andreas Winter
H0041 Andreas Heitmann
H0001 Dipl.-Ing. Andreas Liebe

use the handles to get more information
```

Die Eingabe von **Andreas** liefert drei Treffer. Der komplette Datensatz kann durch Eingabe des *Handles* [3] angezeigt werden. Das Kommando

whois -h whois.th-darmstadt.de H0001

liefert also wieder den Datensatz von Andreas Liebe.

7.4 Information über Netze

Wie bereits zu Beginn des Kapitels gesagt, eignet sich der Ripe-Server nicht, um Anwender im Internet zu finden. Seine Aufgabe ist die Information über Netzadministratoren, Netzwerke und Domains. Möchte man beispielsweise wissen, welches Netzwerk hinter der Class-B-Adresse 129.13 zu finden ist, kann diese Information mit dem Kommando

Abfrage nach Netzwerken

whois 129.13

erfragt werden. Dabei wird direkt auf den Ripe-Server zugegriffen. Es erscheint die folgende Ausgabe (gekürzt):

```
inetnum:    129.13.0.0
netname:    KLICK
descr:      Karlsruher Lichtleiter Kommunikationsnetz
descr:      University of Karlsruhe
descr:      Germany
country:    DE
```

---

[3] eindeutiger Bezeichner für einen Datensatz, der vom System generiert wird

```
admin-c:    Bruno Lortz
tech-c:     Bruno Lortz
tech-c:     Wilhelm Fries
connect:    NSF RIPE WIN
```

Der Ripe-Server enthält lediglich Informationen über europäische
Netze. Mit der Option -a erfolgt zusätzlich die Suche auf dem
Server *whois.internic.net*. Das Kommando

whois -a 129.17

resultiert in folgender (gekürzter) Ausgabe,

```
inetnum:    129.17.0.0
netname:    HONEYWELL2
tech-c:     CT2
rev-srv:    FISHERY.HONEYWELL.COM SRC.HONEYWELL.COM
            NS.MR.NET
phone:      +1 612 951 3298
e-mail:     ctaddei@FISHERY.HONEYWELL.COM
nic-hdl:    CT2
source:     NIC
```

während der Aufruf ohne die Option -a

whois 129.17

kein Ergebnis liefert, da der Datensatz auf dem amerikanischen
Server gespeichert ist.

An dieser Stelle soll besonders darauf hingewiesen werden, daß
es nicht erwünscht ist, die Adressinformation zu kommerziellen
Zwecken zu verwenden. Der Ripe-Datenbestand unterliegt sogar
noch strengeren Beschränkungen.

Verwendung der Adressinformation

> *Any use of material in the RIPE database to target ad-*
> *vertising or similar activities are expressedly forbidden*
> *and will be prosecuted. RIPE requests to be notified of*
> *any such activities or suspicions thereof.*

7.5   Der Aufbau der Whois-Datenblöcke

Whois basiert auf einem sehr einfachen Datenmodell. Eine Serverdatenbank besteht aus einer Serie von Einträgen, sog. *records*. Jedem Record ist ein eindeutiger Identifikator, der Handle, zugewiesen, wobei die Struktur der Einträge nicht festgelegt ist. Ein Eintrag kann aus einer oder aus mehreren Zeilen bestehen.

records &
handles

Es werden die folgenden drei Datentypen unterschieden:

- Datensätze für Personen

Eintrag	Status
Name	required
Organization	required
Work telephone	optional
Fax telephone	optional
Work address	optional
Title/Academic status	optional
Department/Unit/Major	optional
Electronic mail address	optional
Handle (server generated)	required
Forward information to NIC (Y/N)	required
Last update	required
Home telephone	optional
Home address	optional

- Datensätze mit Hostinformation

Eintrag	Status
Full domain name	required
IP address	required
System administrator name	optional
System administrator telephone	optional
System administrator address	optional
System administrator e-mail address	optional
Type of machine	optional
Operating system	optional
Mail exchanger	optional
Last update	optional
Location of additional information (i.e anonymous ftp)	optional

- Datensätze mit Domaininformation

Eintrag	Status
Domain name	required
Administrative contact name	required
Administrative contact telephone	required
Administrative contact address	required
Administrative contact e-mail address	required
Technical contact name	required
Technical contact telephone	required
Technical contact address	required
Technical contact e-mail address	required
Domain nameservers	optional
Last update	required

7.6 Weitere Informationen

- `ietf-wnils@ucdavis.edu`
  (Mailingliste des Whois and Network Information Lookup
  Service (WNILS), der sich mit Erweiterungen von Whois
  beschäftigt). E–Mail an:

  ```
  ietf-wnils-request@ucdavis.edu
  Subject: <leerlassen>
  Body: subscribe ietf-wnils <vorname zuname>
  ```

- `ucdavis.edu`
  Verzeichnis `/archive/ietf-wnils` (Archivrechner des
  WNILS).

## Kapitel 8

X.500

8.1 Das Directory

X.500, auch *Directory* genannt, ist neben z.B. *Whois* ein weiterer
Verzeichnisdienst im Internet. Er soll ebenfalls helfen, Informationen über Personen (Mailadressen...) und Organisationen zu bekommen, wobei er im Gegensatz zu *Whois* verteilt arbeitet. *Whois*
greift immer nur auf eine Datenbank zu und kann nur deren lokale Information beziehen. Das Directory hingegen ist hierarchisch
aufgebaut, d.h. jede Datenbank ist nur ein Teil des Ganzen und
kann Anfragen, die sie nicht beantworten kann, weiterleiten.

hierarchisch verteilter Verzeichnisdienst

Um das X.500-Konzept zu verstehen, führt Kapitel 8.2 zunächst
die wichtigsten Begriffe ein und stellt die Architektur dar. Anschließend stellt Kapitel 8.3 anhand einiger Beispielanfragen verschiedene X.500-Schnittstellen vor.

8.2 Protokolldetails

X.500 ist der Überbegriff für die CCITT bzw. ISO-Empfehlung für
Verzeichnisdienste. Bislang sind folgende Normen verabschiedet
[P+90]:

- X.500: Übersicht über die Konzepte und das Modell eines
  standardisierten Verzeichnisdienstes

- X.501, X.520, X.521: Beschreibung des Informationsmodells

- X.511: abstrakte Dienstspezifikation

- X.518: Aspekte der Verteilung des Verzeichnisdienstes

- X.519: Beschreibung der zu verwendenden Protokolle

- X.509: Sicherheitsaspekte

Die Hauptaufgabe eines Verzeichnisdienstes ist die Zuordnung von Namen eines Objekts zu einer Menge von Werten und Eigenschaften. Objekte können hier z.B. Personen, Verteilerlisten oder auch Anwendungsinstanzen sein.

8.2.1 X.500 Informationsmodell

Directory Information Tree

X.500 ist hierarchisch aufgebaut und bildet eine baumartige Struktur, die auch *Directory Information Tree (DIT)* genannt wird.

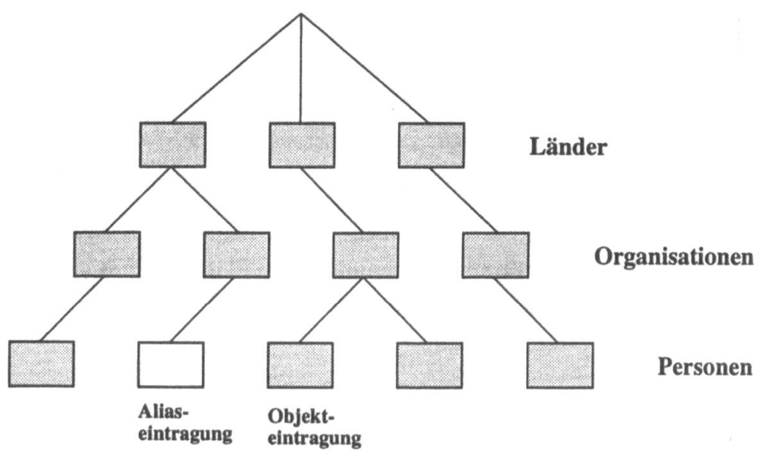

Abbildung 8.1: DIT-Eintragungen

Directory Information Base

Die Informationen des DIT sind Eintragungen über Objekte, die durch ihre Namen identifiziert werden. Dabei wird jedem Objekt genau ein Name zugeordnet. Die vollständige Menge der Eintragungen des DIT — jeder Knoten repräsentiert eine Eintragung — bildet eine Datenbank, die *Directory Information Base (DIB)*. Der Aufbau der DIB ist ebenfalls baumartig, um einerseits einen schnellen Zugriff zu ermöglichen, andererseits wird einfach der natürliche Aufbau der Organisationen abgebildet. Wie Abbildung 8.1 [HS90] zeigt, gibt es zwei verschiedene Eintragungstypen: *Objekteintragungen* und *Aliaseintragungen*. Eine Objekteintragung kann von mehreren Aliaseintragungen erwähnt werden, wodurch die Verknüpfung zusätzlicher Namen mit einem Objekt ermöglicht wird.

8.2.2 Attribute

Eintragungen über Objekte bestehen aus *Attributen*. Ein Attribut wiederum besteht aus einem Attributstyp und einem oder mehreren Attributswerten (s. Abb. 8.2).

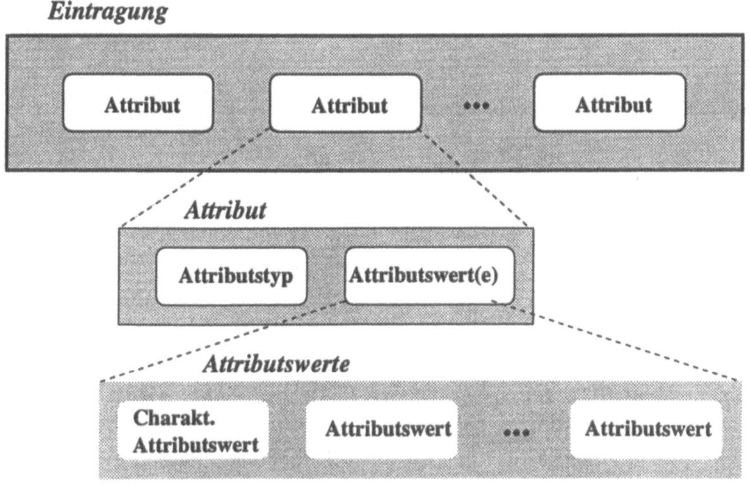

Abbildung 8.2: Die Elemente einer Eintragung

Es ist möglich, höchstens einen Attributswert zum *charakteristischen Attributswert* zu erheben. Die Menge eines oder mehrerer Attributszuweisungen, die für die charakteristischen Werte einer Eintragung wahr sind, machen den *relativen charakteristischen Namen* (*Relative Distinguished Name*, RDN) der Eintragung aus. Der *charakteristische Name* eines Objekts besteht nun aus der Reihenfolge der RDNs, die auf dem Pfad von der Wurzel durch die dazwischenliegenden Knoten durchquert wird, bis zu der Ein-

Relative Distinguished Name

tragung, die das Objekt darstellt.

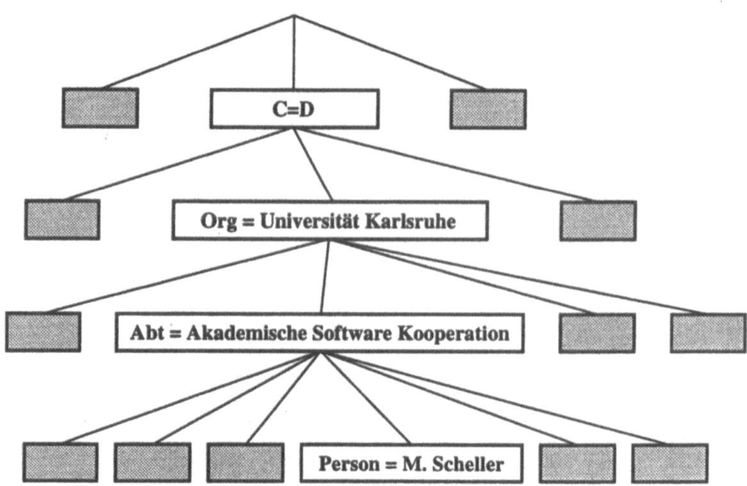

Abbildung 8.3: Charakteristische Namen von Objekteintragungen

8.2.3 Funktionales Modell

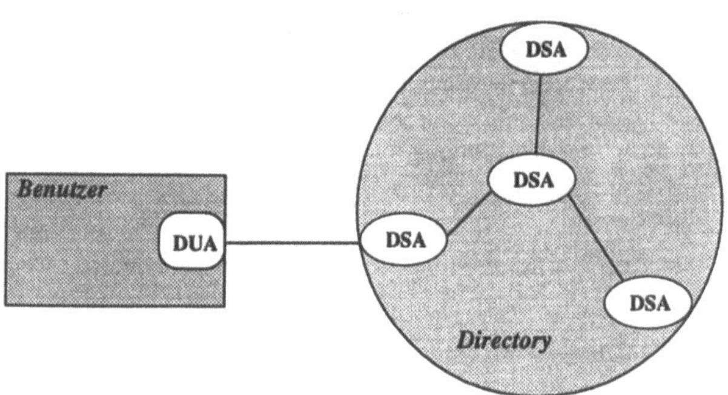

Abbildung 8.4: The Directory: funktionales Modell

Das funktionale Modell von X.500 beschreibt die Interaktionen, die innerhalb des Directories ablaufen. Das Directory setzt sich aus einem oder mehreren *Directory System Agents (DSAs)* zusammen, unter denen der DIT aufgeteilt ist. Anfragen eines Benutzers an das Directory werden mittels eines *Directory User Agent (DUA)* an einen DSA gestellt. Der DUA besteht aus drei verschie-

Directory System Agent

denen Schnittstellentypen: der *Leseschnittstelle,* der *Suchschnittstelle* und der *Abänderungsschnittstelle.* Der Benutzer aktiviert die jeweilige durch die Spezifikation seiner Anfrage. Tabelle 8.1 enthält die Schnittstellenoperationen:

Directory User Agent

Typ	Operation	Funktion
Leseschnitt-stelle	Lesen	extrahiert Informationen über eine Eintragung, die durch ihren Namen identifiziert wird
	Vergleichen	überprüft, ob ein vorgegebener Wert mit dem Wert eines bestimmten Attributs für eine gegebene Objekteintragung übereinstimmt
	Aufgeben	beendet eine noch nicht abgeschlossene Anfrage vorzeitig
Suchschnitt-stelle	Auflisten	bewirkt das Zurücksenden aller Eintragungen, die unterhalb einer bestimmten Eintragung liegen
	Suchen	sendet die Eintragungen zurück, die innerhalb eines bestimmten Teils der DIT liegen und bestimmte Auswahlkriterien erfüllen
Abänderungs-schnittstelle	Einfügen	bewirkt das Hinzufügen einer neuen Blatteintragung in der DIT
	Entfernen	löscht eine Blatteintragung aus der DIT
	Ändern	erlaubt eine Reihenfolge von Änderungen, die auf bestimmte Eintragungen angewandt werden können
	RDN Ändern	ermöglicht das Ändern des RDN einer Eintragung durch Bestimmung einer neuen Menge von Attributwerten

Tabelle 8.1: X.500 Schnittstellenoperationen

Besteht das Directory aus mehreren DSAs, teilen sie das Gesamtwissen des DIT unter sich auf. Geht eine Anfrage über das lokale Wissen eines DSAs hinaus, kommuniziert der DSA mit den anderen DSAs, um die Anfrage zu erfüllen. Die Information, welchen DSA er kontaktieren muß, erhält er aus der sog. *Wissensinformation.* Diese Wissensinformation sagt dem DSA, welchen Teil des DIT er abdeckt und wer die restlichen Teile hält.

8.2.4 Directory Access Protocol

*Directory Access
Protocol*

Das *Directory Access Protocol (DAP)* wird für die Kommunikation zwischen DUA und DSA verwendet. Abbildung 8.5 zeigt den Aufbau der Kommunikation zwischen einer DUA-Instanz und einer DSA-Instanz auf Anwendungsschichtebene. Das DAP enthält drei anwendungsspezifische Dienstelemente, die den in Tab. 8.1 dargestellten Dienstschnittstellen entsprechen: *Lese-ASE*, *Such-ASE* und *Änderungs-ASE*[1].

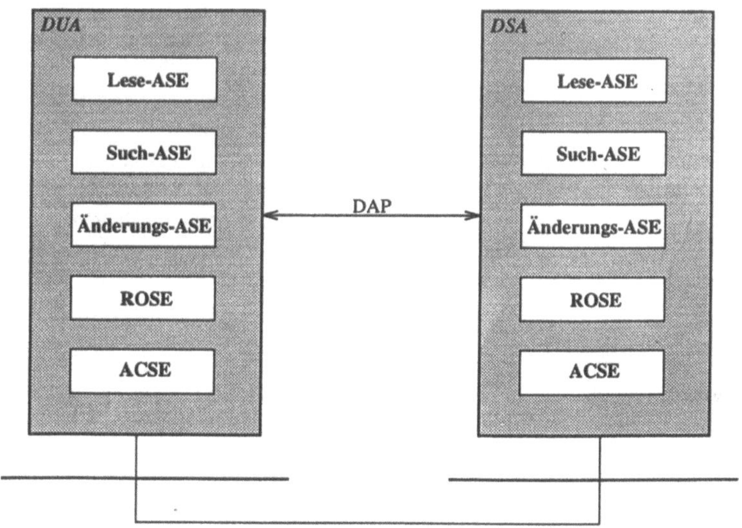

Abbildung 8.5: Anwendungsschicht im Directory

8.3 Zugang zum Directory

Der Zugang zum Directory geschieht entweder

- per Telnet-Client oder

- per lokalem Client.

Clients können z.B. zeilenorientiert (*dish* oder *de*) oder X-Windows-basiert (*xdi*) sein. Der Zugang zu einer zeilenorientierten

[1] ASE = Application Service Element (Anwendungsdienstelement)

Schnittstelle via Telnet ist z.B. auf folgenden deutschen Servern möglich:

x500.lrz-muenchen.de   (129.187.10.32) (Login: x500)
nic.belwue.de   (129.143.2.4)   (Login: dish)

8.3.1 Zeilenorientierte Clients

Via Telnet auf *nic.belwue.de* sind zwei zeilenorientierte Schnittstellen verfügbar [Dil92]:

de (*Directory Enquiries*): Eine einfache Schnittstelle, um Informationen wie Mailadressen, Postadressen oder Telefonnummern von Personen zu suchen (Abb. 8.6).

dish (*Directory Shell*): Eine Schnittstelle mit voller X.500-Funktionalität. Sie ermöglicht komplexe Anfragen, wie z.B. „suche alle Personen mit der gleichen Postleitzahl". Mit *dish* können auch Einträge modifiziert, zugefügt oder gelöscht werden.

Abbildung 8.6: X.500-Anfrage mit *de*

dish

dish ist eine komplexe Schnittstelle zum Directory mit einer Vielzahl von Kommandos. Daher ist Voraussetzung, genaue Kenntnisse über die Struktur von X.500 zu haben.

Jeder Eintrag im Directory wird durch einen weltweit eindeutigen Namen referenziert, den *Distinguished Name (DN)*. Dieser DN ist hierarchisch aufgebaut und besteht aus einer geordneten Sequenz von relativen Namenskomponenten, den *Relative Distinguished Names (RDNs)*.

Ein RDN besteht aus einem *Attributtyp* und einem *Attributwert* und wird durch ein @-Zeichen eingeleitet. Ein DN kann nun z.B. so aussehen:

```
@countryName=DE@organisationalName=Uni-Karlsruhe
@organizationalUnit=Akademische Software Kooperation
@commonName=Andreas Geenen
```

Die Hierarchiestufen des DIT bauen sich also hier aus fünf Ebenen zusammen: Die oberste Hierarchie ist *Country* (repräsentiert durch das Attribut *countryName*) und die unterste ist *OrganizationalPerson* (repräsentiert durch das Attribut *commonName*).

In *dish* werden folgende Abkürzungen verwendet:

- *countryName=c*

- *organisationalName=o*

- *organizationalUnit=ou*

- *commonName=cn*

Es folgt nun ein Überblick über einen Teil der Kommandos von *dish*.

help zeigt alle Kommandos an. Mit Eingabe von <kommando> -help wird zu jedem Kommando eine kurze Hilfe ausgegeben.

```
askhp2:-) dish
Welcome to Dish (DIrectory SHell)
Dish -> squid
Connected to uni-karlsruhe.dsa at '0101'H/Internet=129.13.64.7+17003
Current position: @c=DE@o=Uni-Karlsruhe
User name: @
Current sequence: default
Dish -> moveto @c=DE
Dish -> squid
Connected to uni-karlsruhe.dsa at '0101'H/Internet=129.13.64.7+17003
Current position: @c=DE
User name: @
Current sequence: default
Dish -> search Uni*
1    cn=Uni-Bamberg.DSA
2    cn=Uni-Dortmund.DSA
3    cn=Uni-Erlangen.DSA.1
4    cn=Uni-Erlangen.DSA.2
5    cn=Uni-Frankfurt.DSA
6    cn=Uni-Freiburg.DSA
7    cn=Uni-Hildesheim.DSA
8    cn=Uni-Karlsruhe.DSA
9    cn=Uni-Koeln.dsa
10   cn=Uni-Konstanz.DSA
11   cn=Uni-Mannheim.DSA
12   cn=Uni-Regensburg.dsa
13   cn=Uni-Rostock.DSA
14   cn=Uni-Stuttgart.DSA
15   cn=Uni-Tuebingen.DSA
Dish -> 
```

Abbildung 8.7: *dish*-Beispielsitzung (Teil 1)

squid Hiermit läßt sich der augenblickliche Status feststellen (Position im DIT, Name des angesprochenen DSA.

list <objekt> Mit diesem Kommando lassen sich alle Einträge anzeigen, die direkt unterhalb der augenblicklichen Position stehen.

showentry <objekt> Hiermit wird ein Eintrag gelesen. Der anzuzeigende Eintrag kann durch ein RDN, DN oder eine Folgenummer explizit spezifiziert werden. Andernfalls wird der Eintrag der augenblicklichen Position im DIT ausgegeben.

moveto <position> Hiermit kann die Position im DIT verändert werden. Die Zielposition wird durch ein RDN, DN oder eine Folgenummer spezifiziert.

search <filter> Das *search*-Kommando bietet eine Vielzahl von Möglichkeiten zum Suchen von Einträgen im DIT. Um unterhalb der augenblicklichen Position nach bestimmten Einträgen zu suchen, muß ein Filterausdruck angegeben werden, der die Eigenschaften der gesuchten Einträge spezifiziert. Als Operatoren stehen neben dem Gleichheitsoperator (=) auch ein *ungefähr gleich* ($\sim=$), *größer gleich* (>=) und *kleiner* *gleich* (<=) zur Verfügung (Abb. 8.8). Auch die Verwendung von *Wildcards* (∗) ist möglich.

quit beendet die *dish*-Sitzung.

Die Abbildungen 8.7 und 8.8 zeigen eine Suche mit *dish*, wobei exemplarisch einige Kommandos vorgestellt werden.

```
askhp2:-) dish
Welcome to Dish (DIrectory SHell)
Dish -> squid
Connected to uni-karlsruhe.dsa at '0101'H/Internet=129.13.64.7+17003
Current position: @c=DE@o=Uni-Karlsruhe
User name: @
Current sequence: default
Dish -> search ou~=A*
1    @c=DE@o=Universitaet Karlsruhe@ou=Akademische Software Kooperation
2    @c=DE@o=Universitaet Karlsruhe@ou=Architektur
Dish -> moveto 1
Dish -> list
3    commonName=Andreas Geenen
4    commonName=Christian Hettler
5    commonName=Dietmar Waudig
6    commonName=DS-Manager
7    commonName=Harald Hanke
8    commonName=Helmut Filipp
9    commonName=Klaus-Peter Boden
10   commonName=Stefan Scheck
Dish -> moveto 3
Dish -> squid
Connected to uni-karlsruhe.dsa at '0101'H/Internet=129.13.64.7+17003
Current position: @c=DE@o=Universitaet Karlsruhe@ou=Akademische Software Koopera
tion@cn=Andreas Geenen
User name: @
Current sequence: default
Dish -> showentry
```

Abbildung 8.8: *dish*-Beispielsitzung (Teil 2)

8.3.2 xdi

Eine komfortablere Schnittstelle zum Directory als *dish* bietet *xdi*. Die Bedienung erfolgt hier wie bei allen Anwendungen des X-Windows-Standards über Buttons. Nach dem Aufruf erscheint z.B. das in Abbildung 8.9 dargestellte Fenster. Die anwählbaren Buttons sind schwarz unterlegt.

Bei *xdi* wird die aktuelle Position im DIT im mittleren Sichtfenster ganz unten (siehe Abb. 8.9) angezeigt. In diesem Beispiel ist Position also gerade *Universitaet Karlsruhe*.

Durch Anwahl von *Search* kann eine Suche nach einer Person an der *Universitaet Karlsruhe* eingeleitet werden (Abb. 8.10), deren Ergebnis Abbildung 8.11 zeigt.

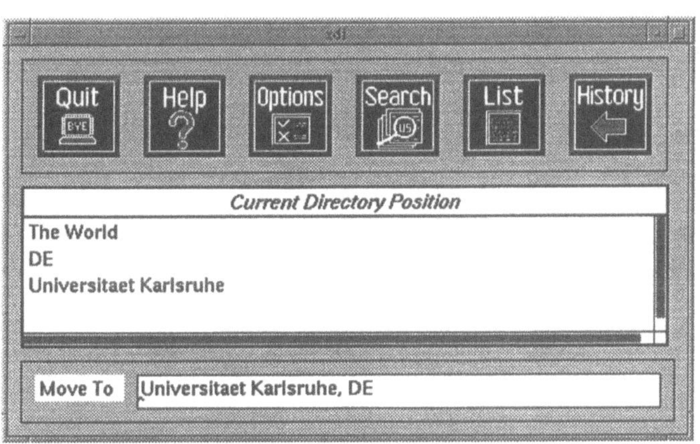

Abbildung 8.9: xdi

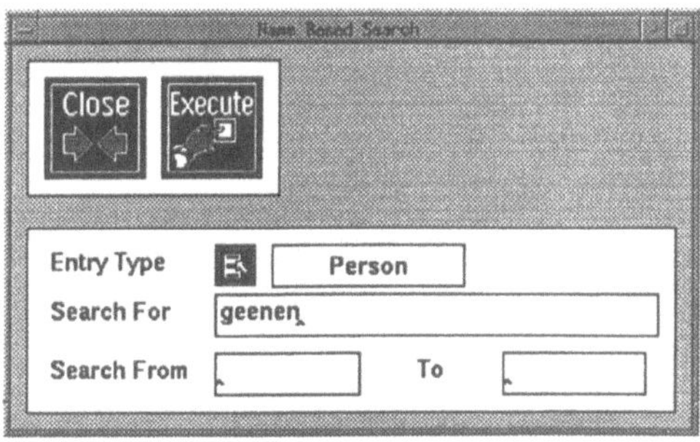

Abbildung 8.10: Suche im DIT

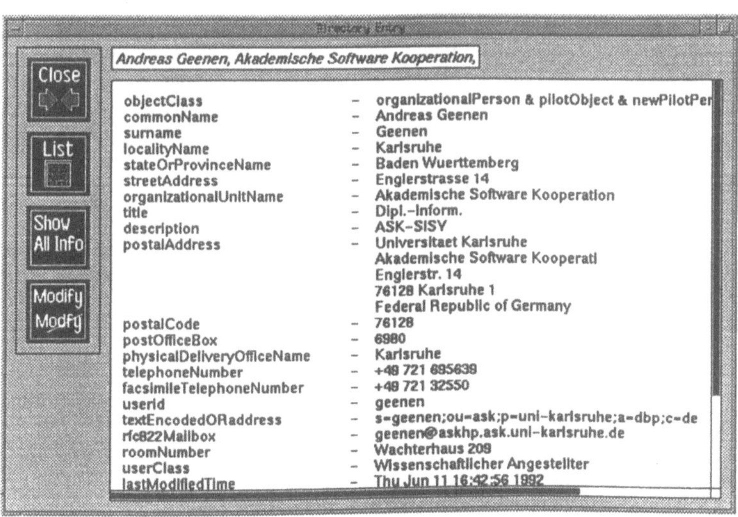

Abbildung 8.11: Ergebnis der Directory Anfrage

List zeigt äquivalent zu *dish* alle Einträge, die direkt unterhalb der aktuellen Position stehen, in einem eigenen Fenster an.

History zeigt den Weg durch den DIT, den man bisher zurückgelegt hat.

Help ist die Online-Hilfe von *xdi* und mit

Options können Optionen eingestellt werden, z.B. ob eine Suche namens- oder attributbasiert ausgeführt wird.

8.4 Weitere Informationen

- *ftp.informatik.uni-stuttgart.de* bietet unter */local/x500/x5-00-dua.sun4.tar.Z* die DUAs *pod*[2], *dish*, *sd*[3], *de*, *fred*[4], *sid*[5] als Binaries für Sun Workstations an. Neben der Software enthält das Paket auch eine ausführliche Dokumentation über *QUIPU*, der Public Domain Implementierung von X.500.

- *ftp.uni-stuttgart.de* hat im Verzeichnis */pub/comm/osi-rus/x500/* einige PostScript- und ASCII-Dateien mit weiteren Informationen z.B. auch über das Thema „X.500 und Datenschutz".

- *ftp.umu.se* bietet DUAs für Apple Macintosh (Verzeichnis */pub/x500/mac*), PC (Verzeichnis */pub/x500/pc*) und UNIX-Rechner (Verzeichnis */pub/x500/unix*) an.

---

[2] POpup Directory; X-Window-Interface
[3] Screen Directory; einfaches, curses basiertes Interface
[4] FRont End to Dish
[5] Steve's Interface to Dish

## Kapitel 9

Netfind

9.1 Wer sucht, der findet...

Netfind [SP93] ist ein Werkzeug zur Beschaffung von Benutzerinformation wie E-Mail-Adressen, Telefonnummern oder Postanschriften. Ursprünglich wurde es im Rahmen eines Forschungsprojekts von Michael F. Schwartz und Panagiotis G. Tsirigotis an der University of Colorado, Bolder, Ende der achtziger Jahre entwickelt.

Netfind ist das derzeit mächtigste Werkzeug im Bereich der Verzeichnisdienste, da es für seine Anfragen Informationsquellen wie z.B. *Domain Name System (DNS)*[1], *X.500*[2], *Whois*[3], *Usenet Headers*[4] oder *Finger*[5] verwendet. Es kann derzeit Informationen zu etwa 10 Millionen Internetbenutzern aus 54 Ländern ausgeben. Im Gegensatz zu anderen Verzeichnisdiensten, die auf Datenbanken beruhen, deren Einträge manuell eingegeben und auf den neuesten Stand gebracht werden müssen, hat Netfind einen ausgeklügelten Algorithmus, um seine Daten zu sammeln und immer „up to date" zu halten.

Informationen zu 10 Millionen Internetbenutzern

Ein weiteres funktionelles Merkmal von Netfind ist die Möglichkeit, direkt in seiner Datenbank, der *Seed Database*, nach Akronymen zu suchen. Zum Beispiel kann so in Erfahrung gebracht werden, was sich hinter der Abkürzung *mitl* verbirgt.

Seed Database

Auf den folgenden Seiten wird vor allem anhand ausführlicher Bei-

---

[1] vgl. Kapitel 1.5.4
[2] vgl. Kapitel 8
[3] vgl. Kapitel 7
[4] vgl. Kapitel 5
[5] vgl. Kapitel 6

spiele die Bedienung von Netfind aufgezeigt (Kap. 9.2). Kapitel 9.3 erklärt das sukzessive Vorgehen von Netfind vor und während einer Suche und Kapitel 9.4 beschreibt mit einigen Worten die Installation eines lokalen Servers. Kapitel 9.5 rundet mit Hinweisen zu weiterführender Information die Beschreibung des „Werkzeugs" Netfind ab.

9.2 Nutzung von Netfind

9.2.1 Suche nach Personendaten

Zugriff via Telnet oder lokal

Auf eine Netfind-Datenbank kann innerhalb einer Telnet-Sitzung bzw. nach erfolgreicher Installation der Netfind-Software[6] auch lokal zugegriffen werden. Für den Benutzer ergeben sich praktisch keine Bedienungsunterschiede, jedoch können durch die unterschiedliche Netzlast die Performanceunterschiede je nach Tageszeit erheblich sein.

Derzeit stehen die in Abbildung 9.1 gezeigten Netfind-Server zu einer Anfrage zur Verfügung:

telnet <rechnername>, Login:**netfind**

Als Demonstrationsdatenbank wird hier der Netfind-Server *bruno.cs.colorado.edu* verwendet, da er sozusagen der *Vater aller Server* ist.

Für eine erfolgreiche Suche nach der E-Mail Adresse einer Person müssen zumindest der Name und der ungefähre Arbeitsplatz[7] bekannt sein. Netfind versucht daraufhin die angegeben Schlüsselworte (*karlsruhe university* und *de*) in seiner Datenbank zu finden und stellt eine Liste der in Frage kommenden *Domains* zusammen. Schlüsselworte können allgemein Orte, Organisationen oder Teile von logischen Internetadressen sein, dürfen jedoch keine Punkte zur Trennung enthalten (z.B. *uni-karlsruhe.de*).

Je mehr Schlüsselworte Netfind erkennt und in seiner Datenbank

---

[6] Die Software ist nur für Sun Workstations mit SunOS 4.x oder Folgeversion verfügbar.

[7] hier: boden karlsruhe university de

```
askdonald:-) telnet bruno.cs.colorado.edu
Trying...
Connected to bruno.cs.colorado.edu.
Escape character is '^]'.


SunOS UNIX (bruno)

Login as 'netfind' to access netfind server

login: netfind

=======================================================
Welcome to the University of Colorado Netfind server.
=======================================================

Alternate Netfind servers:
        archie.au (AARNet, Melbourne, Australia)
        bruno.cs.colorado.edu (University of Colorado, Boulder)
        dino.conicit.ve (Nat. Council for Techn. & Scien. Research, Venezuela)
        ds.internic.net (InterNIC Directory and DB Services, S. Plainfield, NJ)
        eis.calstate.edu (California State University, Fullerton, CA)
        hto-e.usc.edu (University of Southern California, Los Angeles)
        krnic.net (Korea Network Information Center, Taejon, Korea)
        lincoln.technet.sg (Technet Unit, Singapore)
        malloco.ing.puc.cl (Catholic University of Chile, Santiago)
        monolith.cc.ic.ac.uk (Imperial College, London, England)
        mudhoney.micro.umn.edu (University of Minnesota, Minneapolis)
        netfind.anu.edu.au (Australian National University, Canberra)
        netfind.ee.mcgill.ca (McGill University, Montreal, Quebec, Canada)
        netfind.if.usp.br (University of Sao Paulo, Sao Paulo, Brazil)
        netfind.oc.com (OpenConnect Systems, Dallas, Texas)
        netfind.sjsu.edu (San Jose State University, San Jose, California)
        netfind.vslib.cz (Liberec University of Technology, Czech Republic)
        nic.uakom.sk (Academy of Sciences, Banska Bystrica, Slovakia)
        redmont.cis.uab.edu (University of Alabama at Birmingham)

Netfind now lets sites customize how to search for users there, and can
interoperate with X.500, WHOIS, and PH.  For more information, retrieve
the file pub/cs/distribs/netfind/Netfind.WP.URLs from
ftp.cs.colorado.edu.

A paper describing Netfind's data gathering framework and algorithms is
available by anonymous FTP from ftp.cs.colorado.edu, in
pub/cs/techreports/schwartz/PostScript/Netfind.Gathering.ps.Z or
pub/cs/techreports/schwartz/ASCII/Netfind.Gathering.txt.Z.


I think that your terminal can display 24 lines.  If this is wrong,
please enter the "Options" menu and set the correct number of lines.

Top level choices:
        1. Help
        2. Search
        3. Seed database lookup
        4. Options
        5. Quit (exit server)
--> 2
```

Liste der Server

Abbildung 9.1: Aufbau einer Netfind Telnet–Sitzung

wiederfindet, desto spezifischer ist die Auswahl, die es anschließend anbietet. Von dieser Auswahl — in diesem Fall sind es 28
Möglichkeiten (Abb. 9.2) — können maximal drei für die weitere
Suche angegeben werden. Daher unterteilt sich eine Netfind-Suche
für den Benutzer in zwei Einzelschritte:

1. Angabe des Namens der gesuchten Person und einiger
   Schlüsselworte. Mit Hilfe der Schlüsselworte sucht Netfind
   in seiner Datenbank nach infrage kommenden Domains und
   listet sie auf.

2. Nachdem der Benutzer höchstens drei Domains aus der Liste ausgewählt hat, beginnt Netfind unter Zuhilfenahme von *DNS*, *X.500*, *Whois*, *CSO*[8], *SMTP*[9] und *Finger* die Online-Suche nach der Person.

Schlüsselworte (Keys) spezifizieren die Anfragen

```
Netfind
Top level choices:
        1. Help
        2. Search
        3. Seed database lookup
        4. Options
        5. Quit (exit server)
--> 2
Enter person and keys (blank to exit) --> boden karlsruhe university de
Please select at most 3 of the following domains to search:
        0. uka.de (university of karlsruhe, germany)
        1. uni-karlsruhe.de (university of karlsruhe, germany)
        2. aegee.uni-karlsruhe.de (university of karlsruhe, germany)
        3. aifb.uni-karlsruhe.de (university of karlsruhe, germany)
        4. architektur.uni-karlsruhe.de (university of karlsruhe, germany)
        5. ask.uni-karlsruhe.de (akademische software kooperation, university of
karlsruhe, germany)
        6. bau-verm.uni-karlsruhe.de (photogrammetry and remote sensing departme
nt, university of karlsruhe, germany)
        7. bio-geo.uni-karlsruhe.de (university of karlsruhe, germany)
        8. chemie.uni-karlsruhe.de (chemistry department, university of karlsruh
e, germany)
        9. ciw.uni-karlsruhe.de (university of karlsruhe, germany)
        10. etec.uni-karlsruhe.de (university of karlsruhe, germany)
        11. ifib.uni-karlsruhe.de (university of karlsruhe, germany)
        12. informatik.uni-karlsruhe.de (institut fuer informatik, university of
karlsruhe, germany)
        13. ira.uka.de (computer science department, university of karlsruhe, ge
rmany)
        14. itm.uni-karlsruhe.de (university of karlsruhe, germany)
        15. lod.uni-karlsruhe.de (university of karlsruhe, germany)
        16. mach.uni-karlsruhe.de (university of karlsruhe, germany)
        17. mathematik.uni-karlsruhe.de (mathematics department, university of k
arlsruhe, germany)
        18. physik.uni-karlsruhe.de (physics department, university of karlsruhe
, germany)
        19. rz.uni-karlsruhe.de (rechenzentrum, university of karlsruhe, zirkel,
karlsruhe, germany)
        20. ubka.uni-karlsruhe.de (university of karlsruhe, germany)
        21. uni-karlsruhe.dbp.de (university of karlsruhe, germany)
        22. verwaltung.uni-karlsruhe.de (university of karlsruhe, germany)
        23. wiwi.uni-karlsruhe.de (university of karlsruhe, germany)
        24. informatik.uni-karlsruhe.dbp.de (university of karlsruhe, germany)
        25. rz.uni-karlsruhe.dbp.de (rechenzentrum, university of karlsruhe, ger
many)
        26. telematik.informatik.uni-karlsruhe.de (informatics department, unive
rsity of karlsruhe, germany)
        27. tk.telematik.informatik.uni-karlsruhe.de (telecooperation group, inf
ormatics department, university of karlsruhe, germany)
Enter selection (e.g., 2 0 1) --> 0 1 5
```

Abbildung 9.2: Spezifikation und Datenbanksuchergebnis der Anfrage

Das Ergebnis wird mit einer kurzen Zusammenfassung abgeschlossen (Abb. 9.3).

In dieser Beispielsitzung wurden Einzelheiten der Suche mittels Option *2* innerhalb des Menüs *options* (Abb. 9.1) zur besseren Übersicht unterdrückt.

[8] vgl. Kapitel 14
[9] Simple Mail Transfer Protocol, vgl. Kap. 4.5

```
Enter selection (e.g., 2 0 1) --> 0 1 5
Mail for Klaus-Peter Boden is forwarded to boden@ask.uni-karlsruhe.de
NOTE:    this is a domain mail forwarding arrangement - so mail intended
         for "boden" should be addressed to "boden@ask.uni-karlsruhe.de".

------
Domain search completed.  Proceeding to host search.
------


FINGER SUMMARY:
- Remote user queries (finger) were not supported on host(s) searched in
  the domain 'uni-karlsruhe.de'.
- The most promising email address for "boden"
  based on the above finger search is _
  boden@ask.uni-karlsruhe.de.
Enter person and keys (blank to exit) -->
```

Abbildung 9.3: Ergebnis der Anfrage

9.2.2   Suche in der Seed Database

Das zweite Feature von Netfind ist die Möglichkeit, direkt in der
Seed Database nach der Auflösung von Abkürzungen zu suchen.
Was etwa verbirgt sich hinter den Abkürzungen *mitl* oder *ask*
(Abb. 9.4)?

```
Top level choices:
        1. Help
        2. Search
        3. Seed database lookup
        4. Options
        5. Quit (exit server)
--> 3


Seed database choices:
        1. Seed database help
        2. Seed database search
        3. Toggle seed database search output format
        4. Quit menu (back to top level)
--> 2
Keys (blank to exit): mitl
mitl.research.panasonic.com matsushita information technology laboratory, prince
ton, new jersey
mitl.com matsushita information technology laboratory, princeton, new jersey
Keys (blank to exit): ask
ask.uni-karlsruhe.de akademische software kooperation, university of karlsruhe,
germany
ask.se ask, kumla, sweden
ask.com ask computer systems, inc, mountain view, california
ingres.nl ask ingres products division b.v., 'centrepoint', hoogoordreef, amster
dam, the netherlands
ingres.com ask/ingres products division, alameda, california
Keys (blank to exit):
```

Abbildung 9.4: Suche in der *Seed Database*

9.3 Die Netfind Architektur

Herkömmliche Verzeichnisdienste haben einen entscheidenen Nachteil: Die Eingabe der Information ihrer Datenbanken, seien sie verteilt (*X.500*) oder zentral (*Whois*), sowie das „Update" geschieht manuell. Wechselt eine Person ihren Arbeitsplatz, kann es daher Wochen dauern, bis ihr Eintrag verbessert wurde. Im Extremfall geschieht es nie, weil es einfach vergessen wird.

automatische Auswertung verschiedener Informations- quellen

Netfind versucht, dieser Problematik Herr zu werden, indem es einerseits versucht, möglichst viele Informationsquellen automatisch auszuwerten, andererseits „online" nach Einträgen der Person sucht, wobei die Online-Suche durch Integration anderer Werkzeuge geschieht, die im Internet weit verbreitet sind.

Alle Informationsquellen, die Netfind verwendet, um seine Datenbank auf dem neuesten Stand zu halten, sind in Abbildung 9.5 links oben dargestellt. Sie durchlaufen einen mehrstufigen Algorithmus, bis sie als Eintrag in die Seed Database aufgenommen werden. Diese Phase wird als *Site Discovery* bezeichnet und bleibt dem Benutzer verborgen. Startet ein Benutzer eine Anfrage, wird der *User Search Algorithmus* gestartet (Abb. 9.6).

1. Der Benutzer spezifiziert mittels des Namens und verschiedener Schlüsselworte die zu suchende Person.

2. Netfind versucht die Schlüsselworte in seiner *Seed Database* zu finden und bietet dem Benutzer eine Liste von Domains zur Auswahl an, in denen näher gesucht werden soll. Dadurch wird versucht, die Netzlast in Grenzen zu halten.

3. Netfind fragt bei den jeweils zuständigen *DNS-Servern* der Domains nach verschiedenen Einträgen. Im einzelnen sind dies:

   URLs (*Uniform Resource Locators*, s. Kap. 16.2.3). Momentan gibt es im DNS noch keinen expliziten URL-Record, daher wird der TXT-Record verwendet.

   NS (*Autoritative Name Server*)

   A (*Host Address*)

   MX (Mail Exchange). Postverwaltungsrechner einer Domain

Phase 1: Site Discovery

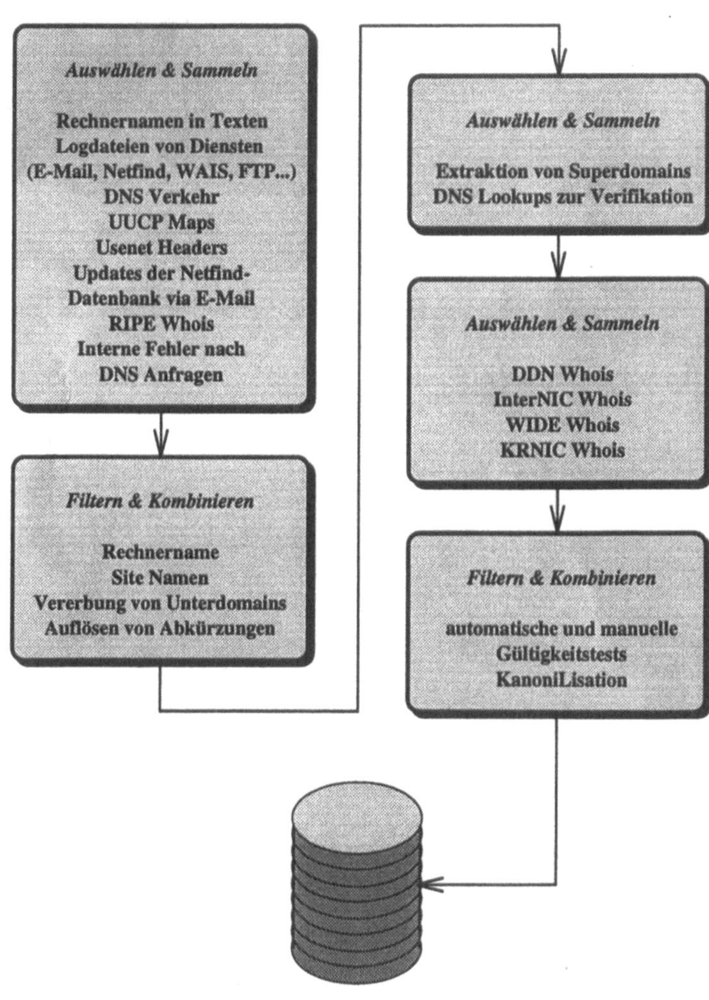

Abbildung 9.5: Site Discovery Algorithmus

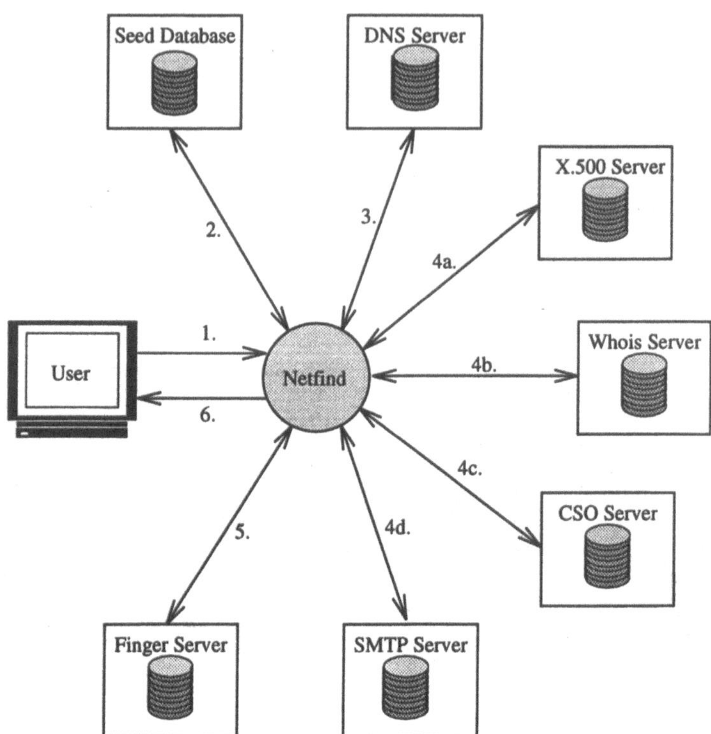

Abbildung 9.6: User-Search-Algorithmus

CNAME (*Canonical Name*). Alias für einen Rechner

4a. - 4c. Mit den vorhandenen Informationen über die Domains
und dem Namen der Person wird in den Datenbanken von
X.500, *Whois* und *CSO-Telefonbüchern* nach Einträgen gesucht.

4d. *Mail-Forwards* werden mittels *SMTP* durch das Kommando
EXPN (Expand) geprüft.

5. Als letzten Schritt versucht Netfind durch *Finger* durchzu-
prüfen, ob weitere Informationen, z.B. Dateien `.plan` und
`.project` auf UNIX-Rechnern, verfügbar sind. Die Suche
beschränkt sich dabei auf maximal 50 Rechner, die durch
die vorherigen Anfragen gesammelt wurden.

6. Netfind übermittelt dem Benutzer am Ende einer Anfrage eine kurze Zusammenfassung der Ergebnisse.

9.4 Installation eines Netfind-Servers

Um Netfind auf dem lokalen Rechner installieren zu können, müssen zumindest zwei Voraussetzungen[10] erfüllt sein.

1. Der freie Plattenplatz beträgt mindestens 13 MBytes.

2. Beim lokalen Rechner handelt es sich um eine Sun Workstation mit SunOS 4.x oder Folgeversion.

Die nötige Software kann via Anonymous-FTP von *ftp.cs.colorado.edu*, Verzeichnis *pub/distribs/netfind/* bezogen werden.

Das ausführbare Ergebnis zeigt Abbildung 9.7.

```
lodsun4:-) netfind
Usage: netfind [-q] [-t] [-T#] [-D#] [-H#] [-m[<file>]] [-d<Acfhlmnstu>] [-L "domain1 domain2 ..."]
name key key ...
        -q              Prompt user for name and keys
        -t              Report timeouts
        -T#             Set system call timeout to #
        -D#             Set number of allowed domains to #
        -H#             Set maximum hosts to finger to #
        -m[<file>]      Take measurements [and direct to <file>]
        -d<Acfhlmnstu>  Set debug level
                        A       Complement debug flags
                        c       Control related messages
                        f       Finger related messages
                        h       List hosts found in database
                        l       Lock related messages (monitors)
                        m       SMTP releated messages
                        n       Network failures
                        s       System calls
                        t       Thread related messages
                        u       URL related messages
                        Default:        fmnu
        -L "domain ..." Constrain search to certain domains
        name            Single name of person to look for
        key ...         Keys to match for domain lookup

lodsun4:-) ▮
```

Abbildung 9.7: Bedienungsvorschrift für einen lokalen Netfind-Server

9.5 Weitere Informationen zu Netfind

- Der Rechner *ftp.cs.colorado.edu* bietet in den Verzeichnissen *pub/cs/distribs/netfind* und

---

[10] Voller Internetanschluß ist gegeben.

pub/cs/techreports/schwartz/Postscript bzw. *ASCII* viele Dokumente mit weiteren Informationen.

- *netfind-users@cs.colorado.edu* ist eine Mailingliste mit „Update"-Ankündigungen und Diskussionsbeiträgen.
  E-Mail an:
  ```
  netfind-users-request@cs.colorado.edu
  ```
  Subject: *leerlassen*
  Body: **subscribe netfind-users**

- *netfind-servers@cs.colorado.edu.* Eine Mailingliste für Rechneradministratoren, die einen Netfind-Server unterhalten.
  E–Mail an:
  ```
  schwarz@cs.colorado.edu
  ```

## Kapitel 10

Alex

10.1 Ein Globales Filesystem

Auf den Anonymous-FTP-Archiven findet man sehr große Datenmengen, die für alle Benutzer frei zugänglich sind. Leider ist die Zugriffsmethode über FTP recht primitiv. Da FTP-Server die gleiche Struktur aufweisen wie Dateisysteme von herkömmlichen Computern, wäre es aus Anwendersicht wünschenswert, die entfernten Server als Teil des eigenen Filesystems zu sehen. Dies ermöglicht *Alex*.

Zunächst werden kurz die Eigenschaften des Systems vorgestellt. Anschließend folgt ein Blick auf seine Architektur des Systems und ein kurzer Exkurs in NFS, das zum Betrieb von Alex notwendig ist. In Kapitel 10.3 werden Nutzungsmöglichkeiten von Alex aufgezeigt.

10.1.1 Der Name Alex

Vincent Cate an der Carnegie Mellon University Pittsburgh, Pennsylvania entwickelte Alex. Der Name wurde von der sagenhaften Bibliothek von Alexandria abgeleitet, die Schriften aus aller Welt sammelte und lokal zur Verfügung stellte. Analog dazu bietet Alex dem Wissenschaftler von heute die Möglichkeit, auf Information im Netz in kürzester Zeit zuzugreifen.

Alex und die Bibliothek von Alexandria

10.1.2 Alex aus der Sicht des Anwenders

Alex erlaubt dem Benutzer lesenden Zugriff auf die Dateien von
Anonymous-FTP-Servern. Dem Benutzer stellen sich Verzeichnisse von FTP-Servern so dar, als ob sie lokal auf seinem Rechner vorhanden wären. Dementsprechend kann er sich auf entfernten FTP-
Servern mit den gleichen Kommandos wie `cd`, `ls`... bewegen wie
in seinem lokalen Dateisystem. Lediglich langsame Netzverbindungen zwischen Alex-Servern und entfernten FTP-Servern zeigen
dem Benutzer an, daß seine Kommandos entfernt ausgeführt werden. Für den Anwender ergeben sich aus der Nutzung von Alex
also die folgenden Vorteile:

Zugang zu FTP-Servern ohne explizite Verwendung von ftp

- Die Verzeichnisse der FTP Server erscheinen als lokale Verzeichnisse. Der Benutzer verwendet bekannte Kommandos
  zum Verzeichniswechsel, Kopieren usw.

- Benutzer halten in ihren Unterverzeichnissen oft Daten von
  entfernten FTP Servern. Alex macht dies überflüssig.

- Dateien von entfernten Rechnern können sofort mit den ge-
  eigneten Anzeigeprogrammen angeschaut werden.

10.2 Die Architektur von Alex

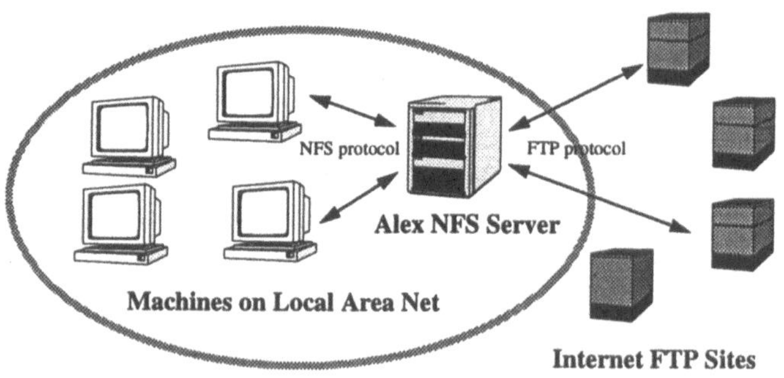

Abbildung 10.1: Die Struktur von Alex

Die Abbildung 10.1 zeigt den prinzipiellen Aufbau des Systems.
Ein lokales Netzwerk betreibt einen Alex-Server, auf den die Cli-
entrechner der Benutzer über NFS, dem Network File System (s.
Kap. 10.2.1) zugreifen können. Der Alex-Server seinerseits baut
seine Verbindungen zu den entfernten FTP Servern über das FTP
Protokoll auf [Cat92]. Im Gegensatz zu anderen, im Rahmen des
Buches vorgestellten Diensten, ist für die Nutzung von Alex kein
eigener „Alex-Client" notwendig.

10.2.1 Das Network File System

NFS steht für die von Sun Microsystems, Inc. veröffentlichte Network File System Technologie. NFS besteht aus einer Reihe von
Protokollen die auf TCP/IP aufgesetzt wurden. NFS erlaubt An-
wendungsprogrammen auf Dateien von NFS-Serverrechnern le-
send und schreibend zuzugreifen. Dies geschieht für die Programme transparent, d.h. sie brauchen keine Änderungen zu erfahren,
um auch unter NFS zu laufen. Der NFS-Client kann auf die Da-   *Mounten von*
teien des Servers zugreifen, indem er Dateisysteme des Servers in   *externen*
sein eigenes Dateisystem einhängt, oder im UNIX-Slang, „moun-   *Dateisystemen*
tet". Über NFS kann auf externe Platten zugegriffen werden, so
als ob sie lokal am eigenen Client-Rechner vorhanden wären.

Aufgrund der Offenlegung der NSF-Protokollspezifikationen durch
Sun portierten auch andere Hersteller von UNIX-Systemen NFS
auf ihre eigene Betriebssytemplattform. Dies führte dazu, daß sich
NFS innerhalb der UNIX Welt zu einem Quasistandard entwickelte. Mittlerweile gibt es auch NFS Produkte für andere Betriebssysteme wie z.B. MS-DOS, VMS und MVS. Daher ist NFS die
momentan am weitesten verbreitete Methode, in lokalen Netzwerken Filesysteme von entfernten Rechnern zu mounten [San90].

Alex verwendet NFS, weil es dadurch auf einfachste Art und Wei-   *Alex und NFS*
se möglich ist, beliebige Rechner an das System anzuschließen.
Vincent Cate beschreibt das so:

> *NFS was choosen because it makes it trivial to add*
> *Alex to a wide range of machines. On most machines,*

153

adding Alex just involves using a simple command cal-
led mount. It is so easy, that a user who has none of
my software, and is just talking with me on the phone,
can start using Alex in about a minute [Cat92]

10.3   Die Nutzung von Alex

10.3.1   Anbindung an einen Alex-Server

Die Bereitstellung von Alex auf dem lokalen Rechner ist denkbar
einfach. Zunächst benötigt man einen Server, zu Testzwecken kann
alex.sp.cs.cmu.edu verwendet werden. Allerdings sollte bei häufi-
ger Verwendung des Systems ein eigener Alex-Server installiert
werden. Man sollte sich jedoch vorher informieren, ob nicht „in
der Nähe" ein Server vorhanden ist, der die ständige Anbindung
des eigenen Clients erlaubt.

Alex Mount

Auf Clientseite ist ein Verzeichnis `/alex` einzurichten, in das der
Server über das Kommando

```
mount -o time=30,retrans=300,soft,intr
alex.sp.cs.cmu.edu:/ /alex
```

eingehängt wird. Nun kann mit den üblichen Kommandos auf Clientseite in das Verzeichnis `/alex` gewechselt werden. Unterhalb
von **alex** findet man eine Liste von Top-Level-Domain-Namen.

10.3.2   Identifizierung von Dateien auf FTP-Servern

Bezeichnung von
Dateien auf
Alex-Servern

Der Benutzer von Alex sieht ein hierarchisch strukturiertes,
globales Filesystem. An der Wurzel befindet sich das Verzeichnis
/alex. Darüber sitzen die Internet Top Level Domains wie z.B. *edu*,
de oder *at*. Anschließend folgen Domainname, Rechnername und
Pfad- und Dateiname. Jede Stufe wird durch einen / getrennt.
Beispielsweise wird die Datei *nethack3.1.3.tar.Z* im Verzeichnis
/pub1/unix/games des Servers *ftp.uni-kl.de* in Alex Schreibweise
als

`/alex/de/uni-kl/ftp/pub1/unix/games/nethack3.1.3.tar.Z`
dargestellt. Ein Alex-Name setzt sich also aus den drei Komponenten

- */alex*,

- Rechnername des Anonymous FTP Hosts und

- Pfad- und Dateiname auf dem FTP Server

zusammen.

10.3.3 Zwei kurze Beispiele

Befindet sich der Client auf einem UNIX System, kann beispielsweise mit dem Befehl

```
cp /alex/de/uni-kl/ftp/pub1/unix/games/
nethack3.1.3.tar.Z ./
```

die Datei `nethack3.1.3.tar.Z` vom ftp Server der Uni Kaiserslautern in das aktuelle Verzeichnis kopiert werden, ohne das vom Anwender explizit eine FTP-Verbindung mit der Eingabe von Loginname und Passwort eröffnet werden mußte.

Nun kann man sich beliebige (lesende) Dateioperationen auf dem Datenbestand der FTP Server vorstellen. Verwendet man lokal ein UNIX-System, kann mit der Befehlszeile

```
uncompress /alex/de/uni-kl/ftp/pub1/unix
/games/nethack3.1.3.tar.Z | tar xvf -
```

die oben genannte Datei entkomprimiert und entpackt werden, ohne eine Kopie in seinem eigenen Verzeichnis halten zu müssen.

10.3.4 Eigenschaften des Servers

Auf Serverseite unterstützt Alex diverse Caching Mechanismen. Caching bedeutet, das gewisse Informationen im Hauptspeicher

des Alex-Servers gehalten werden, auf die bei Bedarf schnell zugegriffen werden kann. Wenn eine Datei abgerufen wird, behält der
Server z.B. den Rechnernamen und sorgt dafür, daß die Verbin-

Server Caching

dung offenbleibt. Wird nun innerhalb „kurzer Zeit" eine zweite
Datei vom gleichen Server angefordert, entfällt die Nameserverab-
frage sowie das erneute Öffnen der FTP-Verbindung, was zu einer
deutlichen Performanceverbesserung führt.

10.4 Weitere Informationen

- `alex-users@cs.cmu.edu`
  Mailingliste für die Benutzer von Alex. E-Mail an:
  `alex-users-request@cs.cmu.edu`.

- `alex-servers@cs.cmu.edu`
  Mailingliste für Server-Administratoren. E-Mail an:
  `alex-servers-request@cs.cmu.edu`.

- `alex.sp.cs.cmu.edu`
  Archivrechner mit Dokumentation und Software.

## Kapitel 11

Prospero

11.1 Individuell und verteilt

Prospero [Neu92a] ist ein Werkzeug zur Organisation eines internetweiten benutzerabhängigen Dateisystems und dessen Ressourcen. Jeder Benutzer hat dabei seinen individuellen Einstiegspunkt in das Dateisystem und legt seine eigene Verzeichnisstruktur fest. Alle individuellen Dateisysteme zusammen bilden das *Prospero File System.* Prospero arbeitet dabei auf der Basis einer verteilten Architektur d.h. die Information ist in Wirklichkeit nur einmal vorhanden und auf das ganze Internet verteilt.

individuelle benutzerabhängige Verzeichnisstruktur

verteilte Architektur

Das Prospero-Dateisystem interpretiert keine von ihm organisierten Daten, sondern es unterstützt die Übertragung und die Applikationen, die die Daten weiterverarbeiten (anzeigen, editieren). Prospero verwendet dazu die Daten und Metadaten (z.B. Indizes) anderer Internetwerkzeuge (AFS[1], Archie, FTP, Gopher, NFS[2], WAIS, WWW) und deren Anwendungsprotokolle, sowie das *Prospero File System* und das *Prospero Protocol.*

In Kapitel 11.3 werden in drei Unterabschnitten die Grundzüge der Prosperoarchitektur behandelt, ausgehend vom *Virtual System Model* bis hin zum *Prospero Protocol.* Eine Beispielsitzung vermittelt in Kapitel 11.4 die Praxis und Kapitel 11.5 schließt das Thema „Prospero" ab.

---

[1] Andrew File System
[2] Network File System

11.2 Shakespeare und Prospero

Prospero geht auf die Dissertation von B. Clifford Neuman an der University of Washington zurück. Er benannte dieses Werkzeug nach dem Stück „Der Sturm" von William Shakespeare. Prospero war darin der rechtmäßige Herzog von Mailand, der vor seinen Feinden auf eine einsame Insel floh. Als die Feinde auf dieser Insel Schiffbruch erlitten, gelang es Prospero, sie in kleine Gruppen zu trennen. Jede Gruppe glaubte, sie wäre die einzige Überlebende und entwickelte ihre individuelle Sichtweise der Welt. Im Laufe der Zeit erfuhren die Gruppen voneinander und die individuellen Sichtweisen fügten sich wieder zu einem Ganzen zusammen.

11.3 Prospero File System

Das Prospero File System basiert auf dem *Virtual System Model* [Neu92b]. Dieses Modell erlaubt die Bildung eines globalen Systems, in welchem der Benutzer sein eigenes, individuelles *Virtual System* durch Auswahl und Gliederung von *Objekten* (Dateien, Applikationen, Dienste...) gestalten kann. Die Darstellung eines Virtual Systems geschieht mit einem gerichteten Graph, dem *Naming Network*. Abbildung 11.1 zeigt beispielhaft solch ein Naming Network.

Man unterscheidet innerhalb des Prospero File Systems zwischen zwei logischen Verweisen (*Links*): Der *Conventional Link* ordnet dem Namen eines Objekts die Information zu, die zum Zugriff auf das Objekt benötigt wird. Der *Union Link* ist ein Verweis auf ein Verzeichnis. Dieses Verzeichnis (*Linked Directory*) kann ebenfalls wieder Verweise enthalten. Nun werden durch einen Union Link diese Verweise automatisch Teil desselben; es wird also eine Baumstruktur aufgebaut mit dem Union Link als Wurzel. Ein *Filter* ist ein Programm, das einem Link zugeordnet sein kann. Er kann das Ergebnis eines Links auf ein Verzeichnis verändern. Wird ab jetzt von einem *Link* gesprochen, handelt es sich entweder um einen Conventional Link oder um einen Union Link, denen ein Filter zugeordnet sein kann.

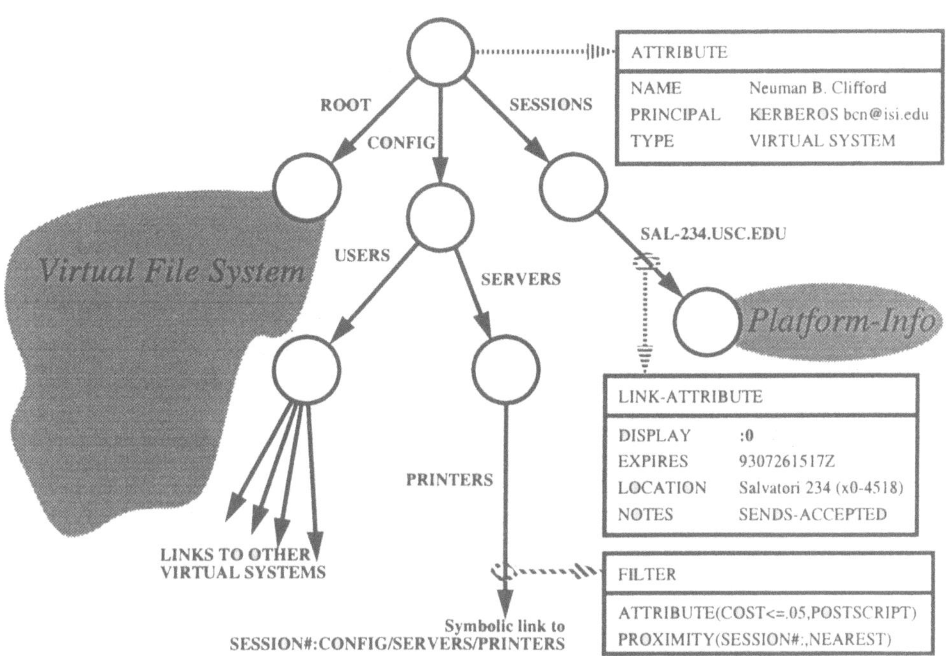

Abbildung 11.1: Benutzerabhängiges Naming Network als Teil des Virtual System Models

Virtual Directory

Ein *Virtual Directory* ist ein Verzeichnis des Prospero File Systems. Es ist ein temporäres Verzeichnis, das bei einer Anfrage durch Anwendung von Filtern oder eines Union Links angelegt wird. Das virtuelle Verzeichnis *CONFIG/SERVERS/PRINTERS* in Abbildung 11.1 etwa definiert diejenigen Drucker, die für den Benutzer verfügbar sind. Durch die Filteroption *proximity(session#:, nearest)* wird der Drucker abhängig von der jeweiligen Sitzung dynamisch ausgewählt. Zusätzlich kommen durch *attribute (cost <=.05, postscript)* nur die postscriptfähigen Drucker in Frage, deren Kosten pro Seite nicht über 5 Cents liegen.

11.3.1 Prospero Information Fabric

Andere Werkzeuge stellen meistens eine Such- und/oder Beschaffungsschnittstelle für benutzerrelevante Informationen zur Verfügung. Dazu werden im Vorfeld Metadaten der Daten erzeugt. Prospero verwendet nun diese Daten und Metadaten zur Organisation der Gesamtinformation in der *Prospero Information Fabric* (Abb. 11.2) [NA93a].

Menu Browsers	Filesystem Browsers and Tools	Hypertext Browsers
	Dedicated Applications	
	Search Engines Editors	

━━━━━━━━━━Libraries━━━━━━━━━━

Prospero - Information Fabric

━━━━━━━━━━Servers━━━━━━━━━━

Datenzugriff		Meta-Information	
FTP	AFS	archie	WAIS
NFS	Gopher	WWW	Prospero
WAIS	WWW	Gopher Menus	
	E-mail		

Abbildung 11.2: Prospero Architektur

Die Prospero Information Fabric verwendet automatisch das passende Zugriffsprotokoll für diverse Dienste (WWW, WAIS, Gopher...). Die Information dazu erhält die Information Fabric aus dem Naming Network. Im *Access Method*-Attributfeld eines Objektes steht die individuelle Zugriffsinformation (Abb. 11.3).

Die folgenden Beispiele [NA93b] zeigen den Inhalt des *Access-Method*-Attributfeldes für verschiedene Dienste:

- **Gopher :**
  GOPHER INTERNET-D MERMAID.MICRO.UMN.EDU
  ASCII '1/FunStuff/Pyrotechnics/PyroGuide 1'

- **FTP :**
  FTP INTERNET-D PROSPERO.ISI.EDU ASCII
  /ftp/pub/prospero/README-prospero-documents TEXT

- **AFTP :**
  AFTP INTERNET-D PROSPERO.ISI.EDU ASCII
  /pub/prospero/README-prospero-documents TEXT

- **NFS :**
  NFS INTERNET-D PROSPERO.ISI.EDU ASCII
  ftp/pub/prospero/README-prospero-documents
  /auto/gum/gum

11.3.2 Objektzugriff

Möchte der Benutzer von seinem Rechner aus auf ein Objekt zugreifen, wird zunächst eine Client/Server-Verbindung zu einem *Prospero Directory Server* aufgebaut. Dieser Server verwaltet den globalen *Name Space*, der sich aus den individuellen Naming Networks ergibt. Der Client übergibt den Namen eines Verzeichnisses und erhält die Links in diesem Verzeichnis zurück. Die Kommunikation erfolgt über das *Prospero Protocol.*

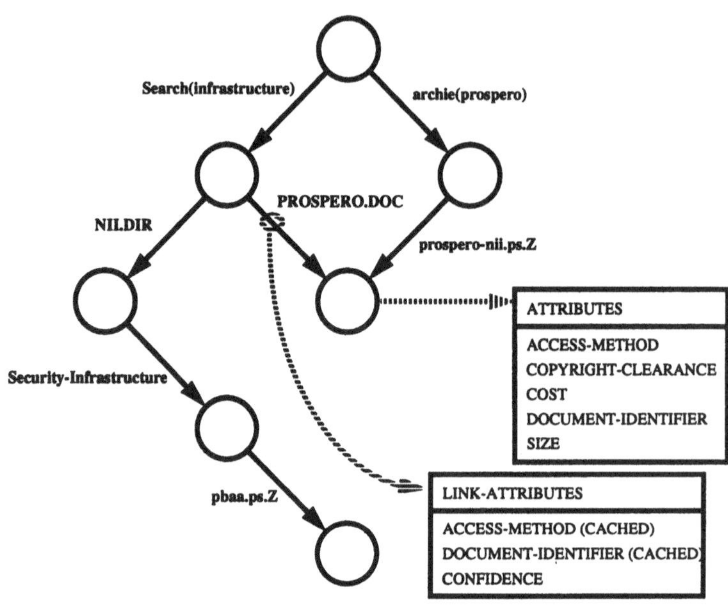

Abbildung 11.3: Naming Network mit *Access Method*–Feld

11.3.3 Prospero Protocol

Asynchronous Reliable Delivery Protocol

Beim *Prospero Protocol* [NA93b] handelt es sich um ein *Asynchronous Reliable Delivery Protocol (ARDP)*. Es wurde vom Prospero-Entwickler Neuman speziell für seine Anforderungen entwickelt und verwendet als unterliegendes Protokoll das UDP.

Kommunikation mittels natürlichsprachlicher Kommandos

Die Kommunikation (Nachrichten) zwischen Client und Server erfolgt beim Prospero-Protokoll mittels natürlichsprachlicher Kommandos. Dadurch werden zum einen die Probleme unterschiedlicher Rechnerarchitekturen und deren Codierungen umgangen, zum anderen lassen sich spätere Änderungen leichter umsetzen. Die Nachrichten sind in einzelne Zeilen aufgeteilt und Zeilen wiederum in *Token* (Marken). Das geschah aus Effizienzgründen, um mehrere Kommandos in einer Zeile übertragen zu können. Die Token einer Zeile werden durch mindestens zwei ASCII *Spaces* und/oder *Tabs* voneinander abgegrenzt. Eine Zeile muß mit einem <CR> oder einem <CR><LF> abgeschlossen sein.

Insgesamt stehen 13 Kommandos zur Wahl. Sie werden in der

nachfolgenden Liste nur sehr kurz beschrieben und sind ohne optionale Parameter dargestellt. Details sind ausführlich in [NA93b] nachzulesen.

Version An dieses Kommando anschließend kann sowohl die Versionsnummer, als auch ein spezieller Software-Identifikator folgen.

Authenticate dient der Authentisierung des Benutzers auf Daten.

Directory Die verschiedenen Parameter spezifizieren auf welches Verzeichnis wie zugegriffen werden soll.

Atomic bewirkt, daß alle nachfolgenden Kommandos unabhängig voneinander ausgeführt werden sollen.

List initiiert die Anzeige des Inhalts von Verzeichnissen und muß durch ein vorangegangenes *Directory*-Kommando eingeleitet worden sein.

List-ACL Jedem Verzeichnis ist bei Prospero eine *Access Control List* zugeordnet. Dieses Kommando fordert ihren Inhalt an.

Get-Object-Info fordert Informationen über ein Objekt an.

Edit-Object-Info verändert die Objektinformationen.

Create-Link kreiert eine neue logische Verbindung im gültigen Verzeichnis.

Delete-Link löscht eine logische Verbindung im gültigen Verzeichnis.

Edit-Link-Info modifiziert eine logische Verbindung.

Edit-Acl modifiziert eine *Access Control List*.

Create-Object kreiert ein Objekt.

Update bringt z.B. bei geänderten Objekten logische Verbindungen auf den neuesten Stand.

Status fordert den aktuellen Zustand des Servers an.

5 Antworten auf die Kommandos stehen zur Auswahl:

Success Das Kommando wurde erfolgreich ausgeführt.

Forwarded Das Ziel eines Kommandos wurde zuvor verändert. Als Antwort enthält dieses Kommando das neue Ziel.

Error Fehlermeldung, die auf einen Syntaxfehler im Kommando hinweist.

Failure Fehlermeldung, die auf eine nicht ausführbare Operation hinweist.

Warning weist z.B. auf eine alte Protokollversion hin. Die Kommandos wurden jedoch korrekt ausgeführt.

11.4 Nutzung

Derzeit arbeiten etwa 50 Server mit Prospero. Für eine Demonstration seiner Arbeitsweise muß der zeilenorientierte Prospero-Client lokal installiert werden. Danach kann auf ein *Guest Virtual System* bei *prospero.isi.edu* zugegriffen werden. Eine Beispielsitzung zeigt Abbildung 11.4.

11.5 Weitere Informationen zu Prospero

- *prospero.isi.edu*
  Zentralrechner von Prospero; enthält Dokumentation, sowie die Software zur Einrichtung eines Clients oder eines Servers.

- *info-prospero@isi.edu*
  Mailingliste mit Update-Ankündigungen. E-Mail an:
  `info-prospero-request@isi.edu`

- *prospero@isi.edu*
  Mailingliste rund um Prospero. E-Mail an:
  `prospero-request@isi.edu`

```
Script started on Wed Jan 29 21:02:50 1992
% cd /
% ls
afs                 info            papers
databases           lib             projects
documents           mailing-lists   releases
guest               newsgroups      sites
% cd papers
% ls
authors             conferences         subjects
bibliographies      journals            technical-reports
% cd technical-reports
% ls
Berkeley    IAState         OregonSt        UCalgary    UWashington
BostonU     MIT             Purdue          UColorado   Virginia
Chorus      NYU             Rochester       UFlorida    WashingtonU
Columbia    NatInstHealth   Toronto         UKentucky
Digital     OregonGrad      UCSantaCruz     UMichigan
% ls UCSantaCruz
crl
% ls UCSantaCruz/crl
ABSTRACTS.1988-89           ucsc-crl-91-01.ps.Z
ABSTRACTS.1990              ucsc-crl-91-02.part1.ps.Z
ABSTRACTS.1991              ucsc-crl-91-02.part2.ps.Z
ABSTRACTS.1992              ucsc-crl-91-02.ps.Z
INDEX                       ucsc-crl-91-03.ps.Z
ucsc-crl-88-28.ps.Z         ucsc-crl-91-06.ps.Z

...
% ls UWashington
cs   cse
%
% ls UWashington/cs
1991            INDEX           PRE-1991
1992            OVERALL-INDEX   README
% cd /papers
% ls
authors             conferences         subjects
bibliographies      journals            technical-reports
% ls journals
acm-sigcomm-ccr  ieee-tcos-nl
% ls journals/ieee-tcos-nl
app-form.ps.Z  v5n1            v5n3
cfp            v5n2            v5n4
% ls journals/acm-sigcomm-ccr
application.ps  jan89          jul90           sigcomm90-reg.ps
apr89          jan90          oct88
apr90          jan91          oct89
apr91          jul89          sigcomm90-prog.ps
% vls journals
   acm-sigcomm-ccr      NNSC.NSF.NET      /usr/ftp/CCR
   ieee-tcos-nl         FTP.CSE.UCSC.EDU /home/ftp/pub/tcos
%
script done on Wed Jan 29 21:06:53
```

Abbildung 11.4: Prospero Beispielsitzung

HyTelnet

12.1 Telnet per Menüauswahl

Weltweit gibt es Tausende über Telnet öffentlich zugängliche
Rechner. Um sich in diesem Wirrwarr zurechtzufinden, wurde von
Peter Scott die menüorientierte Oberfläche *HyTelnet* entwickelt.
Der Name HyTelnet setzt sich aus den Begriffen *Hypertext* und
Telnet zusammen.

Hypertext und Telnet

In diesem Kapitel soll dem Leser die Funktionsweise von *HyTelnet*
nähergebracht werden. Nach einer kurzen Einführung in Kapitel
12.2 werden in Kapitel 12.3 die Zugangsmöglichkeiten sowie in Kapitel 12.4 die Bedienung erklärt. Ein Beispiel findet sich in Kapitel
12.5; weitere Informationen enthält Kapitel 12.6.

12.2 Funktion von HyTelnet

Bei *HyTelnet* handelt es sich um ein einfaches Werkzeug zum
Aufbau von Telnet-Sitzungen. Ohne daß der Benutzer die Rechneradresse kennen muß, kann er aus der menüorientierten Oberfläche den gewünschten Server auswählen. *HyTelnet* besitzt eine
eigene Datenbank, in denen die Telnet-Zugänge nach bestimmten Merkmalen geordnet sind. Zusätzlich enthält die Datenbank
login-Informationen, die als *HyTelnet*-Information für den Benutzer angezeigt werden.

Die Informationen, die über *HyTelnet* bzw. Telnet bezogen werden
können, sind sehr vielfältig:

- öffentlich zugängliche Bibliotheken und Online Public Access Cataloges (OPAC) zur weltweiten Suche nach Literatur

- elektronische Bücher von A wie Alice in Wonderland bis Z wie Zen an the Art of the Computer; leider ist bisher nur englische Literatur erhältlich

- Campus-Informationssysteme

- Datenbanken

- Verzeichnisdienste über Telnet auf Server von netfind, whois, X.500, zur Suche nach Personen, E-Mailadressen, usw.

- Adressen über Telnet zugänglichen Gopher-, WAIS-, WWW- und Archie-Servern

12.3 Zugang zu HyTelnet

Der Zugang zu *HyTelnet* kann auf zwei Arten verwirklicht werden, wobei funktionell keine Unterschiede auftreten:

- über Telnet auf einen *HyTelnet*-Server,

- über einen lokalen *HyTelnet*-Client.

12.3.1 HyTelnet-Server

Durch Eingabe von
telnet <servername>
und
Login: **hytelnet**
wird eine *HyTelnet*-Sitzung auf dem jeweiligen Server gestartet.

Die nachfolgende Liste zeigt die öffentlich zugänglichen *HyTelnet*-Server.

- **access.usask.ca**

- `info.ccit.arizona.edu`

- `laguna.epcc.edu` (Login: `library`)

- `info.anu.edu.au` (Login:`library`)

- `library.adelaide.edu.au` (Login: `access`)

- `nctuccca.edu.tw`

- `info.mcc.ac.uk`

- `rsl.ox.ac.uk`

12.3.2 Der lokale HyTelnet-Client

Lokale *HyTelnet*-Clients gibt es zur Zeit für PC-, Mac-, UNIX- und
VMS-Plattformen. Der Rechner `ftp.usask.ca` bietet per Anonymous-FTP die jeweils neueste Software; die zur Zeit (März 1994)
aktuelle Version liegt bei HyTelnet-6.6 . Neben der Software wird
auch eine umfangreiche Datenbank mit Adressen von Servern mit-
geliefert.

12.4 Bedienung von HyTelnet

Wird *HyTelnet* von einer UNIX-Workstation aus gestartet, erscheint das in Abbildung 12.1 dargestellte Bild.

Je nach Client variiert die Anzeige geringfügig. Die Steuerung erfolgt über Tastatur und Menüs. Die Tastaturkommandos zeigt
Abbildung 12.2.

Das aktuell ausgewählte Menü ist besonders hervorgehoben. Nach
dem Anwählen eines Menüpunktes erhält der Benutzer ein weiteres Menü, von dem er sich weiter „durchhangeln" kann. Wird zum
Beispiel der Menüpunkt `Other Resources` angewählt, zeigt sich
das in Abbildung 12.3 dargestellte Bild.

```
           Welcome to HYTELNET version 6.6.x
              Last Update: March 7, 1994

           What is HYTELNET?          <WHATIS>
           Library catalogs           <SITES1>
           Other resources            <SITES2>
           Help files for catalogs    <OP000>
           Catalog interfaces         <SYS000>
           Internet Glossary          <GLOSSARY>
           Telnet tips                <TELNET>
           Telnet/TN3270 escape keys  <ESCAPE.KEY>
           Key-stroke commands        <HELP>


 Up/Down arrows MOVE      Left/Right arrows SELECT      ? for HELP anytime

       m  returns here     i  searches the index      q  quits


            HYTELNET 6.6 was written by Peter Scott
         E-mail address: aa375@freenet.carleton.ca
             Unix and VMS software by Earl Fogel
```

Abbildung 12.1: Das HyTelnet Anfangsmenü

12.5 Eine Beispielsitzung von HyTelnet

Eine Beispielsitzung zeigt den Zugriff auf die Universitätsbibliothek Karlsruhe über Telnet. Nach der Auswahl des Punktes **Library catalogs** im Anfangsmenü erscheint das in Abbildung 12.5 dargestellte Menü mit den öffentlich zugänglichen elektronischen Bibliotheken in Europa, die in drei geographische Zonen geordnet sind.

Nach Auswahl von **Europe/Scandinavia** gelangt man in eine Länderübersicht (Abb 12.5), von der aus man nach Auswahl von **Germany** die Übersicht der elektronischen Bibliotheken Deutschlands (Abb. 12.6) erreicht. An dieser Stelle kann man direkt den Menüpunkt **University of Karlsruhe** anwählen, um auf den Rechner der Universitätsbibliothek zuzugreifen. (Abb. 12.7).

12.6 Weitere Informationen

- Mailingliste **hytel-l@kentvm.kent.edu** mit Update-Information, die die Software als auch die Datenbank von *HyTelnet* betreffen. E-Mail an

  listserv@kentvm.kent.edu

  Subject: <leerlassen>

  sub hytel-l <vorname zuname>

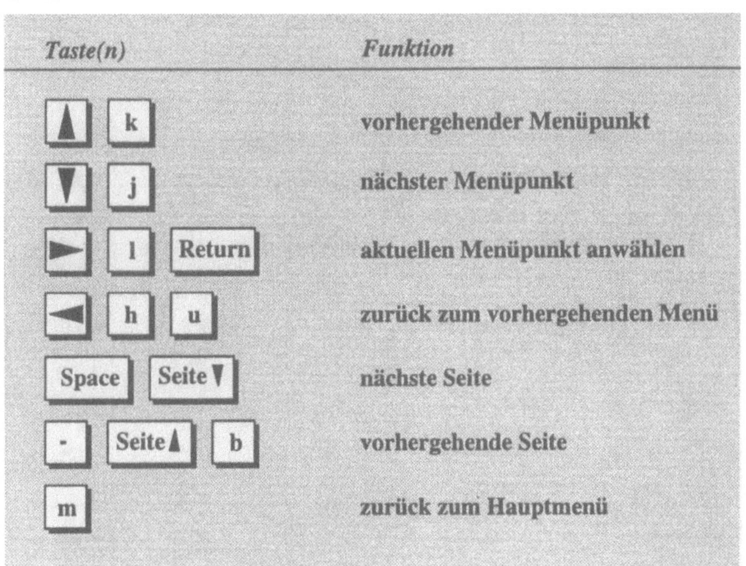

Taste(n)	Funktion
▲ k	vorhergehender Menüpunkt
▼ j	nächster Menüpunkt
► l Return	aktuellen Menüpunkt anwählen
◄ h u	zurück zum vorhergehenden Menü
Space Seite▼	nächste Seite
- Seite▲ b	vorhergehende Seite
m	zurück zum Hauptmenü

Abbildung 12.2: Die Tastaturkommandos von *HyTelnet*

- Der Rechner `ftp.usask.ca` bietet per Anonymous FTP die
  jeweils neueste Software. Erhältlich sind derzeit Versionen
  für PC-, Mac-, UNIX- und VMS-Plattformen.

- Spezielle Fragen können an den Entwickler von *HyTelnet*,
  Peter Scott, gerichtet werden
  (E-Mailadresse: `aa375@freenet.carleton.ca`).

```
                Other Telnet-accessible resources

        <ARC000>  Archie: Archive Server Listing Service
        <CWI000>  Campus-wide Information systems
        <FUL000>  Databases and bibliographies

        <DIS000>  Distributed File Servers (Gopher/WAIS/WWW)
        <BOOKS>   Electronic books
        <FEE000>  Fee-Based Services

        <FRE000>  FREE-NETs & Community Computing Systems
        <BBS000>  General Bulletin Boards
        <HYT000>  HYTELNET On-line versions

        <NAS000>  NASA databases
        <NET000>  Network Information Services
        <DIR000>  Whois/White Pages/Directory Services

        <OTH000>  Miscellaneous resources
```

Abbildung 12.3: *HyTelnet* Untermenü über weitere Dienste

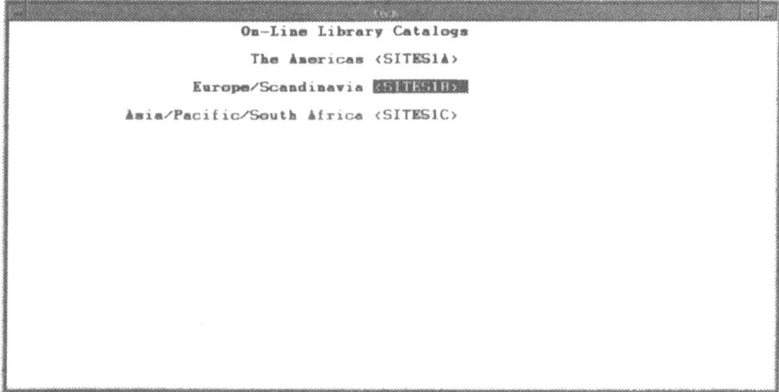

Abbildung 12.4: *HyTelnet*-Untermenü weltweit vorhandener Bibliotheken

Abbildung 12.5: *HyTelnet*-Untermenü über Bibliotheken in Europa

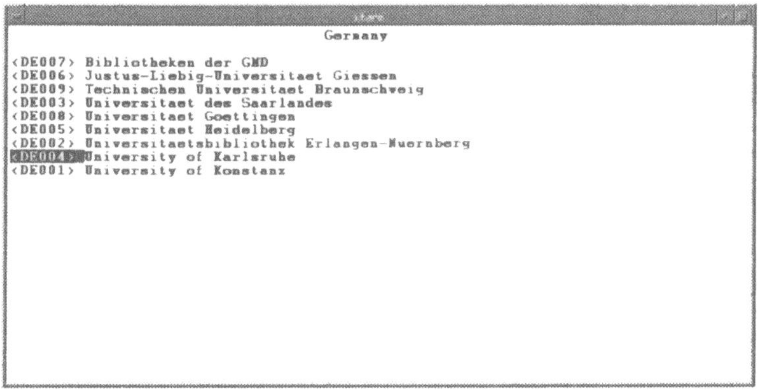

Abbildung 12.6: *HyTelnet*-Untermenü über Bibliotheken in Deutschland

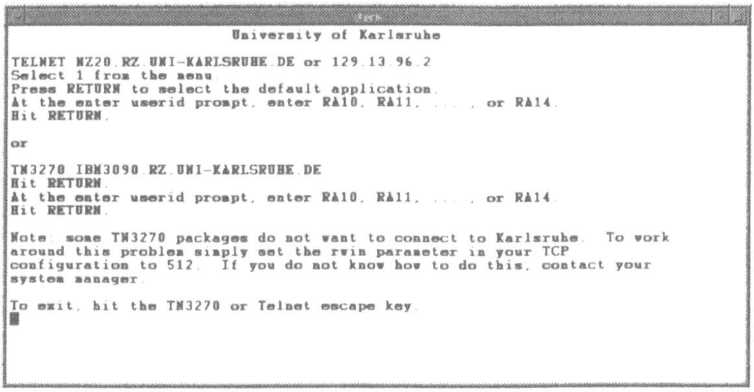

Abbildung 12.7: Telnet-Sitzung auf dem Server der Universitäts-bibliothek Karlsruhe

Archie

13.1 Archie, der Archiv-Server Server

Archie ist ein Datenbanksystem, das die Inhaltsverzeichnisse von Anonymous-FTP-Servern zugänglich macht. Mit Archie ist es möglich, Dateien und Verzeichnisse auf FTP-Servern zu lokalisieren. Die Bedeutung von Archie wird einem erst dann richtig bewußt, wenn man sich das ungeheure Informationsvolumen auf Anonymous-FTP-Servern vergegenwärtigt, das über Archie erschlossen wird.

Erschließung von Anonymous-FTP-Servern

Ein weiterer Dienst von Archie ist die sogenannte *Software Description-* oder *Whatis-Database.* Das ist eine Datenbank, in der die Namen und Kurzbeschreibungen von etwa 3.500 Public-Domain-Programmen, Datensätzen und allgemeinen Texten, die auf dem Internet zu finden sind, gespeichert werden. In dieser Datenbank kann nach Stichworten gesucht werden.

Whatis ?

Die folgenden beiden Kapitel enthalten einige Hintergrundinformationen zu Archie. Entstehung, Konzept und Arbeitsweise werden kurz skizziert. In den weiteren Kapiteln wird die Arbeit mit Archie erläutert.

13.1.1 Die Anfänge

Am Anfang von Archie standen ein paar Scripts von Alan Emtage, kleine Programme, die automatisch *rekursive Listings*[1],

Scripts und rekursive Listings

---

[1] Inhaltsverzeichnisse von FTP-Servern, siehe auch 3.4.2

von Anonymous-FTP-Servern holten. Bald darauf schlug Peter Deutsch vor, eine einfache Benutzerschnittstelle zu entwickeln, mit deren Hilfe man die Inhaltsverzeichnisse durchsuchen kann. So wurden Anfang 1990 die Grundkonzepte von Archie geboren. Alan Emtage und Peter Deutsch waren zu dieser Zeit noch Studenten an der McGill University School of Computer Science, Montréal, Canada. Zusammen mit Bill Heelan, einem technischen Mitarbeiter der Universität, entwickelten sie Archie weiter. Im November war *archie V1.0*, mit einem Zugang über Telnet fertiggestellt. Ab Dezember 1990 stand für Archie auch ein E-Mail Interface zur Verfügung. Schon im März 1991 folgte *archie V2.0*[2].

Client/Server-Betrieb

Mit Hilfe von Clifford Neumann, dem Entwickler von Prospero[3], wurden die Zugriffsmöglichkeiten auf Archie verbessert: Die Arbeit mit Archie war jetzt im Client/Server-Betrieb möglich. Auf der Basis des Prospero-Protokolls, wurden und werden von vielen Autoren Client-Programme entwickelt, um den Zugriff auf Archie einfacher und schneller zu gestalten [Emt91] [ED92].

Obwohl der Code von Archie nicht Public-Domain ist, stellten die Autoren das Archie-System zum Aufbau weiterer Archie-Server in vielen Ländern zur Verfügung. Zur Zeit, April 1994, gibt es weltweit über 20 Archie-Server, auf denen täglich viele tausend Abfragen durchgeführt werden. Eine Liste von Servern ist in Tabelle 13.1 zu finden[4].

Archie-Server in vielen Ländern

Rechnername	IP-Adresse	Land
archie.au	139.130.4.6	Australia
archie.edvz.uni-linz.ac.at	140.78.3.8	Austria
archie.univie.ac.at	131.130.1.23	Austria
archie.uqam.ca	132.208.250.10	Canada
archie.funet.fi	128.214.6.100	Finland
archie.th-darmstadt.de	130.83.128.118	**Germany**
archie.ac.il	132.65.6.15	Israel
archie.unipi.it	131.114.21.10	Italy
archie.wide.ad.jp	133.4.3.6	Japan
archie.kr	128.134.1.1	Korea
Fortsetzung nächste Seite		

[2] Die aktuelle Archie Version ist *archie V3*.
[3] Zu Prospero siehe auch 11.
[4] Siehe auch 13.2.2.

Rechnername	IP-Adresse	Land
archie.sogang.ac.kr	163.239.1.11	Korea
archie.rediris.es	130.206.1.2	Spain
archie.luth.se	130.240.18.4	Sweden
archie.switch.ch	130.59.1.40	Switzerland
archie.ncu.edu.tw	140.115.19.24	Taiwan
archie.doc.ic.ac.uk	146.169.11.3	United Kingdom
archie.unl.edu	129.93.1.14	USA (NE)
archie.internic.net	198.48.45.10	USA (NJ)
archie.rutgers.edu	128.6.18.15	USA (NJ)
archie.ans.net	147.225.1.10	USA (NY)
archie.sura.net	128.167.254.179	USA (MD)
archie.hana.hm.kr	128.134.1.1	Korea

Tabelle 13.1: Archie Server

13.1.2 Aufbau des Systems

Entsprechend der zwei Dienste, die Archie realisiert, verwaltet Archie im wesentlichen zwei unterschiedliche Datenbestände,
die *Filenames-Database* und die *Whatis-Database* [ED92]. Die
Filenames-Database enthält die Daten, die gebraucht werden, um
die Suche in den Verzeichnissen der Anonymous-FTP-Server zu
realisieren. Sie ist von ihrer Struktur her komplexer als die *Whatis-Database*, die nur aus Stichwörtern und Kurzbeschreibungen
besteht. Die Information für die Whatis-Database wird nicht automatisch generiert und eingetragen, sie stammt aus sekundären
Quellen wie z.B. Usenet-Artikeln oder Autorenangaben.

*Filenames- und
Whatis-
Database*

Interessanter sind die Mechanismen, die Archie benutzt, um
die Inhaltsverzeichnisse der Anonymous-FTP-Server zu verwalten
und zugänglich zu machen. In Abbildung 13.1 werden die wichtigsten Systemkomponenten von Archie dargestellt.

Die wesentlichen drei Hauptkomponenten des Archie Systems werden im folgenden kurz erklärt.

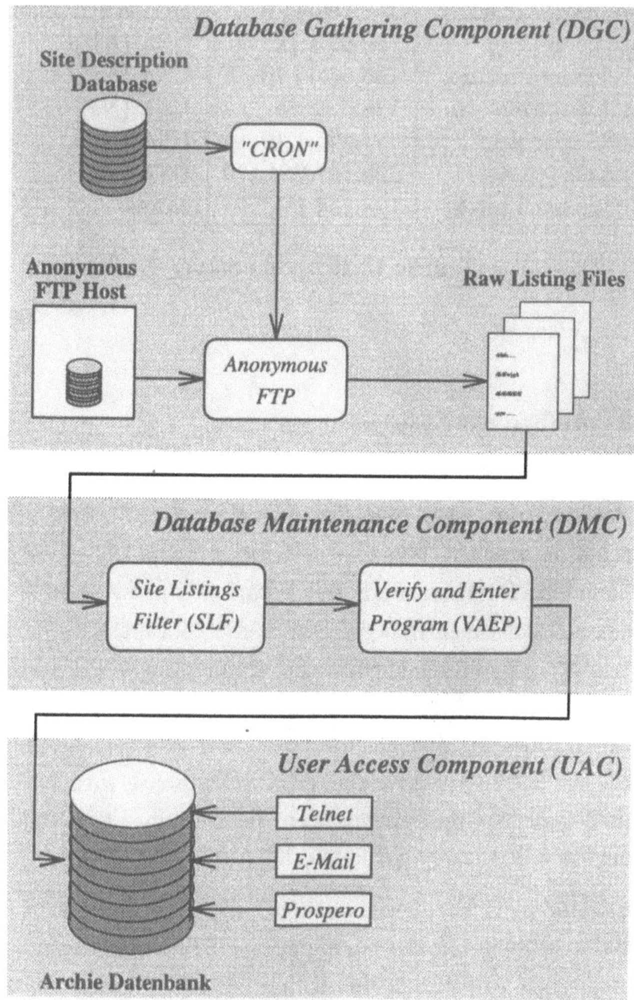

Abbildung 13.1: Die Archie Systemkomponenten

Data Gathering Component (DGC)

Die Data Gathering Component ist für die Datenbeschaffung zuständig. Sie arbeitet mit dem *Cron*-Mechanismus[5] von Unix und wird alle 24 Stunden automatisch gestartet. Die DGC holt sich über FTP die *rekursiven Listings* von Anonymous-FTP-Servern. Die Adressen der Server und weitere erforderliche Informationen, z.B. welches Betriebssystem auf dem Server eingesetzt wird, werden in der *Site Description Database* verwaltet. Es wird immer nur ein Teil der Site Description Database abgearbeitet, so daß das Inhaltsverzeichnis eines Servers im Prinzip etwa jeden Monat einmal abgeholt wird. Im Umfang der Site Description Database, aber auch in der Strategie, in welchem Zeitabstand die rekursiven Listings eines Servers geholt werden, können sich die einzelnen Archie-Server jedoch unterscheiden.

Datenbeschaffung

Die rekursiven Listings bilden zusammen die *raw listing files*, welche nun von der Database Maintenance Component (DMC) ausgewertet werden.

Database Maintenance Component (DMC)

Die Database Maintenance Component ist verantwortlich für die Konsistenzprüfung und Konvertierung der *Raw Listing Files* in ein passendes Datenformat für die Filenames Database. Hier müssen Fehler erkannt und beseitigt werden, die z.B. bei der Generierung der Inhaltsverzeichnisse oder bei der Übertragung auftreten können. Dazu werden die rekursiven Listings an den *Site Listings Filter* übergeben und so von eventuell aufgetretenen Fehlermeldungen bereinigt. Anschließend bearbeitet sie ein Parserprogramm, das *Verify and Enter Program (VAEP)*. Das VAEP rekonstruiert die Verzeichnishierarchie, um so die Datenkonsistenz zu prüfen; d.h. es wird überprüft, ob keine wichtigen Informationen bei Korrekturen usw. verlorengegangen sind. Abschließend werden die aufbereiteten Daten vom VAEP in die Filenames Da-

Prüfen,
Konvertieren,
Eintragen

---

[5] *cron* ist ein sog. *clock daemon*, mit dem man automatisch Kommandos zu bestimmten Zeiten ausführen lassen kann.

tabase eingetragen.

User Access Component (UAC)

Die User Access Component bildet die Benutzerschnittstelle für Anfragen an die Filenames Database. Hier stehen an Schnittstellen nach außen Telnet und E-Mail zur Verfügung. Über die Prospero-Schnittstelle kann im Client/Server-Betrieb auf Archie zugegriffen werden.

13.1.3 Benutzerschnittstellen

Zugriffsarten

Auf Archie Server kann auf drei verschiedene Arten zugegriffen werden:

- per Telnet,

- per E-Mail oder

- mit einem Archie-Client über die Prospero-Schnittstelle, (z.B. *Xarchie*)[6].

Telnet und E-Mail sind die originären Zugriffsarten. Die Grundmechanismen, die für die Suche zur Verfügung stehen, sind für alle Zugriffsarten die gleichen; sie stellen sich dem Benutzer nur unterschiedlich dar.

Der Zugriff auf Archie mit Archie-Clients ist zwar erfahrungsgemäß schneller als der Zugriff über Telnet- oder E-Mail, dafür steht jedoch über Telnet- oder E-Mail das volle Leistungsspektrum von Archie zur Verfügung. Aktuelle Weiterentwicklungen von Archie sind auch zuerst an der Telnet- oder E-Mail-Schnittstelle sichtbar.

Die Benutzung von Archie ist sehr einfach. Im wesentlichen stehen über E-Mail und Telnet etwa zehn unterschiedliche Kommandos zur Verfügung. Um „Standardanfragen" zu stellen, reicht im

[6] Siehe auch 13.4.

Prinzip *ein einziges* Kommando, das *find*-Kommando, aus. Damit bekommt man Antwort auf die folgenden Fragen:

- Gibt es Anonymous-FTP-Server, auf denen sich eine Datei oder ein Verzeichnis mit dem Namen *xyz* befindet?

- Wo sind diese Server?

- Wo kann ich die Datei oder das Verzeichnis auf einem Server finden?

Will man die Fragestellungen verfeinern, muß man sich jedoch mit *Variablen* auseinandersetzen. Ein auffallendes Kennzeichen der Arbeitsweise von Archie ist, daß die Kommandos durch das Setzen von *Variablen* maßgeblich beeinflußt werden. Es gibt Variablen zur Einstellung von Suchmodi, zur Festlegung der Sortierreihenfolge bei der Ergebnisausgabe und zur Definition von bestimmten Mengen von Anonymous-FTP-Servern, deren Inhaltsverzeichnisse durchsucht werden sollen, um nur einige zu nennen. Beim Telnet- oder E-Mail-Zugang gibt es explizite Befehle zum Setzen resp. Zurücksetzen der Variablen: *set* und *unset*.

Steuerung durch Variablen

Im weiteren wird zuerst die Arbeit mit dem Telnet-Zugang zu Archie erklärt. Fast alle Kommandos und Variablen, die behandelt werden, können identisch in E-Mail-Anfragen übernommen werden. Auf einige kleine Unterschiede wird am Ende des Kapitels eingegangen. Anfragen mit Archie-Clients werden in den Kapiteln 13.3 und 13.4 behandelt.

13.2 Suchen mit Archie

13.2.1 Der Telnet-Zugang

Nachdem man sich für einen Archie-Server in der Nähe entschieden hat (siehe Tab. 13.1), setzt man sich einfach per Telnet mit dem Server in Verbindung. Als Login-Name wird *archie* eingegeben. Als Server für die folgenden Beispiele diente der Archie Server in Darmstadt: *archie.th-darmstadt.de.* Die Ausgabe bei den Beispielen ist verkürzt dargestellt.

```
% telnet archie.th-darmstadt.de
Trying...
Connected to archie.th-darmstadt.de.
Escape character is '^]'.

login: archie
```

Nach dem erfolgreichen Einlogvorgang erscheinen die Begrüßungsmeldung des Servers, Informationen über aktuelle Einstellungen und das Promptzeichen. Was die angezeigten aktuellen Einstellungen bedeuten, wird später erklärt.

```
# Message of the day from the localhost Prospero server:

        Welcome to archie.th-darmstadt.de
   E-mail: archie-admin@archie.th-darmstadt.de

# Bunyip Information Systems, 1993

# Terminal type set to 'xterm 24 80'.
# 'erase' character is '^H'.
# 'search' (type string) has the value 'sub'.
th-archie>
```

Mit den Kommandos *exit, quit* oder *bye* wird die Archie-Sitzung beendet.

13.2.2   Orientierung und Einstellen der Arbeitsumgebung

Archie stellt ein Hilfesystem bereit, um Informationen über Kommandos und Variablen zu erhalten. Das Hilfesystem ist gut ausgebaut und einfach zu bedienen:

Hilfe

```
th-archie> help
```

Das Hilfesystem ist geeignet, schnelle Antworten auf spezielle Fragen zu bekommen, z.B. Bedeutung und Wertebereich von Variablen oder Sinn und Zweck von Kommandos.

Neben dem Hilfesystem stellt Archie noch eine komplette Übersicht über das ganze System zur Verfügung, mit allen Befehlen, Variablen und vielen Hinweisen und Beispielen. Diese Übersicht ist wie eine typische UNIX-Manualseite aufgebaut und wird folgendermaßen aufgerufen:


```
th-archie> manpage
```


Der resultierende Text wird standardmäßig als formatierter ASCII-Text ausgegeben. Die *manpage* kann aber auch mit dem Parameter *roff* aufgerufen werden, Die Ausgabe erfolgt dann im Unix *troff*-Format.

Setzt man den *manpage*-Befehl ab, ohne weitere Einstellungen durchzuführen, wird die Ausgabe ohne Unterbrechung über den Bildschrim gescrollt. Mit dem Setzen der *pager*-Variable erfolgen alle Ausgaben (auch die anderer Kommandos) von Archie seitenweise:

```
th-archie> set pager
```

Die Kommandos *help* und *manpage* geben allgemeine Informationen zu Kommandos und Variablen. Einen Überblick über alle gesetzten Variablen und ihre aktuellen Werte liefert das *show*-Kommando. Gibt man keine Parameter an, werden alle Variablen und ihre aktuellen Werte aufgelistet. Die Werte einzelner Variablen erfährt man, indem man einfach den Variablennamen angibt:

```
th-archie> show pager
# 'pager' (type boolean) is set.
```

Nach der Orientierung „im Kleinen", die Orientierung „im Großen": Dazu dienen die zwei Kommandos *list* und *servers*. Das *list*-Kommando ohne Parameter liefert die Liste aller Anonymous FTP Server, deren Inhalt in der Archie-Datenbank gespeichert ist, die Liste kann unter Umständen sehr lang sein. Durch die Angabe eines Parameters kann man jedoch Fragen nach bestimmten Servern stellen, der Parameter wird als *regulärer Ausdruck*[7] (*regular expression*) interpretiert und ausgewertet. Im folgenden Beispiel wird abgefragt, welche Inhaltsverzeichnisse von Servern aus Berlin in der Archie-Datenbank gespeichert sind (Ausgabe gekürzt):

---

[7] Reguläre Ausdrücke werden in 13.2.4 erklärt.

```
th-archie> list berlin
cns.wtza-berlin.de       141.16.244.4   22:46 31 Mar 94
hpcom.rz.hu-berlin.de    141.20.1.3     22:37 31 Mar 94
ftp.fu-berlin.de         130.133.4.50   21:01 31 Mar 94
ftp.cs.tu-berlin.de      130.149.17.7   22:37 31 Mar 94
elib.zib-berlin.de       130.73.108.11  21:44 31 Mar 94
ftp.zrz.tu-berlin.de     130.149.4.40   04:22 31 Mar 94
zelator.in-berlin.de     192.109.42.11  04:00 31 Mar 94
```

Als Ergebnis bekommt man eine Liste aller Anonymous-FTP-Server, in deren Namen die angegebene *Zeichenkette* vorkommt. Die Liste enthält neben dem Rechnernamen und der IP-Adresse auch das Datum, an dem die Einträge zu diesem Server zum letztenmal aktualisiert wurden.

weitere Archie-Server

Das *servers*-Kommando gibt eine Liste aller in der ganzen Welt zur Verfügung stehenden öffentlich zugänglichen Archie Server aus. Die Angaben in Tabelle 13.1 beruhen auf den Ausgaben dieses Befehls.

13.2.3 Suchen mit *find*

Der wichtigste und mächtigste Befehl von Archie ist der *find*[8]-Befehl. Mit *find* kann man in den Verzeichnissen von Anonymous FTP Servern suchen und so Software, Dokumente usw. konkret lokalisieren. Der *find*-Befehl und dessen Resultate werden durch viele unterschiedliche Variablen beeinflußt. Durch geschickte Kombination unterschiedlicher Parameter können relativ komplexe Fragestellungen bearbeitet werden, die über die reine Lokalisierung von Dateien hinausgehen. Der Befehl wird folgendermaßen aufgerufen:

```
th-archie> find Textmuster
```

Bevor die vielen Variablen, die *find* beeinflussen und auch der Begriff *Textmuster* genau erklärt werden, ein Beispiel zum Einsatz von *find*. Gesucht wird ein Programm mit dem Namen *Requiem* (die Darstellung des Ergebnisses ist stark gekürzt):

```
th-archie> find requiem
```

---

[8] In älteren Versionen heißt der Befehl *prog*.

```
# Search type: sub.
# Your queue position: 6
# Estimated time for completion: 00:15
working... \

Host ftp.uni-oldenburg.de  (134.106.40.9)
Last updated 04:11 26 Mar 1994
Loc: /pub/unix/databases
DIRECTORY drwxrwxr-x  512 23:00 7 Sep 1993 REQUIEM

Host ftp.uni-bremen.de  (134.102.228.9)
Last updated 00:25  4 Apr 1994
Loc: /pub/misc/database
FILE -rw-rw-r-- 100503 23:00 6 Jan 1992 requiem.tar.gz

Host ftp.uwp.edu  (131.210.1.4)
Last updated 04:42 16 Mar 1994
Loc: /pub/music/lists/queensryche/sounds/sun-audio
FILE -rw-rw-r--  83260 00:00 27 May 1992 requiem.au.Z
```

Als Ergebnis erhält man (fast) alle notwendigen Informationen.
Hat Archie Anonymous-FTP-Server in seiner Datenbank gefunden, auf denen es eine Datei oder ein Verzeichnis mit dem gesuchten Namen gibt, erhält man alle Informationen, die man zum
Zugriff benötigt: Rechnernamen und -adressen, Pfad und Datei-
bzw. Verzeichnisnamen. Weitere wichtige Informationen wie Dateigröße und Dateidatum werden ebenfalls ausgegeben.

Was Archie natürlich nicht liefern kann, sind Aussagen darüber,
ob es sich bei den gefundenen Dateien um Software handelt, oder
ob im angezeigten Verzeichnis auch tatsächlich Software zu finden
ist. Hier muß man unter Umständen nachschauen und *README*-
Dateien inspizieren. Die Pfad- bzw. Dateinamen bei den ersten
beiden Servern weisen auf UNIX-Software hin. Beim dritten Server hat man ein Tondokument gefunden [9].

Standardmäßig gibt Archie, wenn Befehle ausgeführt werden, Statusmeldungen aus. Im Beispiel teilt das System mit, daß die
search-Variable (siehe Kap. 13.2.4) auf den Wert *sub* gesetzt ist,
daß noch fünf andere Anfragen laufen und die Anfrage vermutlich

---

[9] Das Soundfile hat sich leider als Enttäuschung erwiesen, es klingt überhaupt
nicht nach Musik.

15 Sekunden dauern wird. Diese Meldungen kann man über die *status*-Variable abschalten:

```
th-archie> unset status
```

13.2.4   Einstellung unterschiedlicher Suchmodi

Über die *search*-Variable kann man steuern, *wie* das *Textmuster* beim *find*-Kommando bei der Suche ausgewertet wird:

set search exact: Schnellste Art zu suchen. Es wird *genau* nach dem angegebenen Textmuster gesucht.

set search sub: Häufigste Art zu suchen. Es wird nach Datei/Verzeichnisnamen gesucht, in denen das Textmuster enthalten ist, ungeachtet der Groß- und Kleinschreibung; *caru* ist z.B. enthalten in *caruso*, *Carumba* und *Icarus*.

set search subcase: Wie *sub*, nur wird Groß- und Kleinschreibung berücksichtigt, z.B. *TeX* ist enthalten in *LaTeX* aber nicht in *Latex*.

set search regex: Komplizierteste Art zu suchen. Das Textmuster wird als *Regular Expression* oder *regulärer Ausdruck* aufgefaßt. Hier wird Archies Abstammung von UNIX-Shellscripts deutlich. *Regular Expressions* sind ein „beliebtes" Hilfsmittel, um in UNIX Suchbedingungen zu formulieren.

fall back

Bei den Suchmodi *regex, sub* und *subcase* gibt es noch eine kleine Erweiterung. Man kann Archie mitteilen, daß zuerst eine *exakte* Suche durchgeführt werden soll. Wenn die exakte Suche nicht zum Erfolg führt wird auf die angegebene alternative Suchmethode zurückgegriffen (*fall back*). Entsprechend heißen die Einstellungen dann *exact_sub*, *exact_subcase* und *exact_regex*.

reguläre
Ausdrücke

Wird ein Textmuster als regulärer Ausdruck verwendet, wird es bei der Suche auf spezielle Art ausgewertet. Paßt das Muster (*pattern*) auf einen Namen in der Datenbank, spricht man von einem Treffer (*match*). Durch die Verwendung von Zeichen mit besonderer Bedeutung im Textmuster werden bestimmte Arten der Auswertung festgelegt. Wird nach diesen Zeichen selbst gesucht, können sie durch das "\"-Symbol maskiert werden. Einige reguläre Ausdrücke werden im folgenden kurz erläutert[10]. In Tabelle 13.2 sind Beispiele zu den einzelnen Punkten aufgeführt:

- "^" am Anfang eines Textmusters bewirkt, daß nur Ergebnisse gefunden werden, bei denen das Textmuster am *Anfang* steht.

- Ein "." steht für ein beliebiges Zeichen.

- "$" am Ende eines Textmusters bewirkt, daß nur Ergebnisse gefunden werden, bei denen das Textmuster am *Ende* steht.

- In eckige Klammern eingeschlossene Zeichenfolgen, z.B. [abc], stehen für ein beliebiges Zeichen aus dieser Zeichenfolge. Innerhalb von eckigen Klammern kann man auch ganze *Bereiche* angeben, Beispiel:
  [a-z] steht für alle Kleinbuchstaben, [0-9] für alle Ziffern.

- In eckige Klammern eingeschlossene Zeichenfolgen mit einem "^"-Zeichen am Anfang, z.B. [^abc], stehen für ein beliebiges Zeichen, das *nicht* in dieser Zeichenfolge steht.

- Das "*"-Symbol steht für *kein* oder für *beliebig häufiges* Auftreten eines vorangegangenen Zeichens oder regulären Ausdrucks. Tabelle 13.2 enthält ein kombiniertes Beispiel!

Zum Schluß eine kleine Denksportaufgabe: Nach was wird hier gesucht?

```
th-archie> find  ^xarchie.*\.tar\.[g]*[Zz]$
```

Ausdr.	Pattern	Name	OK?
^	^cde	cdefg	j
		abcde	n
.	a.b.	aXbY	j
Fortsetzung nächste Seite				

---

[10] Ausführlichere Informationen bekommt man durch *help regex* in Archie.

Ausdr.	Pattern	Name	OK?
		ZaXbY	j
		aXb	n
$	cde$	abcde	j
		cdef	n
[abc]	X[abc]Z	XaZ	j
		lmXcZhj	j
		XZa	n
[^abc]	X[^abc]Z	XdZ	j
		lXeZm	j
		XaZ	n
*	^xarchie.*gz$	xarchie.2.0.tar.gz	j
		xarchie-2.0.2.tar.gz	j
		xarchie-2.0.9.tar.gz	j

Tabelle 13.2: Reguläre Ausdrücke

13.2.5 Pfade und Dateien

Auswertung von Pfadnamen

Obwohl es keine allgemeingültige Struktur für den Aufbau von Anonymous-FTP-Servern gibt, steckt in den Pfaden der Server doch einige Information. Es ist durchaus üblich, wenn auch nicht zwingend vorgegeben, daß der Pfad, der zu einem DOS-Programm führt, im Namen z.B. *DOS, PC* oder ähnliche Informationen enthält.

Beispiele:

/pc/dos/util/...
/systems/**ibmpc/msdos/**...
/pub/soft/**dos/**...

Diese Information, die in den Pfadnamen von FTP-Servern enthalten ist, macht Archie über die *match_path*-Variable nutzbar. Mit der *match_path*-Variablen kann man Archie instruieren, nur nach Dateien oder Verzeichnissen zu suchen, die bestimmte Komponenten im Pfadnamen aufweisen. Unterschiedliche Komponenten werden durch Doppelpunkte getrennt der *match_path*-Variablen zugewiesen. Groß- und Kleinschreibung spielt keine Rolle. Die einzelnen Komponenten werden durch ein logisches *oder* verknüpft. Im folgenden Beispiel wird *match_path* so gesetzt, daß Archie nur nach Dateien oder Verzeichnissen sucht, die *pc, ms-dos, dos* oder *ibm* im Pfadnamen haben:

```
th-archie> set match_path pc:ms-dos:dos:ibm
```

13.2.6 Einschränkung des „Suchgebiets"

Paradoxerweise werden Dateien oft von den abenteurlichsten Servern geholt, obwohl eine Kopie davon in nächster Nähe auf einem Server liegt. Dieser Problematik begegnet Archie mit der *match_domain*-Variable. Über die *match_domain*-Variable ist es möglich, eine Liste mit Domains (z.B. Top-Level- und Second-Level-Domains) anzugeben. Archie durchsucht dann nur die Inhaltsverzeichnisse von Anonymous-FTP-Servern, die in den angegebenen Domains liegen.

Australien oder Deutschland?

Das ganze hört sich wesentlich komplizierter an, als es eigentlich ist. Ausgangspunkt sind die Namen der Anonymous-FTP-Server (*Fully Qualified Domain Names*). Im Prinzip sind die FTP-Server in Deutschland an der Endung *de* zu erkennen, ein Server in Schweden hat i.d.R. die Endung *se*. Ein Server der Universität Karlsruhe hat meistens die Endung *uni-karlsruhe.de* im Namen. So kann man sich in den meisten Fällen problemlos orientieren. Bei der Auswahl relevanter Domains resp. Servernamen hilft das *list*-Kommando weiter. Eine Liste der Top-Level Domains ist unter dem Namen *country-codes* auf vielen Anonymous-FTP-Servern zu finden[11].

Mit der Einstellung im folgenden Beispiel wird die Suche auf Anonymous-FTP-Server in Deutschland beschränkt:

```
th-archie> set match_domain de
```

Will man die Suche auf Server der Universitäten in Karlsruhe und Kaiserslautern beschränken, setzt man die *match_domain*-Variable folgendermaßen (unterschiedliche Domain-Angaben werden durch Doppelpunkt getrennt):

```
th-archie> set match_domain uni-karlsruhe.de:uni-kl.de
```

Etwas umständlicher wird die Handhabung der *match_domain-*

---

[11] Eine Archie-Anfrage hilft weiter ;-).

Variable wenn man die Suche auf z.B. alle europäischen Anonymous-FTP-Server beschränken will. Zur Lösung dieses Problems gibt es sog. *Pseudo–Domains*. Auf deren Basis können Archie-Administratoren einzelne Domains zusammenfassen und den Benutzern zur Verfügung stellen. Die Pseudo-Domain *usa* könnte z.B. für die folgende Liste stehen: *edu:mil:com:gov:us*. Die beiden folgenden Kommandos wären dann äquivalent:

```
th-archie> set match_domain usa
th-archie> set match_domain edu:mil:com:gov:us
```

Die Pseudo-Domains können beliebig mit anderen Domain-Angaben kombiniert werden.

Um herauszufinden, welche Pseudo-Domains definiert sind, gibt es den *domains*-Befehl:

```
th-archie> domains
```

In Tabelle 13.3 werden die Pseudo-Domains des Darmstädter Archie-Servers aufgelistet.

Pseudo-Domain	Beschr.	Zusammensetzung
africa	Africa	za
anzac	OZ & N. Zeal.	au:nz
asia	Asia	kr:hk:sg:jp:cn:my:tw:in
centralamerica	Central Am.	sv:gt:hn
easteurope	East. Europe	bg:hu:pl:cs:ro:si:hr
europe	Europe	westeurope:easteurope
europeuk		westeurope2:westeurope3:easteurope
mideast	Middle East	eg:.il:kw:sa
northamerica	North Am.	usa:ca:mx
scandinavia	Scandinavia	no:dk:se:fi:ee:is
southamerica	South Am.	ar:bo:br:cl:co:cr:cu:ec:pe:ve
usa	United States	edu:com:mil:gov:us
westeurope	West. Europe	westeurope1:westeurope2
westeurope1		de:ie:pt:es:uk:at:fr:it:be:nl
westeurope2		ch:cy:gr:li:lu:tr
westeurope3		ie:pt:es:uk:at:it:be
Fortsetzung nächste Seite		

Pseudo-Domain	Beschr.	Zusammensetzung
world world1 world2	The World	world1:world2 europe:scandinavia:northamerica southamerica:mideast:africa:anzac:as

Tabelle 13.3: Pseudo-Domains

Im folgenden Beispiel wird die Datei *country-codes* auf deutschen Servern gesucht:

```
th-archie> set match_domain de
th-archie> find country-codes
```

13.2.7 Die *max*-Variablen

Mit der *maxhits*-Variable kann man dem *find*-Kommando mitteilen, nach wievielen gefundenen Einträgen die Suche beendet werden soll.

```
th-archie> show maxhits
# 'maxhits' (type numeric) has the value '100'.
th-archie> set maxhits 25
```

Interessante Möglichkeiten eröffnet die *maxhitspm*-Variable. Mit ihr kann man die Anzahl von Dateien mit gleichem Namen im Suchergebnis begrenzen. Diese Variable erweitert das Einsatzspektrum von Archie. Mit etwas Phantasie ist es somit nicht nur möglich, Dateien zu lokalisieren, sondern auch Antworten auf andere Fragestellungen zu bekommen. Zwei Beispiele für den Einsatz der Variablen:

- Welche „engeren" Suchbegriffe gibt es ?

- Welche unterschiedlichen Versionen gibt es von einem Programm?

Um einen Eindruck von der Wirkungsweise der Variable zu bekommen, sind in Tabelle 13.4 nur die Dateinamen des Ergebnisses der folgenden Anfrage aufgelistet:

```
th-archie> set maxhits 26
th-archie> set maxhitspm 1
th-archie> set search sub
th-archie> find viewer
```

Dateinamen	
ImageViewer-0.9e.tar.Z	ImageViewer-0.9i.tar.Z
MolViewer0.1.a.tar.Z	Mosaic-viewers
color-picture-viewer.hqx	dl-viewer-10b3.hqx
global-viewer-106.hqx	glue-viewer.hqx
loopviewer.hqx	loopviewer.readme
mac-anim-viewer-10.hqx	nff-viewer.shar.gz
objviewer-092.hqx	power-point-viewer-30.hqx
ppat-viewer-11.hqx	ppviewer.lzh
rsc-viewer-demo.hqx	setext-viewer-02-unix.uu
setext-viewer-03-unix.uu	solutions-viewer.hqx
theoristviewer1.11.sit.hqx	viewer.hqx
viewer.zip	viewer0.prg
viewers	viewers.zip

Tabelle 13.4: Wirkungsweise von *maxhitspm*

Die dritte Variable im *max*-Verbund ist die *maxmatch*-Variable. Während die *maxhitspm*-Variable die Anzahl von Dateien mit gleichem Namen begrenzt, wirkt *maxmatch* entgegengesetzt und gibt an, wieviele *unterschiedliche* Dateinamen im Ergebnis vorkommen dürfen.

13.2.8 Sortieren

Das Ergebnis des *find*-Kommandos kann nach unterschiedlichen Kritierien sortiert ausgegeben werden. Die relevante Variable heißt *sortby*:

`set sortby hostname`: Die Ausgabe wird alphabetisch nach den Namen der Anonymous-FTP-Server sortiert.

`set sortby time`: Hier dient die *Modification-Time* einer Datei oder eines Verzeichnisses als Sortierkriterium. Die neuesten Dateien oder Verzeichnisse werden zuerst ausgegeben.

`set sortby size`: Hier stehen die größten Dateien/Verzeichnisse am Listenanfang.

`set sortby filename`: Die gefundenen Dateien werden nach dem Datei-/Verzeichnisnamen sortiert ausgegeben. Als „oberstes" Sortierkriterium gilt der Pfadname.

`set sortby none`: Keine spezielle Sortierreihenfolge. Standardeinstellung.

Für jedes Ordnungskritierium kann die Sortierreihenfolge „umgekehrt" werden. Die entsprechenden Parameter: *rhostname, rtime, rsize, rfilename* und *rnone*. Wobei *rnone* nur aus Symmetriegründen angegeben werden kann.

13.2.9 Formatieren

Insgesamt stehen drei unterschiedliche Ausgabeformate zur Verfügung. Sie können mit der Variablen *output_format* eingestellt werden.

`set output_format verbose`: Das ist die Standardeinstellung.

`set output_format machine`: „maschinenlesbares" Format

`set output_format terse`: kurz und knapp

Mit welchem der drei Formate man am liebsten arbeiten will, findet man am besten durch Probieren heraus.

13.2.10 Versenden von Ergebnissen

Oft ist man daran interessiert, Ergebnisse von Anfragen, die im Rahmen einer Telnet-Sitzung durchgeführt werden, lokal in einer Datei zur Verfügung zu haben. Auf der einen Seite besteht die Möglichkeit, die ganze Sitzung mitzuprotokollieren; das geht zum Beispiel mit dem UNIX-Kommando *script*. Auf der anderen Seite kann man sich relevante Ergebnisse von Anfragen per E-Mail von Archie zuschicken lassen. Dazu dient das *mail*-Kommando. Es bewirkt, daß das Ergebnis des letzten ausgeführten Befehls an eine direkt angegebene Adresse oder an die in der *mailto*-Variable gesetzte Adresse geschickt wird. Im folgenden Beispiel wird die *manpage* verschickt:

```
th-archie> set mailto demo@askhp.ask.uni-karlsruhe.de
th-archie> manpage
ARCHIE(1L)    MISC. REFERENCE MANUAL PAGES    ARCHIE(1L)
...
(END) q
th-archie> mail
```

Für das Versenden sehr großer Datenmengen über E-Mail stehen drei weitere Variablen zur Verfügung. Setzt man die *compress*-Variable, wird eine Mail vor dem Verschicken mit dem Unix-Kommando *compress* (andere Kompressionsmethoden stehen noch nicht zur Verfügung) komprimiert. Da die Übertragung beliebiger Binärdateien über E-Mail oft Probleme aufwirft, kann man mit der *encode*-Variablen ein Kodierungsverfahren festlegen, das nach der Komprimierung vor dem Verschicken angewendet wird. Im Moment (April '94) steht als Variablenwert nur *uuencode* zur Verfügung[12]. Die Variable *max_split_size* legt eine Obergrenze für die Größe einer Mail in Bytes fest. Mails, die größer als *max_split_size* sind, werden in mehrere Pakete aufgeteilt.

```
th-archie> set compress compress
th-archie> set encode uuencode
th-archie> show max_split_size
#'max_split_size' (type numeric) has the value '51200'.
```

13.2.11 Anfragen an die Whatis-Database

Mit dem *whatis*-Kommando werden Anfragen an die Whatis--Database gestellt. Man gibt einfach einen Suchbegriff ein; Groß- und Kleinschreibung spielt keine Rolle (Ausgabe gekürzt):

[12] Aktuelle mögliche Werte liefert *help set compress* resp. *help set encode.*

```
th-archie> whatis kermit
c-kermit.ann     C-Kermit & USENET
ckermit          The 'C' implementation of Kermit
cu-shar          Allows kermit, cu, and UUCP to all ...
dialout          Kill getty and kermit programs
kermit           Communications software package
kermit.hdb       Kermit patches to enable dial to use ...
okstate          UUCP Access to Kermit Distribution
unboo.bas        Decode Kermit boo format
```

13.2.12 Archie über E-Mail

Für die Suche mit Archie über E-Mail stehen die gleichen Kommandos zur Verfügung wie beim Telnet-Zugang. Genauso wie z.B. die *pager*- und die *status*-Variablen nur innerhalb einer Telnet-Sitzung sinnvoll einsetzbar sind, gibt es auch für E-Mail „Besonderheiten".

Die Mail-Adresse eines Archie-Servers lautet: *archie@rechner-name*. Der Inhalt des *Subject*-Teils einer Mail wird wie ein Teil des *Body*-Parts behandelt. Mit *quit* schließt man eine Anfrage ab. Alle Zeilen, die nach *quit* in der Mail stehen, werden ignoriert. Mit dem Kommando *path* kann explizit eine Mail Adresse angegeben werden, an die die Ausgabe der Kommandos geschickt werden soll. Normalerweise schickt Archie die Antworten an die im *From*-Feld einer Mail angegebene Adresse zurück. Eine Mail mit fehlerhaften Anfragen wird mit Hilfeinformationen beantwortet.

Besonderheiten

Beispiele

```
mail an:  archie@archie.th-darmstadt.de
subject:  leer
body:     whatis uuencode
          quit

mail an:  archie@archie.kr
subject:  leer
body:     set search exact
          find uuencode.pas
          quit
```

```
mail an:   archie@archie.th-darmstadt.de
subject:   leer
body:      set search regex
           set match_domain de:uk
           set maxhits 150
           set sortby time
           path demo@askdonald.ask.uni-kalrsruhe.de
           find ^xarchie.*$
           quit
```

13.3 Ein zeilenorientierter Archie-Client

Als Alternative zum Telnet- oder E-Mail Zugriff bietet sich die Suche auf einem Archie-Server mit einem lokalen Client an. Es gibt zeilenorientierte und fensterorientierte Archie-Clients (z.B. für X-Windows). Ein zeilenorientierter Client, der auf dem Netz unter dem Namen *c-archie-1.4.1-FIXED.tar.Z* zu finden ist, wird in diesem Kapitel erläutert. Ein X-Windows-Client wird in 13.4 vorgestellt.

Der hier vorgestellte Client eignet sich sehr gut für den „täglichen Betrieb". Er wird einfach mit *archie* aufgerufen. Gibt man keine Paramter an, erhält man einen Überblick über verfügbare Optionen. Die aktuelle Version des Clients stellt nicht das ganze Leistungsspektrum von Archie zur Verfügung.

Die wichtigsten Optionen:

-a	Ergebnisse werden als Alex-Dateinamen angegeben.
-c	*subcase*-Suchmodus
-e	exakte Suche (Standardeinstellung)
-r	*regex*-Suchmodus
-s	*sub*-Suchmodus
-l	Ausgabe in „maschinenlesbarer" Form
-t	Ausgabe nach Datum sortiert
-m hits	*maxhits*, Standardeinstellung: 95
-o *Datei*	Ausgabe wird in *Datei* geschrieben.
-h host	Archie-Server auf dem gesucht wird
-L	Anzeige einiger bekannter Archie-Server und Ausgabe der Standardeinstellung

Die Suchmodi *-c*, *-r* und *-s* schließen sich gegenseitig aus, können
jedoch in Kombination mit der exakten Suche verwendet werden
(*fall back*, siehe hierzu auch 13.2.4).

Der Archie-Server, auf dem standardmäßig gesucht wird, kann
beim Übersetzen des Clients eingestellt werden. Für die Suche auf
anderen Servern steht die Option "*-h*" zur Verfügung.

Beispiele:

Zunächst wird eine aktuelle Liste der deutschen Anonymous FTP
Server gesucht:

```
% archie ftp-list-de -t -m 10
Host  ftp.uni-passau.de
Location: /mount/common.lib.archive2/ibmpc/msdos/ftp
FILE -rw-r--r--   35505   Mar  29 11:29  ftp-list-de

Host ftp.ask.uni-karlsruhe.de
Location: /pub/doc
FILE -rw-r--r--   34424     Mar 28 12:29  ftp-list-de
....
```

Das zweite Beispiel enthält eine *kombinierte* Suche (exakt und
sub), das Ergebnis wird in eine Datei geschrieben.

```
% archie -e -s pictures -m 50 -o ergebnis
```

13.4 Xarchie

Xarchie ist ein leistungsfähiger XWindows Client für Archie[13].
Er stellt eine sehr komfortable und vor allem schnelle Alternative zum Archie-Zugriff über Telnet und E-Mail dar. Obwohl er
nicht alle Konfigurationsmöglichkeiten enthält, die über Telnet/E-
Mail zur Verfügung stehen, besitzt er Eigenschaften, die ihn zu
einem leistungsfähigen Werkzeug für Entdeckungsreisen im Internet machen. Zum ersten bietet er, neben der „normalen" Suche,
die Möglichkeit in Verzeichnissen von Anonymous-FTP-Servern
zu navigieren: Es können beliebige Unterverzeichnisse angezeigt
werden. Zum zweiten kann direkt aus dem Client heraus Da-

Entdeckungsreise
im Internet

---

[13] Archie-Anfrage: *xarchie-2.0.9.tar.gz*

tenübertragung per FTP gestartet werden. FTP ist so in den Client integriert, daß kurze Texte, wie z.B. *Readme*-Dateien, direkt angeschaut werden können.

Eine Suche in der *Whatis-Database* ist jedoch nicht möglich.

13.4.1 Aufbau von Xarchie

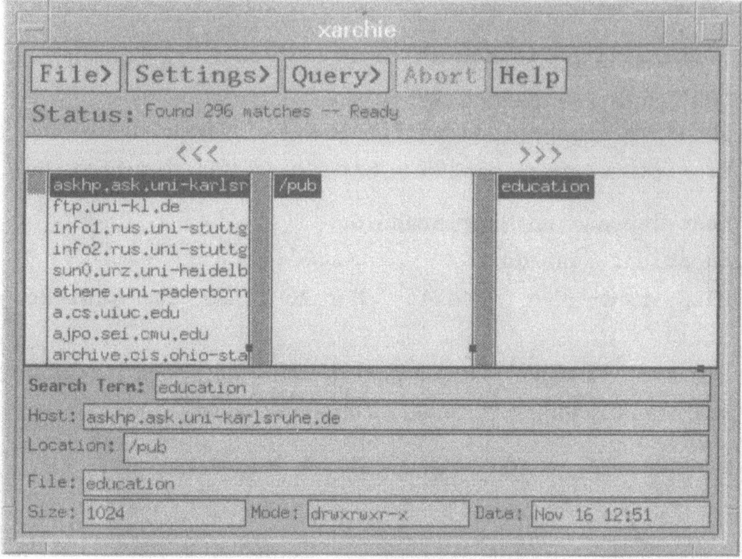

Abbildung 13.2: Xarchie Hauptfenster

Das Hauptfenster ist in drei Teile gegliedert: *Menüleiste und Statusfeld, Host-Location-File-Browser* sowie *Eingabe- und Anzeigefeld* [Geo93].

Im folgenden werden die Teile und ihre wichtigsten Elemente kurz erklärt.

Menüleiste und Statusfeld

Die einzelnen Menüpunkte und ihre Funktionen:

File>	Dateibezogene und allgemeine Operationen:
Open ...	Übertragung und Anzeige von kurzen Texten
Get ...	Übertragung von Dateien
Save ...	Speichern der aktuellen Anfrage
Load ...	Laden einer gespeicherten Abfrage
Write ...	Speichern eines Anfrageergebnisses
Quit	Beenden
Settings>	Konfiguration:
ArchieHost	Auswahl eines Archie–Servers
Search Type	Einstellen der Suchmodi
Sort Type	Sortierung
Other ...	Einstellungen, siehe Abbildung 13.5
Query>	Abfrage Starten:
Query Item	Suche nach *Search Term* starten
Query Host	Root–Verzeichnis eines FTP–Servers anzeigen
Query Location	Unterverzeichnisse anzeigen
Abort>	Abfrage abbrechen
Help>	Aufruf des Hilfesystems

Im Statusfeld werden die einzelnen Phasen einer Abfrage dokumentiert.

Host-Location-File-Browser

Der mittlere Teil des Hauptfensters hat mehrere Funktionen. Zunächst werden hier die Ergebnisse von „normalen" Archie-Anfragen (*query item*) angezeigt (siehe. Abb 13.2). Dabei ist der linke Teil des Fensters für den Rechnernamen, der Mittelteil für den Pfad und der rechte Teil für Dateinamen vorgesehen. Die Aufteilung für den mittleren und rechten Teil wird jedoch nicht immer eingehalten. Die Anzeige der Informationen für einen Server wird einfach durch Anklicken aktiviert.

Einzelne Elemente der Anzeige können angewählt und für weitere Anfragen benutzt werden: Durch Auswahl eines Rechnernamens können *Query-Host*-Anfragen gestellt werden. Als Ergebnis erscheint dann die oberste Ebene des zum ausgewählten Server gehörigenden Verzeichnisses. Ein Beispiel hierzu zeigt Abbildung 13.3.

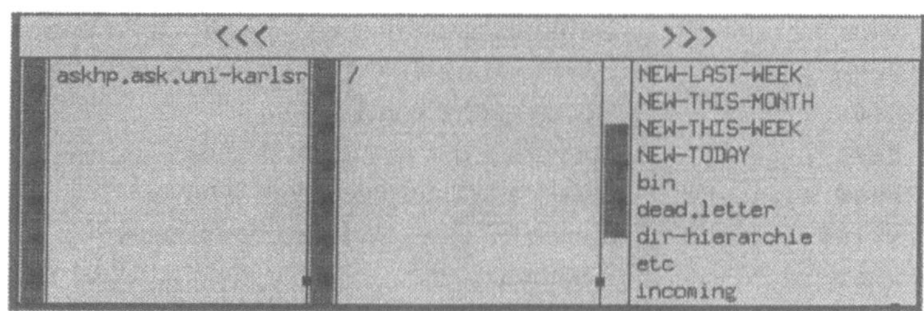

Abbildung 13.3: Ergebnis einer *Query Host*-Anfrage

Verzeichnisse können ausgewählt und für *Query-Location*-Anfragen herangezogen werden. Einzelne Teilbäume eines Verzeichnisses lassen sich so inspizieren. Im Browser sind immer nur drei Ebenen darstellbar, mit den über dem Anzeigefeld liegenden Buttons kann man zwischen den Ebenen wechseln (s. Abb. 13.4).

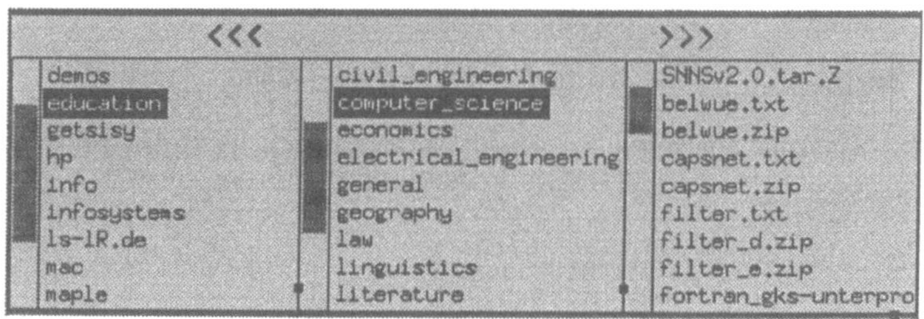

Abbildung 13.4: Ergebnis einer *Query-Location*-Anfrage

Dateien, die übertragen werden sollen, müssen innerhalb des Browsers markiert werden.

Eingabe- und Anzeigefeld

Im *Eingabe- und Anzeigefeld* kann zunächst ein *Suchbegriff* (*search term*) eingegeben werden. Zwei weitere Felder, in denen Eingaben gemacht werden können, sind *Host* und *Location*. Einträge in diesen Feldern können für *Query-Host-* und *Query-Location*-Anfragen genutzt werden. Andererseits trägt Xarchie in diese Felder die selektierten Elemente aus dem *Host-Location-File-Browser* ein. Informationen zu ausgewählten Dateien oder Verzeichnissen wie z.B.

Name, Größe usw., sind in den restlichen Feldern zu sehen.

13.4.2 Konfiguration

Es gibt mehrere Möglichkeiten Xarchie zu konfigurieren. Über X-Resourcen, Aufrufparameter und mit Hilfe von *Settings* in der Menüleiste. Hier besteht die Möglichkeit, alle möglichen Parameter anzuzeigen und zu modifizieren (siehe Abb. 13.5). Alle

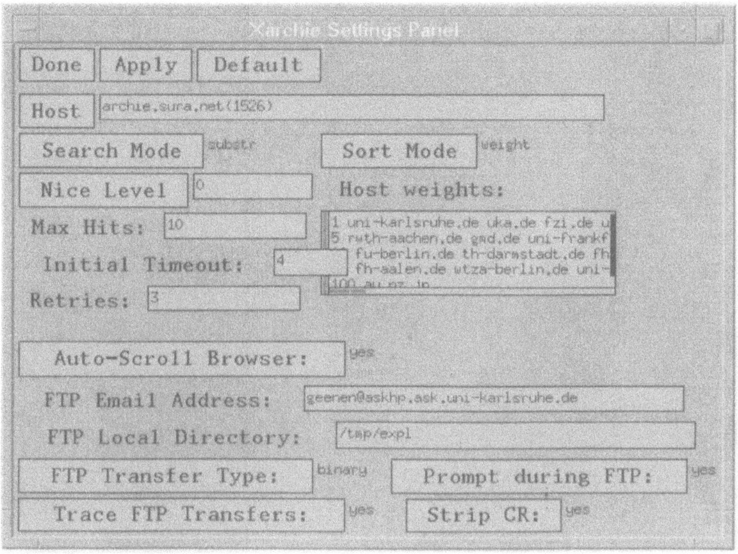

Abbildung 13.5: Xarchie Konfiguration

Möglichkeiten zur Konfiguration sind im Xarchie-Manual hinreichend dokumentiert. Daher an dieser Stelle nur einige Hinweise auf Besonderheiten.

Es gibt ein interessantes Sortierkriterium, das im Archie-Zugang über Telnet bzw. E-Mail nicht zur Verfügung steht: *weight*. Hier können für einzelne Domains Gewichtungen angegeben werden, nach denen die Ausgabe sortiert wird. In Abbildung 13.5 bekam *uni-karlsruhe.de* beispielsweise eine 1, die höchste Gewichtung. In Ergebnissen werden Anonymous-FTP-Server aus Karlsruhe daher an erster Stelle stehen.

Ein weiterer interessanter Punkt sind die Angaben zu FTP. Hier kann z.B. der Übertragungsmodus eingestellt werden. Schaltet man *Trace FTP Transfer* ein, so können alle Aktionen, die beim automatischen Holen einer Datei stattfinden, mitverfolgt werden (siehe Abb.13.6).

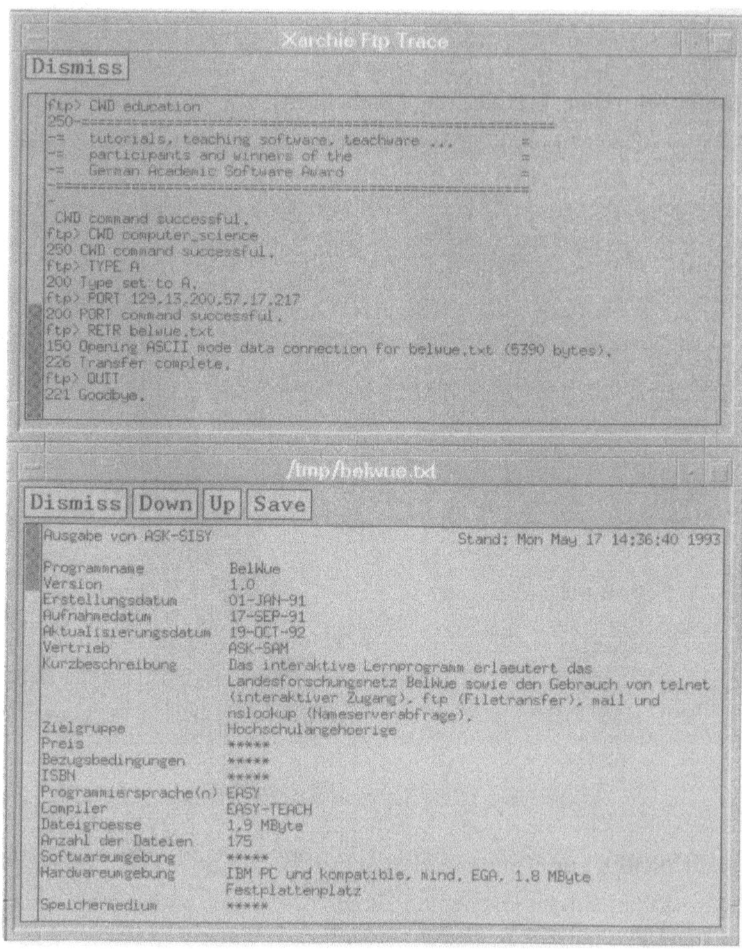

Abbildung 13.6: Xarchie FTP Trace

13.5   Weitere Informationen

- Archie Clients können von diversen FTP-Archiven bezogen

werden, speziell von
`ftp.th-darmstadt.de`, Verzeichnis `pub/archie/clients`.

- Weitere Beschreibungen von Archie sind zum einen auf allen Archie Servern der USA im Verzeichnis `pub/archie/doc` sowie in Deutschland u.a. bei **ftp.th-darmstadt.de**, Verzeichnis `/pub/docs/internet/archie` erhältlich.

- `archie-people@bunyip.com`
  Mailingliste mit Update Ankündigungen und Diskussionsbeiträgen. E-Mail an:
  `archie-people-request@bunyip.com`
  `Subject:` *leerlassen*
  `Body: subscribe archie-people <vorname zuname>`

- `archie-maint@bunyip.com`
  Mailingliste für Archie Server Administratoren.

- `archives.cc.mcgill.ca`
  Archivrechner der Mailingliste *archie-maint*,
  Verzeichnis: `/pub/mailing-lists/archie-maint`.

- `iafa@bunyip.com`
  Mailingliste der Internet Anonymous Ftp Archives Group, einer Gruppe, die sich mit der Informationsaufbereitung auf Anonymous FTP Archives beschäftigt; für eine Eintragung E–Mail an `iafa-request@bunyip.com`.

- `archives.cc.mcgill.ca`
  Archivrechner der Mailingliste `iafa`,
  Verzeichnis `/pub/mailing-lists/iafa`.

- Relevante Newsgruppen:
  de.comm.internet
  comp.archives.admin und
  alt.internet.services

Gopher

14.1 Allgemeines

Go fer it! wird amerikanischen Büroboten zugerufen, wenn sie
etwas besorgen sollen [Dre93]. Das beschreibt die Arbeitsweise
von Gopher im Internet in wenigen Worten. Informationstech-
nisch nüchtern betrachtet ist Gopher ein internetweit verteiltes
und hierarchisch aufgebautes Informationssystem. Was bedeutet
das konkret?

internetweites, hierarchisches und verteiltes System

Gopher bietet seine Informationen in *Menüs* an, und ein Benutzer
kann zwischen den verschiedenen Menüpunkten auswählen. Hinter den einzelnen Menüpunkten verbergen sich logische Verbindungen (*links*), die auf unterschiedliche *Gopher-Server* „zeigen".
Daher spricht man von einem verteilten System. Jeder Gopher-
Server besitzt ein Einstiegsmenü. Da sich hinter den einzelnen
Menüpunkten der Einstiegsmenüs unter anderem auch wieder Un-
termenüs verbergen können, hat Gopher einen hierarchischen Aufbau ähnlich einem Dateisystem.

Verteilung mittels logischer Verbindungen

Abbildung 14.1 versucht einige Zusammenhänge auf ironische Art
aufzuzeigen. Die waagrechten Pfeile ($\longrightarrow$) stehen für die logischen
Verbindungen.

Die Gopher-Architektur bringt für den Benutzer einige Vorteile.
Bei Diensten wie FTP oder Telnet muß der jeweilige Rechner, auf
dem die gewünschte Information liegt, mit Namen bekannt sein.
Diese administrative Aufgabe wird nun der kleinen Beutelratte[1]
überlassen.

---

[1] Die wörtliche Übersetzung von *Gopher*.

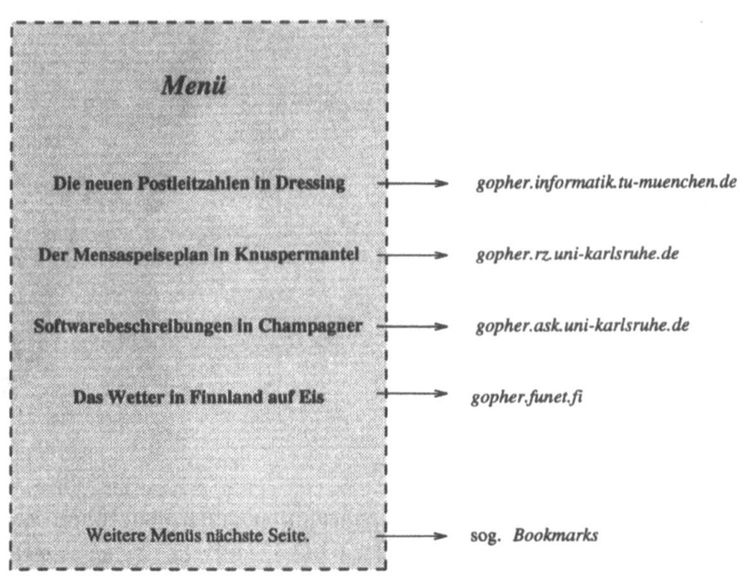

Abbildung 14.1: Ein „Festmahl" für den Benutzer

funktionelle Erweiterung: Gopher+

Um die Funktionalität von Gopher noch zu erweitern, wurden bereits Mitte 1992 [AAL+92] Erweiterungen zum bestehenden Protokoll von den Gopher-Entwicklern veröffentlicht. Diese „Enhancements" sind als Gopher+-Protokoll bekannt und werden in Kapitel 14.3.5 besprochen.

Zunächst jedoch zeigt Kapitel 14.2 die Entwicklungsgeschichte und den Namensursprung von „Gopher" auf. Daran anschließend behandelt Kapitel 14.3 die Protokollspezifikation, insbesondere werden die Gopher Informationstypen und eine Beispielsitzung auf Protokollebene vorgestellt. Kapitel 14.4 gibt die Alternativen an, die ein Benutzer hat, um sich Zugang zum *Gopherspace* zu verschaffen: Via Telnet oder via lokalem Client. Zur Orientierung im *Gopherspace* bietet Kapitel 14.5 einen Einblick in die Stichwortsuche und nach einigen Anmerkungen zur Installation schließt Kapitel 14.7 mit Quellen zur weiteren Informationsbeschaffung das Thema „Gopher" ab.

14.2 Historie

14.2.1 Gophers Entstehung

Gopher wurde Anfang 1991 an der Universität von Minnesota als campusweites Informationssystem (CWIS) entwickelt. Der Grundgedanke war, Texte aller Art zentral über eine einheitliche Schnittstelle anzubieten, obwohl sie in der Realität verteilt z.B. auf den lokalen Institutsrechnern liegen. Daher wird es auch als *Distributed Document Delivery System* bezeichnet. Die Verteilung wurde mittels einer Client/Server-Architektur realisiert. Das zugehörige Protokoll, das *Internet Gopher Protocol* [AML+93], basiert dabei auf einer TCP/IP-Verbindung und ist eine Eigenentwicklung der Gopher-Schöpfer.

ursprünglich als CWIS entwickelt

Inzwischen sind die Fähigkeiten von Gopher erheblich erweitert worden, und das System hat derzeit (Februar 1994) eine Größe von knapp 4.800 Servern weltweit erreicht.

geschätzte 4800 Server weltweit

14.2.2 Der Name „Gopher"

Neben Büroboten, die rastlos umherrennen und allerlei zusammensammeln, und der wörtlichen Übersetzung „Beutelratte", gibt es noch weitere mögliche Quellen für den Namen *Gopher*. Der amerikanische Bundesstaat Minnesota wird auch *Gopher State* genannt. Außerdem ist die Ratte das Maskottchen der Universität von Minnesota, an der Mitarbeiter des Fachbereichs für Informatik Gopher entwickelten, und *Golden Gophers* nennen sich die Mannschaftssportler der Universität.

14.3 Protokollspezifische Grundlagen

14.3.1 Informationstypen von Gopher

Eine interessante Frage für den Benutzer ist, welche Arten von Informationen Gopher erreichen kann. Neben einfachen Textdokumenten und Verzeichnissen sind es laut Protokoll [AML+93] noch 12 weitere Typen.

Code	Bedeutung
0	eine Datei (file)
1	ein Verzeichnis (directory)
2	ein CSO Telefonbuch-Server (CSO phone-book server)
3	Fehlermeldung (Error)
4	eine binhexedcodierte Apple-Macintosh-Datei (BinHexed Macintosh file)
5	ein unter DOS binärcodiertes Archiv (DOS binary archive)
6	eine UNIX uuencodierte Datei (UNIX uuencoded file)
7	eine Stichwortsuche auf einem Server (Index-search server)
8	eine TELNET Sitzung (text-based telnet session)
9	eine Binärdatei (binary file)
+	ein redundanter Server (redundant server)
T	eine tn3270 Sitzung (text-based tn3270 session)
g	ein GIF-Bild (GIF format graphics file)
I	ein Bild in beliebigem Format (some kind of image file)

Tabelle 14.1: Die Gopher-Informationstypen

Prinzipiell lassen sich mit den in Tabelle 14.1 dargestellten Typen beliebige multimediale Informationen übertragen, jedoch konnte man sich in der Gopher-Gemeinde bisher noch nicht auf einheitliche Typen einigen. So werden z.B. Bilder je nach Server als Typ *9* (Binärdatei) oder als Typ *I* (Bildformat) deklariert. Zusätzlich existieren noch experimentelle Typen, beispielsweise für HTML-Dokumente, die jedoch noch nicht offiziell in den Standard eingingen.

14.3.2 Gopher Architektur

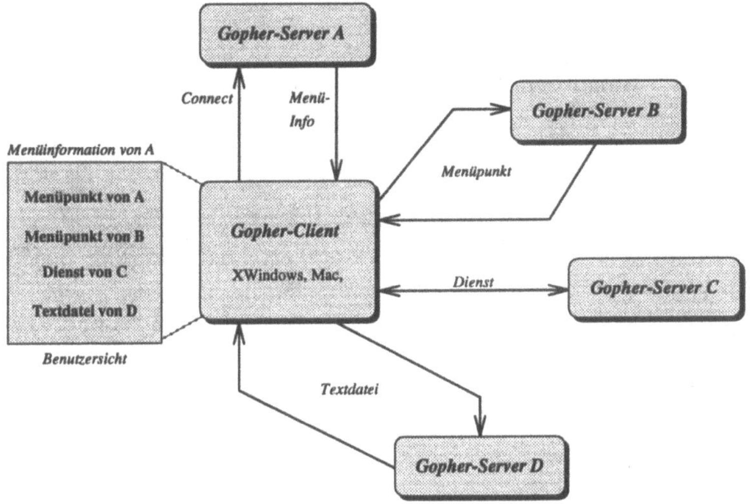

Abbildung 14.2: Kommunikationsstruktur eines Gopher-Client

Der Hauptgedanke am Gopher Protokoll, das auf einer Client/Server-Beziehung basiert, ist, die Informationen in einer *hierarchischen Umgebung* ähnlich einem herkömmlichen Dateisystem anzubieten. Das hat folgende Gründe:

1. Die meisten Benutzer kennen bereits hierarchische Umgebungen von anderen Anwendungen (Dateisysteme).

2. Ein hierarchisches Design kann syntaktisch leicht dargestellt werden.

3. Die Darstellung des Dateisystems eines Rechners kann direkt in die Gopher-Hierarchie übernommen werden.

4. Durch Einführung eines virtuellen Dateisystems innerhalb z.B. einer Datenbank, kann durch geeignete Typisierung auch auf andere Informationen als nur auf einfache Textdokumente zugegriffen werden.

Der Zugang zum *Gopherspace* wird durch einen Gopher-Client realisiert. Dieser Gopher-Client agiert als Schnittstelle zwischen dem Benutzer und den weltweiten Gopher-Servern (siehe Abb. 14.2).

14.3.3 Ablauf einer Gopher Sitzung auf Protokollebene

Durch Einführung des Gopher+-Protokolls [ALM$^+$93] als aufwärtskompatible Erweiterung zum Internet Gopher Protokoll, muß zwischen Gopher und Gopher+ unterschieden werden, da die Gopher+-Syntax um ein Feld erweitert wurde. Hier wird zunächst nur das Gopher-Protokoll beschrieben, Kapitel 14.3.5 geht auf Gopher+ ein.

Die folgende Aufzählung zeigt das Zusammenspiel zwischen Client und Server, wie es das Gopher-Protokoll vorsieht[2]:

1. Der Client baut eine TCP-Verbindung[3] zum Server auf und sendet zu Beginn einen leeren *Selector*.

2. Der Server antwortet mit einem Textblock, dem Anfangsmenü, aufgeteilt in einzelne Zeilen und beendet die Verbindung.

3. Der Client baut wieder eine TCP-Verbindung auf, sendet zunächst jedoch nichts.

4. Der Server bestätigt die Verbindung und wartet ab.

5. Der Client sendet den vom Benutzer ausgewählten *Selector*.

6. Der Server antwortet mit der gewünschten Aktion, d.h. er sendet z.B. das nächste Unterverzeichnis und beendet die Verbindung.

7. usw.

Eine einzelne Zeile, die von einem Gopher-Server gesendet wird, hat folgenden Aufbau:

[2] Gilt natürlich auch für Gopher+, da die Aufzählung syntaxunabhängig ist!
[3] Der *Well-Known* Port für Gopher ist 70.

```
Code Display String#Selector String#Host#Port
<CR><LF>
```
[4]

Mit dem *Selector String*, dem Hostnamen und dem Port kann
also eine Resource auf einem Gopher-Server weltweit eindeutig
identifiziert werden.

14.3.4 Gopher-Beispielsitzung

Client: *Öffnet TCP-Verbindung zu askhp.ask.uni-karlsruhe.de.*

Server: *Bestätigt TCP-Verbindung.*

Client: <CR><LF> (leerer Selector).

Server: *Sendet sein Anfangsmenü* (s.u.).

Anfangsmenü von gopher.ask.uni-karlsruhe.de

```
0Willkommen am Gopher-Server der ASK# 0/willkommen#
gopher.ask.uni--karlsruhe.de#70<CR><LF>
0----------------------------------------------------
#0/linie#gopher.ask.uni-karlsruhe.de#70<CR><LF>
1ASK - SAM : Softwareabruf#1/ftp#ftp.ask.uni-karlsruhe.de#
70<CR><LF>
8ASK - SINA: Suche in ftp-Server Listings#login sina,
passwd sina askhp.ask.uni-karlsruhe.de#23<CR><LF>
8ASK - SISY: Telnet zur SISY-Datenbank#login ask, passwd
ask askhp.ask.uni-karlsruhe.de#23<CR><LF>
7ASK - SISY: einfache Suche in Softwarebeschreibungen#
7/wais-index/index#gopher.ask.uni-karlsruhe.de#70<CR><LF>
1ASK - INFOS#1/asktexte#gopher.ask.uni-karlsruhe.de#
70<CR><LF>
0----------------------------------------------------
#0/linie#gopher.ask.uni-karlsruhe.de#70<CR><LF>
1Rechenzentrum Uni Karlsruhe - Gopher#1/#
gopher.rz.uni-karlsruhe.de#70<CR><LF>
1Gopher und andere Infosysteme in Deutschland (Clausthal)#
1/Gopher-de#gopher.tu-clausthal.de#70<CR><LF>
```

---

[4] # steht für das ASCII Tabulator Zeichen.

Anfangsmenü von *gopher.ask.uni-karlsruhe.de*

```
1Weitere Gopher-Server und Infosysteme weltweit#1/Other
Gopher and Information Servers#gopher.micro.umn.edu#
70<CR><LF>
0============================================================
#0/linie3#gopher.ask.uni-karlsruhe.de#70<CR><LF>
1IFF Informationen ueber Forschungsfoerderung#1/Service/IFF
#gopher.uni-paderborn.de#70<CR><LF>
1ifo - Giessen: Informationen ueber Forschungsfoerderung#
1/.jlug/.ifo#gopher.uni-giessen.de#70<CR><LF>
```

Am Bildschirm würde dem folgendes Auswahlmenü entsprechen:

```
1.          Willkommen am Gopher-Server der ASK
2.   -------------------------------------------------------
3.   ASK - SAM : Softwareabruf/
4.   ASK - SINA: Suche in ftp-Server Listings <TEL>
5.   ASK - SISY: Telnet zur SISY-Datenbank <TEL>
6.   ASK - SISY: einfache Suche in Softwarebeschreibungen <?>
7.   ASK - INFOS/
8.   -------------------------------------------------------
9.   Rechenzentrum Uni Karlsruhe - Gopher/
10.  Gopher und andere Infosysteme in Deutschland (Clausthal)/
11.  Weitere Gopher-Server und Infosysteme weltweit/
12.  ===========================================================
13.  IFF Informationen ueber Forschungsfoerderung/
14.  ifo - Giessen:  Informationen ueber Forschungsfoerderung/
```

14.3.5 Gopher+-Protokoll

Durch den überaus großen Erfolg des Gopher-Systems wurde es
schon bald nötig, die Funktionalität des Systems zu erweitern. Daher wurde Gopher+ als aufwärtskompatible Erweiterung von den
Gopher-Erfindern Mitte 1992 vorgeschlagen [AAL+92]. Um die
Weiterverwendung der bestehenden Clients und Server zu gewährleisten, wurde die Syntax lediglich um ein Feld erweitert. Die meisten „alten" Clients ignorieren dieses Feld einfach, so daß auch
sie mit den neuen Gopher+-Servern kommunizieren können. Die
neue Syntax lautet:

```
Code Display String#Selector String#Host#Port#Extra Stuff<CR><LF>
```


Verwenden sowohl Client als auch Server das Gopher+-Protokoll, können folgende im erweiterten Protokoll festgelegte Merkmale genutzt werden:

Datentransfer: Der Server hat die Möglichkeit, dem Client exakt die Größe der zu übertragenden Daten mitzuteilen. Außerdem wurden einige allgemeine Fehlermeldungen codiert (*Item not available, Try later again* oder *Item has moved*), die der Server absetzen kann.

Iteminformation: Auf Serverseite können eine Vielzahl von Informationen zu einen Item abgelegt werden, die sinnlose Übertragungen verhindern können. Die Gopher+-Autoren formulieren:

> „*The most basic enhancement of Gopher+ items is the ability to associate information about an item such as size, alternative views, the administrator, an abstract, etc. with the item.*"

[ALM+93]

Ein Beispiel für eine Iteminformation:

```
Type=0+
Name=Welcome [9Feb93,1kb] [3Feb93,1kb] [3Feb93,1kb]
            [3Feb93,1kb] [3Feb93,2kb]
Path=0/Gopher+TEST/Gopher+test/langs/Welcome
Host=ftp.bio.indiana.edu
Port=70
Admin=Don Gilbert <Archive@Bio.Indiana.Edu>
ModDate=Wed Feb  3 21:25:50 1993 <19930203212550>
URL: gopher://ftp.bio.indiana.edu:70/00/Gopher+TEST/
            Gopher+test/langs/Welcome
ABSTRACT
----------
This file tests out the various languages in gopher+
You should be able to choose your favorite language.

Size        Language        Document Type
----------  --------------  ----------------------------
.3k         English (USA)   Text/plain
.8k         French          Text/plain
.6k         German          Text/plain
1k          Spanish         Text/plain

Server Information
```

Interaktive Abfragen: Beim Gopher+-Protokoll besteht nun die Möglichkeit, interaktiv Informationen vom Benutzer abzufragen und auf Serverseite auszuwerten. Damit werden beispielsweise Paßwortabfragen oder eine in Abbildung 14.3 dargestellte fingierte T-Shirtbestellung möglich.

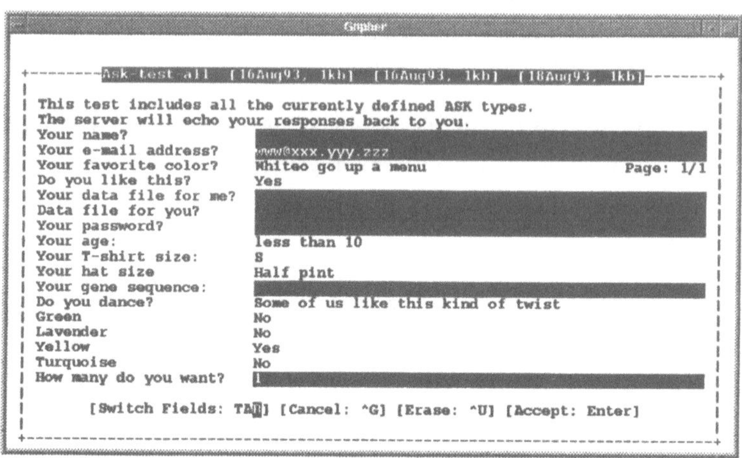

Abbildung 14.3: Interaktive Abfragen mit Gopher+

Informationstypen: Da sich die Gopher-Gemeinde bei der Darstellung von Bildformaten in Informationstypen nicht einigen konnte, werden nun neue Typen[5] vorgeschlagen. „:" steht für Bilder, die als Bitmap vorliegen, „;" für bewegte Bilder[6] und „<" für Audiodateien.

14.4   Zugang zum Gopherspace

Clients für Mac, OS/2, Windows, DOS, NeXT, Unix, VMS, Amiga u.a.

Um die Informationen abzurufen, die auf den weltweiten Gopher-Servern liegen, muß der Benutzer, wie oben beschrieben, einen Gopher-Client als Schnittstelle zum Gopherspace verwenden. Gopher Clients werden kostenfrei via Anonymous FTP[7] für verschiedenste Plattformen angeboten. Hier werden die UNIX-Clients *Gopher2.0* (Patch Level 11, bildschirmorientierter Gopher+ Client)

[5] vgl. Tabelle 14.1
[6] z.B. mpeg–Format
[7] ftp://boombox.micro.umn.edu/pub/gopher/*

und *XGopher1.3* (Gopher Client für X-Windows) zur Demonstration verwendet. Für Benutzer, die lokal keine Clients installieren können, besteht die Möglichkeit, via Telnet auf öffentlich zugängliche Clients zuzugreifen.

14.4.1 Zugang via Telnet

Den Zugang via Telnet bieten mehrere Rechner auf dem Internet an (`login:`**gopher**). In Deutschland sind dies beispielsweise:

- *sun.rz.tu-clausthal.de*
  Zentraler Gopher in Deutschland; er enthält die Liste aller deutschen Gopher Server, Telnetzugang bis Mai 1994 gesperrt.

- *gopher.th-darmstadt.de*
  `login` und Paßwort: **gopher**.

- *pbhrzx.uni-paderborn.de*
  Zeilenorientierter sgopher (Simple Gopher), der hier nicht behandelt wird.

14.4.2 Der bildschirmorientierte Gopher+-Client

Der bildschirmorientierte Client entspricht in der Funktionaltät dem Zugang via Telnet. Da es sich hier um den Gopher+-Client (Version 2.0) handelt, erweitert sich die Funktionalität noch um die oben beschriebenen Merkmale. Der Start erfolgt durch Eingabe von **gopher** `<gopher_server>`, wobei die Angabe des Servers optional ist. Anschließend erscheint das Eingangsmenü des lokal eingestellten oder explizit gewünschten Gopher Servers. In Abbildung 14.4 ist dies *gopher.ask.uni-karlsruhe.de*.

Der Pfeil (⟶) zeigt den jeweils aktuellen Menüpunkt an. Die letzte Zeile ist die *Statuszeile*.

Durch Eingabe von ? erscheint eine Übersicht über alle Kommandos und deren auslösenden Tasten. Einige Tastenkommandos

```
                         Gopher+ Client
              Internet Gopher Information Client 2.0 pl11

                    gopher.ask.uni-karlsruhe.de
    1.          Willkommen am Gopher-Server der ASK
    2.  ----------------------------------------------------------------------
-->  3.  ASK - SAM : Softwareabruf/
    4.  ASK - SINA: Suche in ftp-Server Listings <TEL>
    5.  ASK - SISY: Telnet zur SISY-Datenbank <TEL>
    6.  ASK - SISY: einfache Suche in Softwarebeschreibungen (waisindex) <?>
    7.  ASK - INFOS/
    8.  ----------------------------------------------------------------------
    9.  Rechenzentrum Uni Karlsruhe - Gopher/
   10.  Gopher und andere Infosysteme in Deutschland (Clausthal)/
   11.  Weitere Gopher-Server und Infosysteme weltweit/
   12.  ======================================================================
   13.  IFF Informationen ueber Forschungsfoerderung/
   14.  ifo - Giessen:  Informationen ueber Forschungsfoerderung/

Press ? for Help, q to Quit, u to go up a menu                   Page: 1/1
```

Abbildung 14.4: Bildschirmorientierter Gopher+-Client

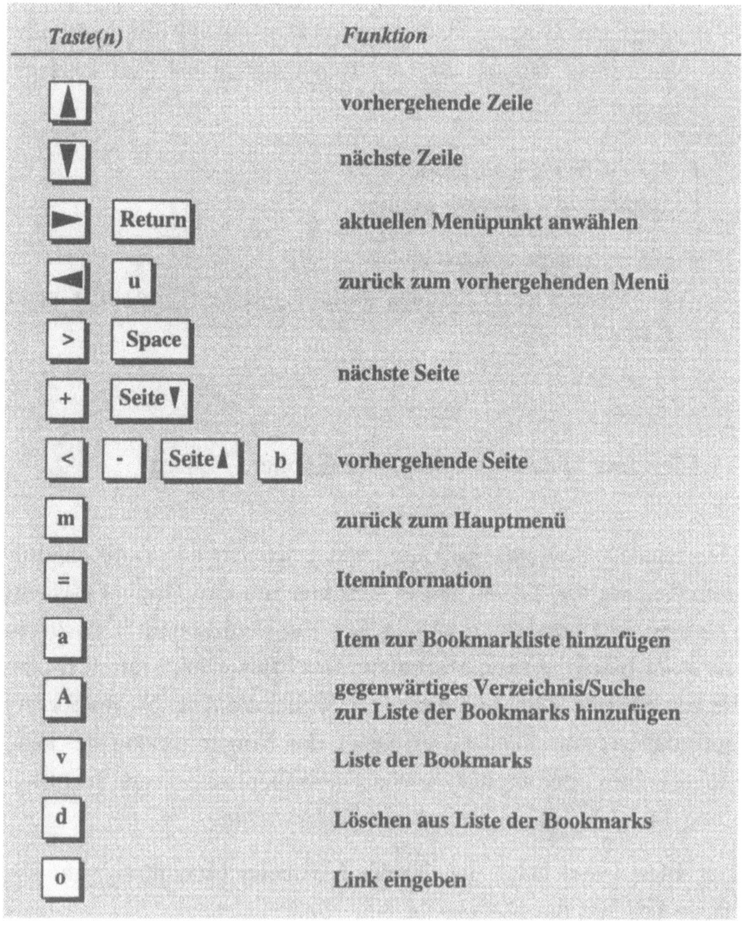

Abbildung 14.5: Kommandos im Gopher Menü

sind in Abbildung 14.5 dargestellt. Mit der Option **O** können benutzerseitig Einstellungen vorgenommen werden, die in der Datei `$HOME/.gopherrc` festgehalten werden. Diese Datei wird beim Start des Client abgearbeitet und legt z.B. fest, welche Aktion ausgelöst wird, wenn ein Bild empfangen wurde (Start eines Bildbetrachters). Außerdem werden in ihr die *Bookmarks* des Benutzers abgelegt. Die Bookmarks (Lesezeichen) repräsentieren den URL eines Items, so daß diese jederzeit abrufbar sind. In der Liste der Bookmarks erscheinen statt des URL logische Namen, die frei wählbar sind (Abb. 14.6).

Bookmarks

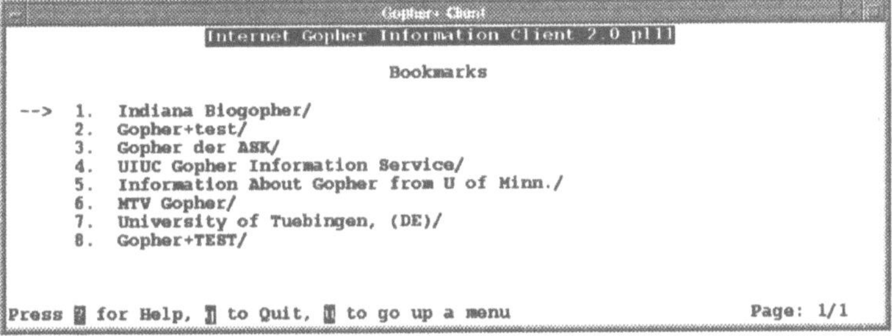

Abbildung 14.6: Liste von Bookmarks

Die einzelnen Menüs haben am Ende unterschiedliche Kennungen, um den Informationstyp des Items darzustellen. Einige Kennungen sind:

<Bin> steht für eine *Binärdatei*.

/ steht für ein *Untermenü*.

<CSO> steht für eine *CSO-Telefonbuch* Abfrage. Einige wenige Institutionen haben *elektronische* Telefonbücher und Personalverzeichnisse, die so öffentlich zugänglich gemacht werden.

<?> für eine *Index Suche*.

<TEL> steht für die Verzweigung in eine *Telnet-Sitzung*.

14.4.3 xgopher

Für das X Windows System ist ein Client namens *xgopher* erhältlich. Dieser unterscheidet sich in einigen Punkten von dem bildschirmorientierten Client. Die Bedienung erfolgt hier komfortabel per Maus, jedoch ist derzeit noch kein xgopher+-Client erhältlich. Zum Vergleich ein Fenster unter *xgopher* (Abb. 14.7).

Bedienung per Maus

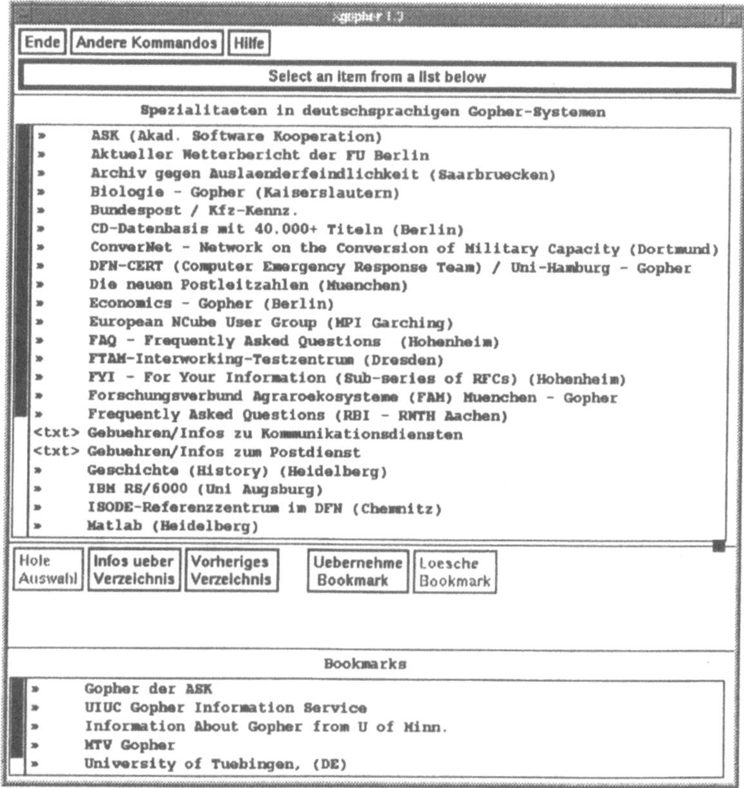

Abbildung 14.7: xgopher

Im unteren Fensterabschnitt wird die Liste der Bookmarks angezeigt, während im oberen Teil das aktuelle Menü sichtbar ist. xgopher besitzt zudem ausführliche Statusmeldungen, die in einem separaten Fenster angezeigt werden (Abb. 14.8).

Auch bei xgopher besteht genau wie beim bildschirmorientierten Client die Möglichkeit, Optionen festzulegen. Hierzu muß im Hauptfenster das Pull-Down-Menü *Options* aktiviert werden.

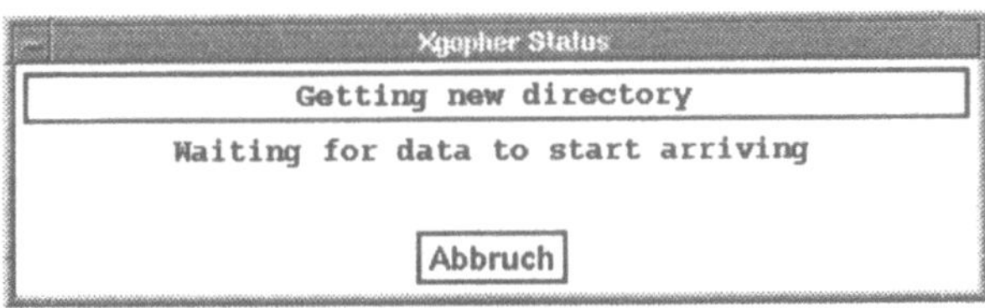

Abbildung 14.8: Statusinformation von xgopher

Abbildung 14.9 zeigt eine Beispielkonfiguration. Es wird hier beispielsweise festgelegt, daß nach Anwahl eines Telnet–Items automatisch ein *xterm* gestartet wird, in welchem die Telnet Sitzung abgewickelt wird.

Abbildung 14.9: Optionen unter xgopher

14.5 Stichwortsuche im Gopherspace

Zwei in Gopher integrierte Dienste, *Veronica* und *Jughead*, bieten eine Stichwortsuche in den Verzeichnissen des Gopherspace an. Durch die ständig wachsende Anzahl von Gopher-Servern stellt dies eine erhebliche Erleichterung für den Benutzer dar. Im Gegensatz zu *WAIS* bieten jedoch beide keine Volltextsuche, lediglich die Einträge der Gopher-Menüs werden abgesucht und mit dem Suchschlüssel verglichen.

*Veronica und
Jughead*

14.5.1 Veronica

Veronica (*Very Easy Rodent-Oriented Net-wide Index to Compu-terized Archives*) ist der mächtigere, ältere und etabliertere der beiden Suchdienste und wurde an der Universität von Nevada entwickelt. Ebenso wie Jughead existieren auch für Veronica keine separaten Clients. Daher kann eine Suche mit Veronica nur mit einem Gopher-Client realisiert werden.

Nutzung nur via Gopher

Um Anfragen zu beantworten, verwendet Veronica eine eigene Datenbank, die an der Universität von Nevada verwaltet und im Abstand von ca. 1–2 Wochen von den Veronica-Servern in aller Welt via FTP aktualisiert wird. Die Datenbank enthält alle Einträge der Gopher–Menüs gleich welchen Typs (Verzeichnis, Datei, Sound usw.). Für die Beispielanfragen wird hier der Veronica-Server in Köln verwendet, um unnötige Netzlast zu vermeiden.

In den verschiedenen deutschen Gopher Servern ist Veronica unterschiedlich in der Menühierarchie platziert. Auf dem Server der Akademischen Software Kooperation (ASK) ist er vom Hauptmenü aus durch die Anwahl von

Weitere Gopher-Server und Infosysteme weltweit/

und anschließend

Search titles in Gopherspace using veronica/[8]

erreichbar, der nach Aktivierung das in Abbildung 14.10 dargestellte Menü offenbart.

Spezifizieren einer Anfrage

Ein Suchschlüssel kann unter Veronica ein einzelnes Wort oder eine Kombination von Wörtern sein, wobei Groß- und Kleinschreibung *nicht* unterschieden wird. Zusätzlich gibt es weitere Merkmale, um die Suche zu beschleunigen und die Anzahl der Treffer zu begrenzen.

---

[8] gopher://gopher.tc.umn.edu/1/Other Gopher and Information Servers/Veronica

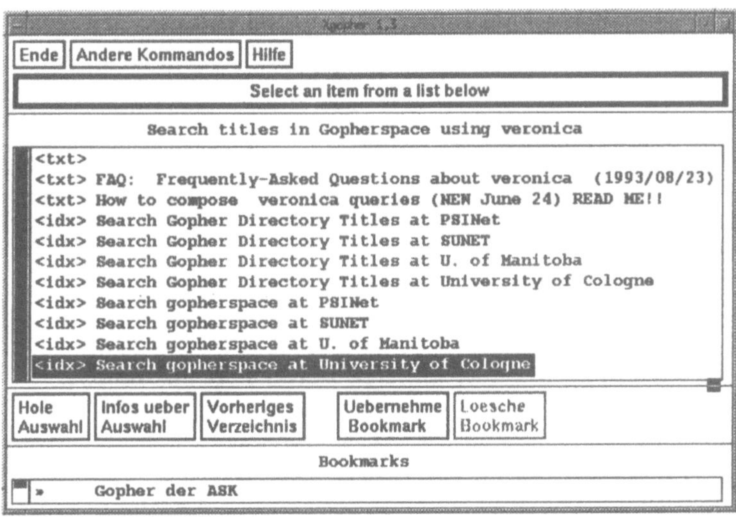

Abbildung 14.10: Veronica-Menü unter Gopher

Trunkierung: Der Platzhalter * kann einen beliebigen Buchstaben oder Kombinationen von Buchstaben am Ende eines Wortes ersetzen. Beispiel: Schiff* kann für Schiff, Schiffahrt, Schiffsfracht usw. stehen.

Logische Operatoren: Kombinationen von Wörtern können mit den logischen Operatoren *and, or* und *not* verknüpft und mit Klammern gegliedert werden. Hintereinander geschriebene Worte ohne logischen Operator werden so behandelt, als wäre ein *and* dazwischen.

Maximale Trefferzahl: Die Option *-m<anzahl>* im Suchschlüssel begrenzt die maximale Trefferzahl auf <anzahl>, bei *-m* ohne Zahl ist die Liste unbegrenzt.

Gopherinformationstypen: Mit der Option *-t<infotyp>* wird nur nach Items vom Typ <infotyp> gesucht. Die Liste der gültigen Typen wurde in Tab. 14.1 dargestellt. Beispiel: *mac -ts1* sucht nach Verzeichnissen und Sounddateien mit dem Wort *mac* im Namen. Die in Abbildung 14.10 gezeigten Items *Search Gopher Directory Titles at...* entsprechen also einer Anfrage mit der Option *-t1*.

Die Option *-l*: Zu beachten gilt, daß Optionen überall im Suchschlüssel auftreten können; sollen jedoch zwei direkt hintereinander stehen, so müssen sie mit der Option *-l* getrennt werden. Beispiel: *mac -t1 -l -m20.*

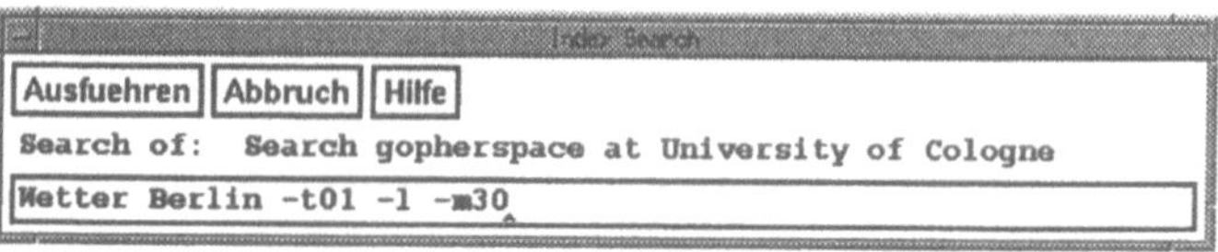

Abbildung 14.11: Veronica-Beispielanfrage mit xgopher

In der Beispielsuche (Abb. 14.11) wurde also nach den Schlüsselworten *Wetter* und *Berlin* gesucht. Die Schlüsselworte werden durch das Fehlen von logischen Operatoren automatisch mit *and* verknüpft. Die Optionen lassen eine Suche nach Dateien und Verzeichnissen (*t01*) mit einer maximalen Trefferzahl von 30 (*m=30*) zu.

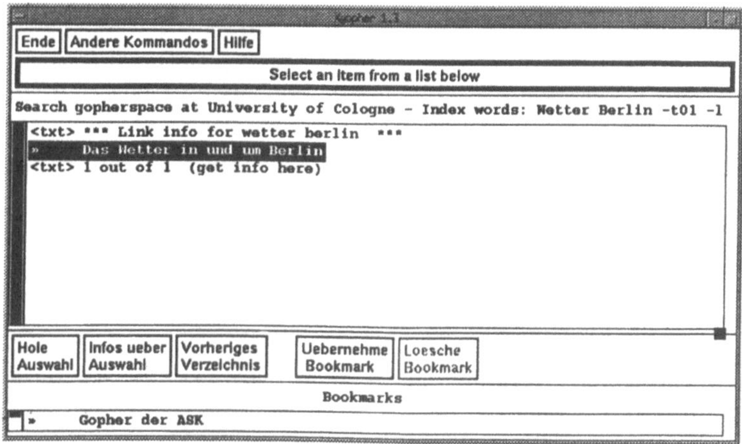

Abbildung 14.12: Ergebnis der Anfrage

Abbildung 14.12 zeigt das Ergebnis der Anfrage. Wie lange eine Anfrage dauert und ob ein für den Benutzer vernünftiges Ergebnis erzielt wird, hängt von einer sorgfältigen Auswahl der Schlüsselworte und Optionen ab. Zusätzlich zum Ergebnis werden noch zwei Verweise auf Textdateien angezeigt, die Statusinformationen enthalten. Das eigentliche Ergebnis der Beispielanfrage ist invers dargestellt.

14.5.2 Jughead

Jughead (*Jonzy's Universal Gopher Hierarchy Excavation And Display*) ist der zweite Suchdienst im Gopherspace. Er unterscheidet sich bei der Spezifikation einer Anfrage etwas von Veronica, lediglich die Merkmale *Trunkierung, logische Operatoren* und die *Nichtunterscheidung von Groß- und Kleinschreibung* entsprechen dem Einsatz bei Veronica. Jughead unterstützt einige sog. *special commands*, die mit *?* beginnen:

?all <schluessel> entspricht der normalen Suche ohne Optionen.

?help <schluessel> liefert zusätzlich zum Ergebnis einer Suche eine Hilfedatei über Jughead. Die Angabe eines Suchschlüssels ist hier optional.

?limit=n <schluessel> begrenzt die Anzahl der Treffer auf *n*.

?range=n1-n2 <schluessel> liefert aus der numerierten Liste aller Treffer die Treffer im Bereich zwischen *n1* und *n2*.

?version <schluessel> liefert zusätzlich zum Ergebnis einer Suche eine Infodatei über die Jugheadversion. Die Angabe eines Suchschlüssels ist hier optional.

14.6 Anmerkungen zur Installation

Da mit [Lin94] eine detaillierte Anleitung zur Installation der Gopher-Software vorliegt, wird an dieser Stelle darauf verzichtet. Außerdem bemerkte einmal ein erfahrener Gopher-Administrator, *„die Installation eines Gopher-Servers ist so einfach wie das Anschließen einer Waschmaschine"*.

Die Distribution der Gopher-Software läuft problemlos auf vielen Betriebssystemen und kann via Anonymous FTP von *boombox.micro.umn.edu*, Verzeichnis *pub/gopher/* kopiert werden. Hier findet man Client- und Server-Software für verschiedenste Plattformen:

Verzeichnis	Beschreibung
`Mac_server`	Server für den Apple Macintosh
`Macintosh-Turbo-Gopher`	graphischer Client für den Apple Macintosh
`NeXT`	graphischer Client für NeXTstep
`PC_client`	graphischer Turbovision-basierter Client für PC's unter DOS (verwendet den Clarkson/Crynwr Packet Driver)
`PC_server`	2 Server für den PC, einer basierend auf Phil Kam's NOS, der andere verwendet den Clarkson/Crynwr Packet Driver
`Rice_CMS`	Server und Client für VM/CMS Systeme
`Unix`	Server, bildschirmorientierter Client, X Window Client und Emacs Client
`VMS`	Server und bildschirmorientierter Client für VMS
`VieGOPHER`	Server und Client für VM/CMS
`Windows`	Client für Microsoft Windows
`amiga`	Gopher Software für den Amiga
`docs`	Gopher Dokumentation
`gopher_protocol`	Dateien zum Internet Gopher Protokoll
`misc`	Verschiedenes
`mvs`	Server und Client für MVS
`os2`	Client für OS/2

Tabelle 14.2: Verfügbare Gopher Software

14.7 Weitere Informationen zu Gopher und Gopher+

- *gopher-news@boombox.micro.umn.edu* Mailingliste rund um Gopher. E-Mail an:
  `gopher-news-request@boombox.micro.umn.edu`
  `Subject:` <leerlassen>
  `Body:` **subscribe gopher-news** <**vorname zuname**>

- *boombox.micro.umn.edu* bietet als Wiege von Gopher via Anonymous FTP Zugriff zu Dokumentation und neuester Software.

- *Gopher Developer Team:*
  E-Mail an `gopher@boombox.micro.umn.edu`

- *Frequently Asked Questions* über Gopher:
  ftp://rtfm.mit.edu/pub/usenet/news.answers/gopher-faq

- Relevante Newsgruppen:
  comp.infosystems.gopher
  alt.gopher

## Kapitel 15

WAIS

15.1 Was ist WAIS?

WAIS[1] *(Wide Area Information Server)* ist ein System, das die einfache Volltextsuche in weltweit verteilten Datenbeständen ermöglicht. Über WAIS werden sowohl reine Textdokumente in unterschiedlichsten Formaten als auch zunehmend multimediale Dokumente zugänglich gemacht.

Am besten wird WAIS durch die folgende Definition beschrieben:

> *WAIS is an electronic publishing software set which allows you to search out and retrieve multimedia information from databases anywhere in the world.*
>
> Brewster Kahle, 1993 [Inc93b]

Weltweit stehen mittlerweile 500 WAIS-Server zur Verfügung, die ein breitgefächertes Informationsangebot bereitstellen:
Dokumente zu Themen der Archäologie, Biologie, Chemie, Geschichte, Physik etc. sind genauso zu finden wie literarische Texte, Wetterberichte, Softwarekataloge, Informationen über das Internet und vieles mehr.

15.2 Hintergründe

Die Entwicklung von WAIS begann im Oktober 1989 unter Federführung von Brewster Kahle, Thinking Machines Corporati-

---

[1] **ausgesprochen:** *ways*

on, im Rahmen eines Kooperationsprojekts von Apple Computer, KPMG Peat Marwick, Dow Jones & Co. und Thinking Machines [Inc93a].

Seit dem Frühjahr 1991 steht WAIS der Internet Community zur Verfügung und hat sich außerordentlich schnell verbreitet. Die Freigabe von WAIS hatte den Effekt, daß viele Anwender, Entwickler, Normierungsgremien, Verlage und Bibliotheken an der Verbesserung und Weiterentwicklung von WAIS mitarbeiteten und weiter mitarbeiten. Eine wichtige Erweiterung war beispielsweise die Einführung logischer Verknüpfungen bei Suchanfragen von Don Gilbert[2], Indiana University, Biology Department, Bloomington (die Server-Software ist unter dem Namen *iubio-wais-8b5* auf dem Netz zu finden).

Teile von WAIS, insbesondere die schnellen Index- und Suchmechanismen, finden Verwendung in vielen anderen Systemen; die Suche in den meisten Gophersystemen wird zum Beispiel mit WAIS-Teilen realisert.

Im Sommer 1992 wurde die WAIS Inc. als unabhängige Organisation gegründet, um den Ansprüchen kommerzieller Anwender an WAIS Rechnung zu tragen. $WAIS^{TM}$ ist jetzt ein Warenzeichen von WAIS Inc. Die Koordination der Weiterentwicklung von WAIS im Public Domain wurde dem 1992 von der NSF gegründeten CNIDR (*Clearinghouse for Networked Information Discovery and Retrieval*) übertragen [CNI]. Um Namensverwechslungen auszuschließen, wird WAIS im Public-Domain unter dem Namen *freeWAIS* (die letzte Version unter dem alten Namen auf dem Netz war wais-8b5.1) weiterentwickelt.

15.3 Grundlagen

15.3.1 Systemkomponenten

WAIS arbeitet nach dem Client/Server-Konzept (s. Abb. 15.1). Das Spektrum der verfügbaren Clients erstreckt sich von zeilen-

---

[2] Aufbauend auf Arbeiten von Tim Gauslin, US Geological Survey

über bildschirmorientierte Clients bis hin zu komfortablen, windowsbasierten Clients für fast alle gängigen Window-Systeme und Plattformen. Selbst WAIS bleibt vom Zeitgeist nicht unberührt,

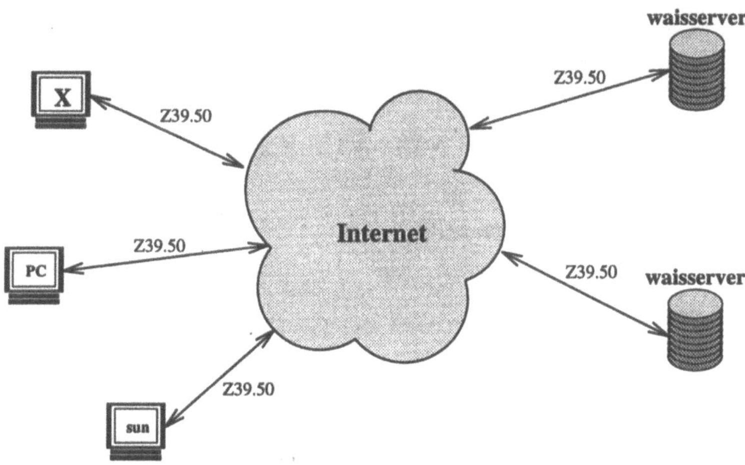

Abbildung 15.1: WAIS im Überblick

mit Dinowais steht auch ein Client für IBM-MVS zur Verfügung.

Die Clients kommunizieren mit den Servern über ein standardisiertes Protokoll aus der Bibliothekswelt, dem Z39.50 NISO[3] Information Retrieval Service and Protocol Standard [PFG+93] [Z3991] [NIS88].

Näher betrachtet, besteht der WAIS-Server aus zwei Hauptkomponenten. Dem eigentlichen Server, der für die Bearbeitung der Anfragen und die Durchführung der Suche zuständig ist und der Datenbank, die aus dem WAIS-Index und den Originaldaten besteht. WAIS setzt sich also aus insgesamt vier Komponenten zusammen: Client, Server, Datenbank und Protokoll. In Abbildung 15.2 werden die einzelnen Teile des Systems mit ihren Aufgaben noch einmal dargestellt.

[3] National Information Standards Organisation

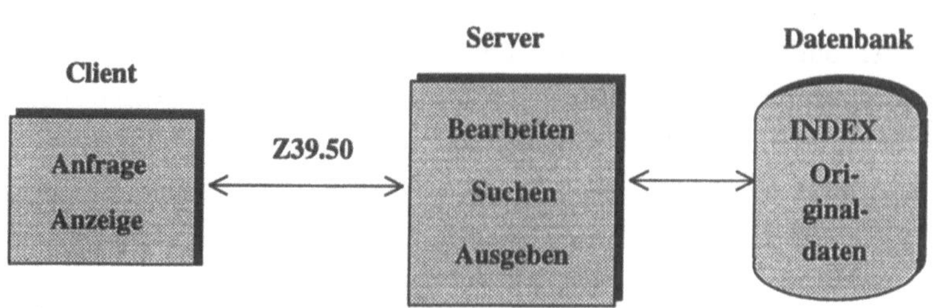

Abbildung 15.2: Die WAIS-Komponenten

15.3.2 Die Source-Description

Da WAIS dezentral organisiert ist, stellt sich natürlich die Frage, woher weiß der Client welche Datenbanken wo mit welchem Inhalt zur Verfügung stehen? Alles was ein Client von einem Server wissen muß, um Anfragen durchführen zu können, ist dessen *Source-Description*[4]. Eine Source-Description beschreibt eine spezifische WAIS-Datenbank und den zugehörigen Server [KM91], Abb. 15.3 zeigt die Source-Description des Software Informationssystems ASK-SISY der ASK.

```
(:source
  :version  3
  :ip-address "129.13.200.33"
  :ip-name "askhp.ask.uni-karlsruhe.de"
  :tcp-port 210
  :database-name "ASK-SISY-Software-Information"
  :cost 0.00
  :cost-unit :free
  :maintainer "boden@ask.uni-karlsruhe.de"
  :description "Server created with WAIS release 8 b5 (w8b5bio
   with BOOLEAN and PARTIALWORDS) on Jun 30 17:13:03 1993
   by boden@ask.uni-karlsruhe.de

ASK-SISY is the software information  system of the 'Akademische
Software Kooperation (ASK)' which  resides at  the University of
Karlsruhe,  Germany. It operates a database containing more than
3000  software descriptions of  different  fields. Most  of this
software has been developped at colleges and universities and is
used in teaching. SISY also contains some commercial products of
special interest for universities. Moreover ASK-SISY  offers in-
formation  about software  from CIP pools  and from  scientific
institutions and research centres...")
```

Abbildung 15.3: Beispiel einer *Source-Description*

---

[4] Die Begriffe *Source-Description*, *Source* und *Datenbankbeschreibung* werden synonym verwandt.

Typische Einträge in einer Datenbankbeschreibung sind:

- Rechnername

- IP-Adresse

- Serverport

- Name der Datenbank

- Adresse des Systemverwalters

- kurze Beschreibung des Datenbankinhalts

15.3.3 Das Directory-of-Servers

Während Rechnername, IP-Adresse, Serverport und der Datenbankname für die Client-Software zum Verbindungsaufbau benötigt werden, kann vor allem auf der Basis der Beschreibung des Datenbankinhalts zunächst eine Auswahl der für einen Sachverhalt relevanten Datenbanken vorgenommen werden: Die Source-Descriptions aller Datenbanken werden zentral gesammelt und selbst wieder in einer eigenen Datenbank, der *Directory-of-Servers*-Datenbank zur Verfügung gestellt. Das hat außerordentliche Vorteile, unter anderem:

Datenbank der Datenbanken

- Einfache Registration neuer Datenbanken
  Informationsanbieter schicken die Beschreibung ihrer Datenbank einfach an die Verwalter des *Directory-of-Servers*[5], schon ist der Dienst weltweit bekannt und zugänglich.

- Integrierter Verzeichnisdienst
  Die Directory-of-Servers-Datenbank kann bei WAIS die gleiche Funktion übernehmen wie *Archie* bei *Anonymous-FTP* und *Veronica* bei *Gopher* jedoch mit dem Unterschied, daß der Verzeichnisdienst bei WAIS konzeptionell und technisch in das Gesamtsystem integriert ist.

[5] Zur Zeit gibt es zwei *offizielle* Stellen die eine Directory-of-Servers-Datenbank verwalten:
`wais-directory-of-servers@cnidr.org` und
`wais-directory-of-servers@quake.think.com`

- Effiziente Kontrollmöglichkeiten
  Durch die zentrale Haltung der Datenbankbeschreibungen können die einzelnen Datenbanken sehr einfach im Hinblick auf Verfügbarkeit überprüft werden. Steht ein Server mehrere Tage nicht zur Verfügung, wird er, nach vorausgegangener Benachrichtigung des Systemverwalters, aus der *Directory-of-Servers*-Datenbank herausgenommen.

15.3.4 Suchkonzepte

Bevor die konkrete Arbeit mit WAIS-Clients dargestellt wird, noch einige wichtige Begriffe und Hintergründe zu den Suchmechanismen und -konzepten, die man kennen sollte.

Informelle Anfragesprache

Für WAIS-Suchanfragen sind keine Kenntnisse einer bestimmten Anfragesprache erforderlich, Begriffe können einfach eingegeben werden; das ursprüngliche WAIS-Konzept sah nur „natürlich sprachliche" Anfragen auf unstrukturierten Dokumenten vor. Neuere Serverimplementierungen (siehe Kap. 15.5) bearbeiten jedoch auch (ansatzweise) boolsche Operatoren und Wildcards (z.Z. nur Rechtstrunkierung). Wildcards dienen der Eingabe unvollständiger Suchbegriffe, z.Z. muß mindestens der Anfang eines Suchbegriffs eingegeben werden (z.B. hum* findet hum, human, humbug ...). In Zukunft wird wohl auch „Fielded Search" in free-WAIS möglich sein; kommerzielle WAIS-Server bieten schon die Möglichkeit, mit teilstrukturierten Dokumenten zu arbeiten; in der Suchanfrage bestimmte Datensatzfelder anzugeben und so die Ergebnismenge einzuschränken.

Relevance Ranking, Score

Eng mit der informellen Anfragesprache verknüpft ist die Art und Weise wie WAIS Suchanfragen bearbeitet und beantwortet. Dokumente der Datenbank werden im Hinblick auf ihre Relevanz bezüglich der Anfrage bewertet und geordnet. Abhängig davon, ob, wie häufig und wo Begriffe der Anfrage in einem Dokument vorkommen, werden Punkte (*scores*) vergeben. Das Dokument mit der höchsten Punktezahl bekommt den Wert 1000 zugeordnet, alle anderen relevanten Dokumente werden relativ dazu zwischen 1 und 1000 bewertet (*relevance ranking*). Treten beispielsweise Begriffe einer Anfrage in einer Dokumentenüberschrift auf, bekommt dieses mehr Punkte als ein Dokument, das den gleichen Begriff der Anfrage nur im Text enthält.

Eine weitere interessante Navigationstechnik des urspünglichen WAIS-Konzepts ist *Relevance Feedback*. Dabei können Dokumente oder Teile eines Dokuments als Anfrage verwendet werden. Hat man beispielsweise einen Text gefunden, der interessant aussieht, kann man so den Server beauftragen, weitere Dokumente zu suchen, die dem ausgewählten Text ähnlich sind.

Relevance Feedback

Durch die Verwendung von *Relevance Feedback* wird die ursprüngliche Anfrage erweitert. Das Gewicht der Treffer der Begriffe aus dem „Feedback"-Dokument bei der Bewertung relevanter Datenbankeinträge ist jedoch niedriger als das Gewicht der Treffer der Begriffe der Originalanfrage.

Der Inhalt von WAIS-Datenbanken ist nicht nur auf Textdokumente beschränkt, sondern umfaßt auch Graphiken, Tondokumente und in neueren Serverimplementierungen *Multi-Type*-Dokumente.

Text, Grafik und Ton

Multi-Type-Dokumente sind Dokumente mit unterschiedlichen Repräsentationen. Zum Beispiel: Ein Bild liegt in einem binären Format vor, dazu gibt es einen erklärenden Text oder sogar ein Tondokument. Alle diese zusammengehörigen Dokumente werden als ein einziges Multi-Type-Dokument betrachtet. Während ursprünglich bei Dokumenten, die nicht als Text vorlagen, nur die Begriffe aus den Überschriften als Suchbegriffe zur Verfügung standen, können bei neueren Servern explizit beim Anlegen der Datenbank, assoziierte Textdokumente als suchrelevant angegeben werden. Bei Anfragen wird dann auf der Basis des Textes gesucht, der Client kann entscheiden, welche Repräsentation er anzeigen kann resp. will.

15.4 Suchen in WAIS-Datenbanken

Es gibt drei unterschiedliche Typen von WAIS-Clients, zeilenorientierte Clients wie z.B. *waissearch*[6] und *ws*[6], bildschirmorientierte Clients wie z.B. *swais*[6] und Clients für Window-Systeme, z.B.

xwais[6], *os2wais*[7] oder *waisman*[7] (ein Client für MS-Windows).

Die Clients unterscheiden sich stark in ihrer Leistungsfähigkeit, aber auch in den Anforderungen, die sie an den Rechner und die Installationskünste des Endbenutzers stellen.

15.4.1 waissearch

Wie wird das Wetter in New York ?

waissearch ist ein zeilenorientiertes UNIX-Programm um einfache WAIS-Anfragen abzusetzen. Es ist im WAIS-Serverpaket enthalten und wird bei der Installation automatisch übersetzt. Man wird *waissearch* wahrscheinlich selten bei der täglichen Arbeit mit Servern auf der ganzen Welt einsetzen, für Tests und einfache Anfragen ist es aber ganz gut zu gebrauchen, da es minimale Anforderungen an die „Umgebung" stellt. Ein weiteres mögliches Einsatzgebiet ist die Suche in lokalen Datenbasen, *waissearch* ist sehr gut dafür geeignet, die eigenen Mails zu durchsuchen, nachdem diese mit *waisindex* entsprechend vorbehandelt wurden (siehe Kapitel 15.5.1).

Das folgende Beispiel illustriert den Einsatz von *waissearch*; man erfährt die aktuellen Wetteraussichten in New York:

```
waissearch -h quake.think.com -d weather -m 3 New York
```

Die Optionen des Kommandos im einzelnen:

-h   Name oder Internetadresse des Rechners, auf dem die Datenbank zu finden ist, Defaultwert: eigener Rechner

-d   Name der Datenbank, Defaultwert : Nil (spricht dann die INFO-Datenbank an, die auf den meisten Servern vorhanden ist)

-m   maximale Anzahl von Antwortdokumenten, Defaultwert: 40

New York   Suchbegriffe

---

[6] Diese Clients sind in den Standardserverpaketen mit enthalten.
[7] Diese Clients sind einzeln erhältlich.

Weitere Optionen, die im Beispiel keine Verwendung fanden, sind:

```
-p          Portnummer,
            Defaultwert: Portnummer 210
-v          gibt die Versionsnummer des Softwarepakets aus
```

Nach einiger Zeit erscheint dann folgende Antwort auf dem Bildschirm:

```
Search Response:
NumberOfRecordsReturned: 3
   1: Score: 1000,  lines: 40  'New-York-NY.txt'
   2: Score: 352,   lines: 473 'WX-TALK.INFO'
   3: Score: 333,   lines: 42  'New-Orleans-LA.txt'

View document number [type 0 or q to quit]: 1
```

Die Antwort umfaßt drei Dokumente, die entsprechend ihrer Relevanz bezüglich der Anfrage geordnet sind. Auf die Score-Angabe folgt der Dokumentenumfang in Zeilen und dessen Titel. Durch Auswahl der Dokumentnummer wird die Übertragung bzw. Anzeige angestoßen und durchgeführt. Wen es interessiert, so sah es am 25. Januar 1994 in New York aus[8]:

```
Headline: New-York-NY.txt
Weather Conditions at 2 PM EST on 25 JAN 94
for New York City, NY.

Temp(F) Humidity(%)  Wind(mph)  Pressure(in)  Weather
37      67%          ESE at 6   30.31         Overcast

new york city forecast
national weather service new york ny
1000 am est tue jan 25 1994

..snow advisory for 2 to 4 inches of snow tonight and
wednesday morning... this afternoon...mostly cloudy
and colder. high in the upper 30s. wind becoming
northeast around 10 mph. ......
```

---

[8] Darstellung gekürzt

```
hayes/rs
```

```
View document number [type 0 or q to quit]:
```

Nach Eingabe von **return** können man dann noch weitere Anfragen gestartet werden.

15.4.2 swais

Simple WAIS (*swais*) ist ein bildschirmorientierter UNIX-Client. Er ist wie *waissearch* im WAIS-Serverpaket enthalten und wird ebenfalls automatisch mitübersetzt. Obwohl mit *swais* noch nicht der volle Leistungsumfang von WAIS genutzt werden kann, ist es durchaus ein brauchbares Werkzeug.

Die über *Telnet* öffentlich zugänglichen WAIS-Clients werden mit *swais* realisiert. Eine Liste öffentlich zugänglicher Clients ist in 15.6.1 zu finden. *Swais* benötigt Informationen über verfügbare Sourcen, zumindest muß die Source einer Directory-Datenbank bekannt sein. Normalerweise ist eine Liste von Sourcen im Serversoftwarepaket enthalten. Aktualisierte Listen sind jedoch auch jederzeit auf dem Netz (siehe 15.6.2) zu finden[9]. Eine andere Methode, die nur vom *directory-of-servers* ausgeht, wird unten gezeigt.

In Abbildung 15.4 wird ein typischer Bildschirmaufbau beim Aufruf von swais angezeigt. Der Bildschirm wird in vier Spalten eingeteilt:

- In der ersten Spalte werden die verschiedenen Sourcen durchnumeriert.

- Spalte 2 führt die Servernamen oder -adressen auf.

- Die dritte Spalte zeigt eine alphabetisch geordnete Liste der Datenbanken. Dabei wird deutlich, daß auf einem Serverrechner durchaus mehrere Datenbanken liegen können.

---

[9] Es gibt SWAIS-Clients, die nicht mehr als 500 Sourcen anzeigen bzw. verwalten können. Als Abhilfe: Einige Sourcen aus dem *wais-sources*-Verzeichnis löschen, bis die Gesamtzahl unter 500 liegt.

```
 ┌─────────────────────────── xterm ───────────────────────────┐
 │SWAIS                    Source Selection            Sources: 496│
 │  #        Server              Source                    Cost    │
 │055: [      150.203.76.2] ANU-Tibetan-Electrn-Rsrces  $0.00/minute│
 │056: [   coombs.anu.edu.au] ANU-Tropical-Archaeobotany $0.00/minute│
 │057: [   coombs.anu.edu.au] ANU-ZenBuddhism-Calendar   $0.00/minute│
 │058: [   coombs.anu.edu.au] ANU-ZenBuddhism-Listserv   $0.00/minute│
 │059: [    quake.think.com] Applications-Navigator          Free   │
 │060: [      132.183.190.21] Arabidopsis-BioSci            Free   │
 │061: [weeds.mgh.harvard.ed] Arabidopsis_thaliana_Genome   Free   │
 │062: [        ftp.tex.ac.uk] archaeological_computing      Free   │
 │063: [          archie.au] archie.au-amiga-readmes        Free   │
 │064: [          archie.au] archie.au-ls-lRt               Free   │
 │065: [          archie.au] archie.au-mac-readmes          Free   │
 │066: [          archie.au] archie.au-pc-readmes           Free   │
 │067: [askhp.ask.uni-karlsr] ASK-SISY-Software-Information Free   │
 │068: [      ericir.syr.edu] AskERIC-Helpsheets            Free   │
 │069: * [      ericir.syr.edu] AskERIC-Infoguides          Free   │
 │070: [      ericir.syr.edu] AskERIC-Lesson-Plans          Free   │
 │071: [      ericir.syr.edu] AskERIC-Minisearches          Free   │
 │072: [      ericir.syr.edu] AskERIC-Questions             Free   │
 │                                                                 │
 │Keywords:                                                        │
 │                                                                 │
 │<space> selects, w for keywords, arrows move, <return> searches, q quits, or ?│
 └─────────────────────────────────────────────────────────────┘
```

Abbildung 15.4: Typischer Bildschirmaufbau von SWAIS

- Die Kosten für einen Zugriff auf eine Datenbank werden in
  der vierten Spalte angezeigt. Dies bezieht sich auf zukünf-
  tige Anwendungen; bislang ist noch jede erfaßte Datenbank
  kostenlos.

Die aktuelle Zeile erscheint besonders hervorgehoben. In der Fußzeile wird ein Teil der möglichen Kommandos dargestellt. Eine
vollständige Liste aller an dieser Stelle möglichen Kommandos
erhält man durch die Eingabe von <?>, Abbildung 15.5 zeigt
die resultierende Bildschirmausgabe. Die wichtigsten Kommandos

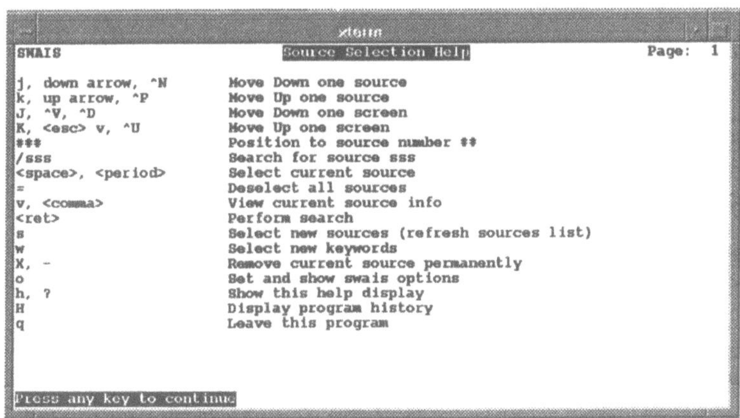

Abbildung 15.5: Liste möglicher Kommandos

werden anhand eines Beispiels erläutert.

Beispiel: Suche in der Datenbank der Datenbanken

Suche in zwei Stufen

Im Beispiel werden Datenbanken gesucht, die Informationen über Software enthalten. Die Resultate können dann in weiteren Recherchen eingesetzt werden (zweistufige Suche). Besonders interessant bei der Suche in Directory-Datenbanken ist die Möglichkeit, Resultate, die ja nichts anderes sind als Datenbankbeschreibungen oder Sourcen, direkt in die lokal gehaltene Liste der verfügbaren Sourcen aufzunehmen. So genügt als Ausgangspunkt einer Recherche die Directory-of-Servers-Source als einzige lokal gehaltene Datenbankbeschreibung.

Nach der Positionierung der aktuellen Arbeitszeile (Kommandos s. Abb. 15.5) über der Directory-of-Servers-Source wird diese durch Eingabe von < *space* > oder < . > als suchrelevante Datenbank ausgewählt. Die Auswahl ist durch ein < * >-Symbol gekennzeichnet. Durch Eingabe von < *w* > können nun Suchbegriffe (im Beispiel: *software*) eingegeben werden. In Abbildung 15.6 wird der resultierende Bildschirm angezeigt. Die Suche wird durch < *return* > gestartet. In der Fußzeile wird im Verlauf der Suche

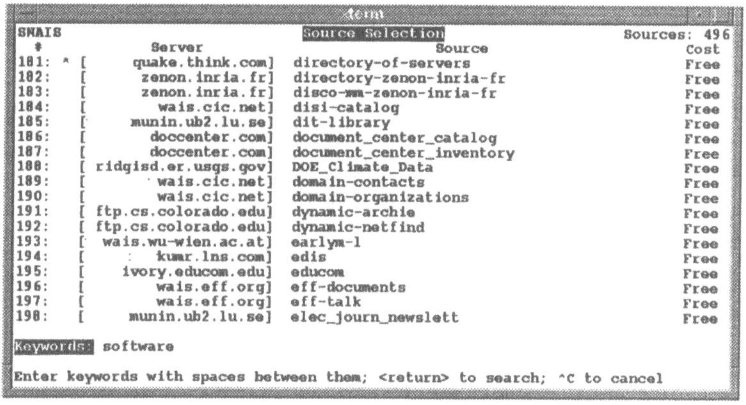

```
                                    term
SWAIS                       Source Selection             Sources: 496
  #       Server                        Source                  Cost
101: * [      quake.think.com]  directory-of-servers            Free
102:   [      zenon.inria.fr]   directory-zenon-inria-fr         Free
103:   [      zenon.inria.fr]   disco-wm-zenon-inria-fr          Free
104:   [        wais.cic.net]   disi-catalog                     Free
105:   [     munin.ub2.lu.se]   dit-library                      Free
106:   [       doccenter.com]   document_center_catalog          Free
107:   [       doccenter.com]   document_center_inventory        Free
108:   [ ridgisd.er.usgs.gov]   DOE_Climate_Data                 Free
109:   [        wais.cic.net]   domain-contacts                  Free
110:   [        wais.cic.net]   domain-organizations             Free
111:   [ ftp.cs.colorado.edu]   dynamic-archie                   Free
112:   [ ftp.cs.colorado.edu]   dynamic-netfind                  Free
113:   [ wais.wu-wien.ac.at]    earlym-1                         Free
114:   [        kumr.lns.com]   edis                             Free
115:   [    ivory.educom.edu]   educom                           Free
116:   [        wais.eff.org]   eff-documents                    Free
117:   [        wais.eff.org]   eff-talk                         Free
118:   [     munin.ub2.lu.se]   elec_journ_newslett              Free

Keywords: software

Enter keywords with spaces between them; <return> to search; ^C to cancel
```

Abbildung 15.6: Suche mit SWAIS

der aktuelle Status des Suchvorgangs angezeigt.

Nach einiger Zeit erhält man das Suchergebnis, das so wie in Abbildung 15.7 aussehen kann. Die maximale Anzahl von Treffern kann über Optionen (Eingabe < *o* >, *maxitems*) verändert werden, per default wird nach 40 Treffern die Suche beendet.

```
 ┌─                              xterm                              ┐
 SWAIS                      Search Results            Items: 40
   #    Score     Source                Title             Lines
 001:  [1000]  (directory-of-se)  ASK-SISY-Software-Information    34
 002:  [ 546]  (directory-of-se)  higher-education-software        64
 003:  [ 546]  (directory-of-se)  k-12-software                    62
 004:  [ 327]  (directory-of-se)  linux-software-map               37
 005:  [ 309]  (directory-of-se)  comp.software-eng                13
 006:  [ 163]  (directory-of-se)  netcdf-group                     50
 007:  [ 163]  (directory-of-se)  prosite                         119
 008:  [ 145]  (directory-of-se)  elib                             31
 009:  [ 145]  (directory-of-se)  fidonet-nodelist                 74
 010:  [ 127]  (directory-of-se)  IUBio-INFO                       71
 011:  [ 127]  (directory-of-se)  bit-listserv-novell              26
 012:  [ 127]  (directory-of-se)  cicnet-wais-servers              55
 013:  [ 127]  (directory-of-se)  environment-newsgroups           39
 014:  [ 109]  (directory-of-se)  ANU-Aboriginal-Studies           73
 015:  [ 109]  (directory-of-se)  ANU-Asian-Computing              78
 016:  [ 109]  (directory-of-se)  ANU-Local-Waiservers-Index       71
 017:  [ 109]  (directory-of-se)  ERIC-archive                     27
 018:  [ 109]  (directory-of-se)  IAT-Documents                    33


 <space> selects, arrows move, w for keywords, s for sources, ? for help
```

Abbildung 15.7: Suchergebnis einer directory-of-servers-Anfrage

Die Anzeige des Ergebnisses ist in Spalten gegliedert. Neben der
Numerierung der Dokumente wird der Score, die Quelle, der Ti-
tel und die Größe der Dokumente angegeben. Die Anzeige der
Quelle kann über Optionen abgeschaltet werden. Einzelne Do-

```
 ┌─                            xterm                              ┐
 SWAIS                    Document Display           Page:   1
    (:source
       :version  3
       :ip-address "130.73.108.11"
       :ip-name "elib.zib-berlin.de"
       :tcp-port 210
       :database-name "elib"
       :cost 0.00
       :cost-unit :free
       :maintainer "dalitz@zib-berlin.de"
       :keyword-list (
                  netlib
                  codelib
                  elib
                  opt-net
                  papers
                  mathematics
                  mathematical software
                  )
       :description "Server created with freeWAIS Release 0.2 beta on Dec  1 14:0
 9:11 1993 by dalitz@zib-berlin.de
    Our database contains mathematical programs. We are a mirror of the AT&T netl
 ib
 Press any key to continue, 'q' to quit
```

Abbildung 15.8: swais-Ergebnisdokument

kumente können nun ausgewählt und angezeigt (die Anzeige wird
durch < *space* > oder < *return* > aktiviert, Beispiel s. Abb. 15.8)
oder weiterverarbeitet werden. Die Eingabe von <?> liefert Informationen über die Möglichkeiten, die zur Weiterverarbeitung
des Ergebnisses zur Verfügung stehen. Die wichtigsten sind:

- *Save*, **S**: Speichern auf eine lokale Datei

- *Mail*, **m**: Versenden per Electronic Mail

- *Pipe*, **|** : Verwenden als Eingabe eines UNIX-Kommandos

- *Use it*, **u**: Wenn es sich beim Ergebnisdokument (wie hier im Beispiel) um eine Source handelt, kann sie mit diesem Kommando in die lokale Liste der Sourcen aufgenommen werden (wenn nicht schon vorhanden). So kann man, von der Directory-of-Servers-Source ausgehend, einen Bestand von Sourcen aufbauen, der das persönliche Interesse widerspiegelt.

Erweiterung der Liste der Source-Descriptions

Die Ergebnisdokumente des Beispiels sind alle normale Textdokumente; wer länger und intensiver mit SWAIS arbeitet wird irgendwann auf multimediale Dokumente stoßen. Auf den ersten Blick erscheint die Verarbeitung multimedialer Dokumente mit einem bildschirmorientierten Client problematisch, mit der Save- oder der Pipe-Option stehen jedoch Mechanismen bereit, auf deren Basis beliebige Dokumenttypen behandelt werden können.

Ein Bild, was nun?

Bei der Anzeige der Liste der Ergebnisdokumente bietet SWAIS ein Kommando an, das nähere Auskunft über ein Dokument gibt:

nähere Information zu einem Dokument

- *View*, **v**: Anzeige von Informationen zu einem Ergebnisdokument (nicht das Ergebnisdokument selbst!)

In Abbildung 15.9 wird dargestellt, wie solche Informationen für

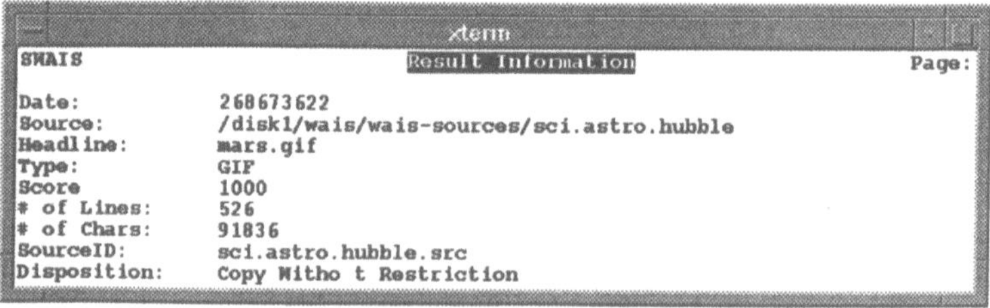

Abbildung 15.9: Information zu Dokumenten

ein GIF-Bild aussehen. Es stammt aus einer Anfrage an die Datenbank *sci.astro.hubble* auf dem Server *wfpc3.la.asu.edu* mit

dem Stichwort *mars*[10]. Man erfährt nicht nur den Dokumententyp (GIF) sondern auch noch interessante Dinge wie z.B. die Größe
der zu übertragenden Datei in Bytes (# of Chars).

15.4.3 XWAIS

Stellvertretend für alle fensterorientierten Clients wird der im
WAIS-Serverpaket enthaltene X11-Client XWAIS vorgestellt. Mit
XWAIS kann man das ganze Leistungsspektrum von WAIS kom-
fortabel nutzen. Ein Mißton in der Laudatio: Die Installation des
Clients ist nicht ganz trivial, man wird als Laie nicht ohne die
Hilfe eines lokalen Spezialisten auskommen.[11]

Der Einstieg

Nach dem Aufruf von XWAIS erscheint das in Abbildung 15.10
dargestellte Hauptfenster. Es ist in drei Teile gegliedert:

Questions
Hier werden die Einträge aus dem privaten *Wais-Questions* Verzeichnis angezeigt. Mit XWAIS ist es möglich, komplette Datenbankanfragen abzuspeichern, die dann später wieder abgeschickt
oder modifiziert werden können. Zu einer Anfrage werden alle relevanten Informationen abgespeichert:

- Stichwörter der Anfrage

- Liste der Datenbanken, an die die Anfrage ging

- gegebenenfalls eine Ergebnisliste

- Dokumententeile für Relevance Feedback

[10] wais://wfpc3.la.asu.edu:210/sci.astro.hubble.src?mars
[11] Xwais kann man relativ gut über das Xwais-Resourcefile konfigurieren. Die
Pfade für die Anzeige von Grafikdokumenten sollte man nach erfolgreicher Stan-
dardinstallation im Xwais-Resourcefile auf sinnvolle Werte ändern (Resource
Xwais.filters). Weitere wichtige Resourcen:
Xwais*questionDirectory, Xwais*userSourceDirectory

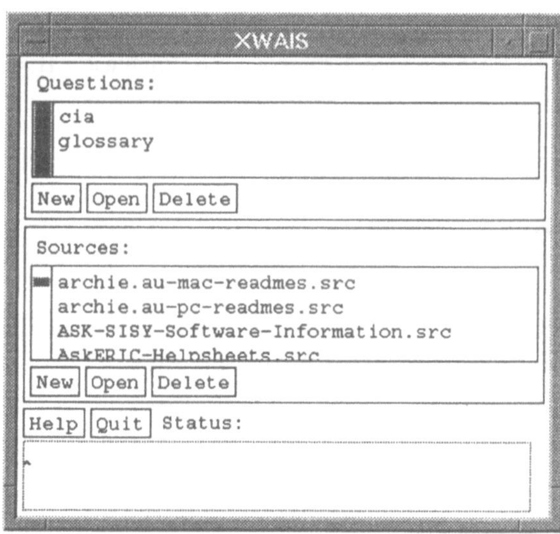

Abbildung 15.10: XWAIS-Hauptfenster

- Eingestellte Konfigurationsparameter

Somit wird ein Instrument zur Verfügung gestellt, mit dem man schnell und einfach Verweise auf interessierende Datenbestände erstellen und durchsuchen kann. Bei Datenbanken mit häufig wechselndem Inhalt entsteht so eine Art *persönliches Journal*.

Die möglichen Funktionen im einzelnen:

New startet ein neues Anfrage-Fenster,

Open öffnet eine ausgewählte Datenbankabfrage und

Delete löscht einen ausgewählten Eintrag aus dem *Wais-Questions*-Verzeichnis.

Wie neue Anfragen gestellt und ggf. auch gespeichert werden, wird unten detailliert dargestellt.

Sources
Im zweiten Teil des Hauptfensters wird eine Liste der Sourcen aus dem *Wais-Sources*-Verzeichnis angezeigt. Durch Anklicken des

New -Buttons erhält man ein leeres Formular (siehe Abb. 15.11) in das manuell eine neue Source eingetragen werden kann.

Abbildung 15.11: Leeres Source-Description-Formular in XWAIS

Der manuelle Eintrag macht Sinn, wenn man z.B. in den
News auf Sourcen stößt, die nicht in der Directory-of-
Servers-Datenbank aufgeführt sind oder neue Datenbanken
testen will (die man nicht selber erzeugt hat; denn da wird
eine Source-Description generiert, ins wais-sources-Verzeich-
nis kopieren ist dann ausreichend). Mit

Open kann eine vorhandene Source-Description inspiziert und
ggf. modifiziert werden (s. Abb. 15.12).

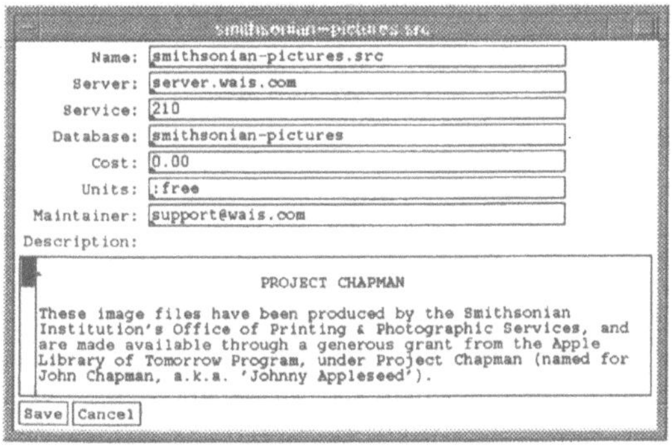

Abbildung 15.12: Source-Description Formular in XWAIS

Delete löscht eine ausgewählte Source-Description.

Status

Der dritte Teil des Hauptfensters enthält ein Ausgabefeld für Systemmeldungen und den **Help**- sowie den **Quit**-Button.

Anfragen mit XWAIS

Die Arbeit mit XWAIS wird auf der Basis eines Beispiels ausführlich erläutert. Das Beispiel konzentriert sich auf die Basismechanismen. Im Anschluß daran wird die Arbeit mit Graphik- und *Multi-Type* Dokumenten erläutert.

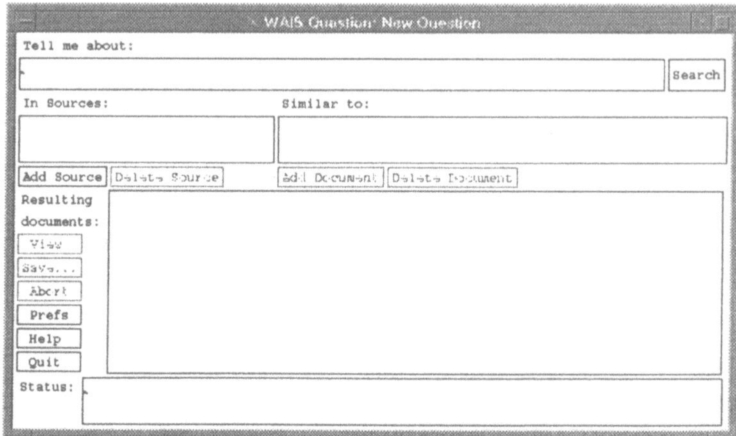

Abbildung 15.13: XWAIS-Question

Im Beispiel wird Information über Software für die Ausbildung in den Bereichen Physik und Chemie gesucht. Ausgangspunkt ist das leere XWAIS-Question-Fenster (s. Abb. 15.13), das durch den **New**-Button im Question-Teil des Hauptfensters aktiviert wurde (s. Abb. 15.10).

In das Textfeld unter *Tell me about* werden die Stichworte für die Suche eingegeben. Um die Datenbankeneinträge zu finden, die etwas mit Physik, Chemie und Ausbildung zu tun haben werden die Begriffe *physics, chemistry, education, training* eingegeben (s. Abb. 15.14). Danach wird durch Anklicken des **Add Source**-Buttons die Anzeige der Liste der Sourcen aktiviert. Ein Eintrag ausgewählt und durch Anklicken des **OK**-Buttons in das *In Sources*-Feld übernommen. Dieser Vorgang ist für jede auszuwählende Source zu wiederholen (gleichzeitige Anfrage an mehrere Datenbanken). Im Beispiel soll in drei Datenbanken gesucht werden, die in einer ersten Suchphase aus Directory-of-Servers-Anfragen ermittelt wurden:

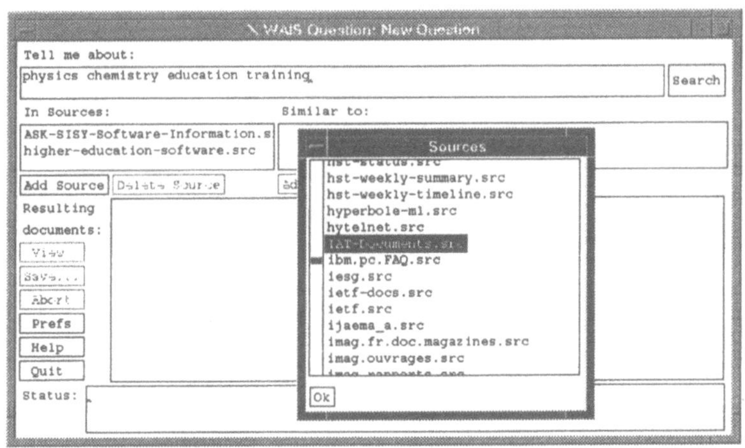

Abbildung 15.14: Anfrage an drei Datenbanken mit XWAIS

- ASK-SISY-Software-Information.src

- higher-education-software.src

- IAT-Documents.src

Abbildung 15.14 zeigt die resultierenden Fenster. Nach Übernahme der Sourcen in die Liste relevanter Datenbanken wird durch Anklicken des **Search**-Buttons der Suchvorgang gestartet.[12] Im Statusfeld, ganz unten im Fenster, werden Systemmeldungen ausgegeben. Hier kann relativ genau mitverfolgt werden, in welchem Stadium der Suche sich das System befindet. Die Datenbankabfragen werden sequentiell abgearbeitet.

Nach Abschluß der Suche werden die 40 wichtigsten Dokumente aus allen Datenbankanfragen zusammen in der Ergebnisliste angezeigt, Scores, Dokumentgröße, -datum und Titel werden aufgelistet. Das Ergebnis wird in Abbildung 15.15 dargestellt. Anklicken von **View** oder **Save** initiiert die Übertragung, **Save** erfragt einen Dateinamen, unter dem das Dokument gespeichert werden soll. **View** zeigt das Dokument an, wobei die „Treffer" invers dargestellt werden (s. Abb. 15.16)[13].

---

[12] Eine Suche kann durch Anklicken des *Abort*-Buttons abgebrochen werden.
[13] Suchergebnisse von Directory-Anfragen werden in der Ergebnisliste mit der Endung *.src* gekennzeichnet und bei der Anzeige auch als Source-Description dargestellt. Auch beim Speichern **Save** im Anzeigefenster wird die Source nicht

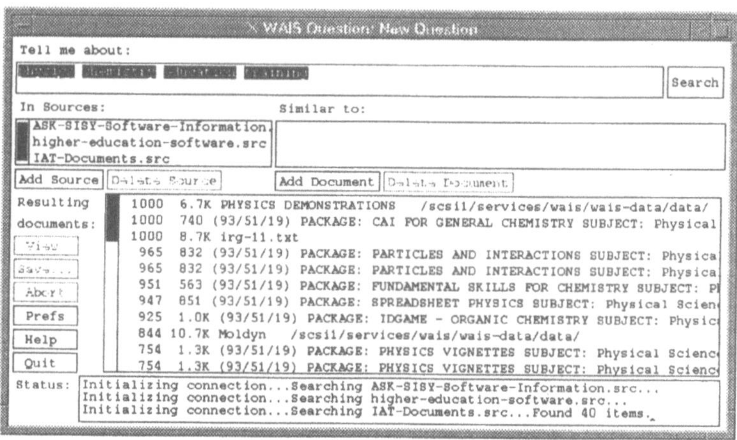

Abbildung 15.15: „Trefferliste" aus drei Datenbanken

Bevor die Ausgabe eines Ergebnisdokuments erläutert wird, noch einige Anmerkungen zu einem wichtigen Fensterbereich, der bisher unerwähnt blieb; im Fensterbereich mit der Überschrift *Similar to* werden Dokumente oder Teildokumente aufgelistet, die mit in eine Anfrage eingehen sollen (*Relevance Feedback*).

- Ganze Ergebnisdokumente können einfach aufgenommen werden, indem man sie in der Ergebnisliste anwählt und **Add Document** anklickt. In der Liste erscheint dann die *Headline*[14] des Dokuments.

- Beliebige Teilbereiche eines Texts (im Sinne von Zeile x bis Zeile y) können über den **Add Section**-Button bei der Dokumentausgabe in die Liste aufgenommen werden (s.u.). In der Liste erscheint dann zusätzlich zur *Headline* eines Dokuments eine Angabe über den relevanten Zeilenbereich.

- Ein kurzer Hinweis zum Einsatz von *Relevance Feedback*: Bei „gleichzeitiger" Arbeit mit mehreren Datenbanken können natürlich Texte oder Textteile aus unterschiedlichen Datenbanken als Feedback-Dokumente eingesetzt werden. Sie

wie eine „normale" Datei behandelt, sondern in das *wais-sources*-Verzeichnis gespeichert. So kann das *wais-sources*-Verzeichnis ggf. erweitert werden.

[14] *Headline* ist das, was WAIS unter der Überschrift eines Dokuments versteht, das entspricht nicht immer dem was man erwartet.

kommen jedoch nur in den Datenbanken zu tragen, aus denen sie stammen. Ein Textteil aus einer Datenbank *A* kann also nicht zur Verfeinerung oder Erweiterung der Suche in einer Datenbank *B* eingesetzt werden und umgekehrt.

Abbildung 15.16 zeigt exemplarisch die Ausgabe eines Ergebnis-

```
PACKAGE: CAI FOR GENERAL CHEMISTRY SUBJECT: Physical Sciences AREA: Chemistry TC

PACKAGE:    CAI FOR GENERAL CHEMISTRY

SUBJECT:    Physical Sciences
AREA:       Chemistry
TOPIC:      Inorganic Chemistry
DEWEY:      540.0
AUDIENCE:   Tertiary
AGE-LEVEL:  Tertiary
VERSIONS:   Apple II/IIe/IIc, 48K, DOS 3.3;

ABSTRACT:   Sample disk of programs from package designed to be
supplementary material to general course in chemistry. Package produced
by Richard Cornelius, Wichita State University.

AUTHOR:     William M. Butler, Raymond L Hough
DOC'N:
PUBLISHER:  John Wiley, USA
DATE OF PUB: 1982
ENTRY DATE: 1.1.86
AMEND DATE:
SUPPLIER:   Jacaranda Wiley, 65 Park Road, Milton, Queensland, 4064

Find Key  Add Section  Next  Previous  Save To File  Done
Status:
```

Abbildung 15.16: Textdokument als Suchergebnis

dokuments.

Im Ergebnisfenster hat man die folgenden Möglichkeiten:

Find Key sucht die Stichwörter der Anfrage im Text.

Add Section fügt ausgewählte Textteile in das Feld unter *Similar to* (s. Abb. 15.15) in der Form *Bereich, Titel* ein. Der Textbereich wird dann bei erneuten Anfragen zusätzlich zu den Anfragebegriffen übertragen und bei der Suche in der originären Datenbank eingesetzt.

Next und **Previous** haben ihren Sinn erst nach einigem Probieren offenbart, sie geben nicht, wie erwartet, das nächste oder das vorhergehende Dokument aus der Ergebnisliste aus, sondern holen aus der Datenbank, aus der das Dokument stammt, den darauf folgenden bzw. den vorhergehenden Datensatz.

Save To File funktioniert so, wie man erwartet; der Name der Datei unter der das Dokument gesichert werden soll, wird erfragt.

Done schließt das Fenster.

Soweit zu den Basismechanismen von XWAIS. Die folgenden Erläuterungen beschäftigen sich kurz mit weiteren Dokumentformaten. Bisher war fast nur von Textdokumenten die Rede. WAIS kann aber weit mehr als nur Textdokumente als Ergebnis liefern.

Handelt es sich bei einem Ergebnisdokument zum Beispiel um ein „normales" Graphikdokument, also nicht um ein Multi-Type-Dokument, wird über eine mitgelieferte Dokumenttyp-Angabe das *Dokumente und* zugehörige Ausgabeprogramm bestimmt. XWAIS bedient sich da-*Ausgabepro-* bei der lokal beim Client installierten Software. Welches Pro-*gramme* gramm für welchen Dokumenttyp eingesetzt wird, kann am besten im Xwais-Resourcefile mit der Resource Xwais.filters konfiguriert werden. Es ist aber auch möglich, wenngleich unbequem und temporär, über den bisher noch nicht erwähnten **Prefs**-Button (*Preferences*) im XWAIS-Question-Fenster diese Konfiguration durchzuführen. Neben der Maximalanzahl von Ergebnisdo-

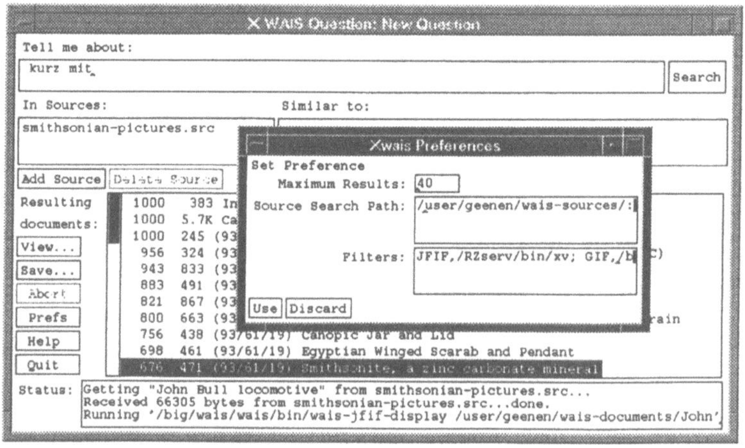

Abbildung 15.17: XWAIS-Preferences

kumenten kann hier auch noch der Source-Search-Path, das Verzeichnis unter dem XWAIS Source-Descriptions sucht, eingetragen werden (s. Abb. 15.17). Dokumente unbekannten Typs werden standardmäßig, nach Abfrage eines Dateinamens, abgespeichert. XWAIS ist jedoch so flexibel, daß das Typenspektrum über die Konfiguration erweitert werden kann.

Anklicken von **View** bei einem angewählten Multi-Type-Dokument bewirkt die Anzeige eines Fensters, indem alle möglichen Dokumentrepräsentationen aufgeführt sind. Hier kann man die gewählte Repräsentation bestimmen und die Übertragung und die Anzeige initiieren. Per Default wird die Textversion angezeigt. Abbildung 15.18 zeigt die Auswahl für ein Multi-Type-Dokument

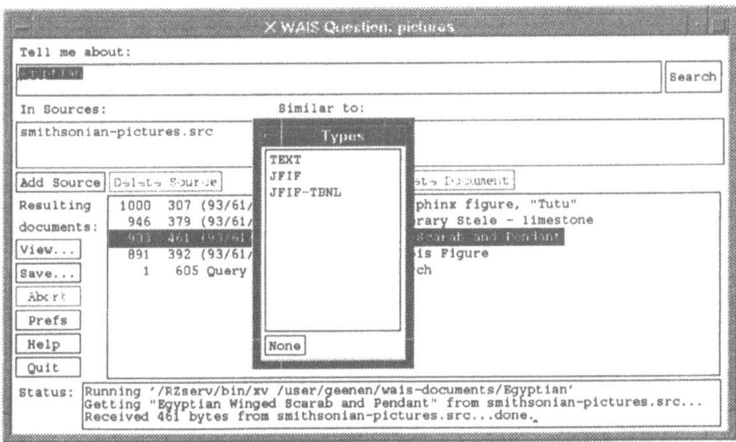

Abbildung 15.18: Auswahl bei einem *Multi-Type*-Dokument

aus der *Smithsonian-Pictures*-Datenbank. Der Anzeigemechanismus funktioniert wie bei „normalen" Dokumenten.

Zum guten Schluß: Wird der **Quit**-Button im XWAIS-Question-Fenster angeklickt, wird abgefragt, ob die formulierte Abfrage abgespeichert werden soll. Das Fenster ist in Bild 15.19 zu sehen.

15.5 Aufbau und Betrieb von WAIS-Servern

Der Aufbau von WAIS-Datenbanken, egal ob für den privaten, lokalen Betrieb oder für einen weltweiten Zugang, ist außerordentlich einfach. Die Serversoftware ist auf sehr vielen FTP-Servern zu finden, die wichtigsten sind in 15.6.2 angegeben.

Auf den ersten Blick ist das Angebot an Serversoftware etwas verwirrend, die wichtigsten Pakete sind *wais-8-b5.1, iubio-wais-*

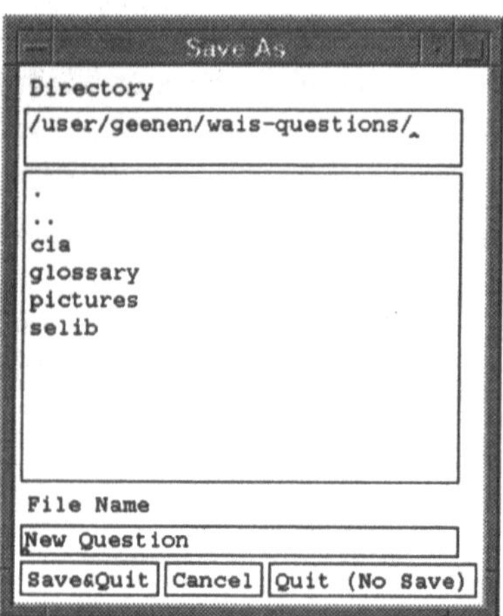

Abbildung 15.19: Abfrage speichern ?

8b5 und *freeWAIS-xxx* (s. hierzu auch 15.2). Obwohl *wais-8-b5.1*, *iubio-wais-8b5* mit in *freeWAIS-xxx* eingegangen sind, wird man die Pakete wahrscheinlich doch noch eine gewisse Zeit auf dem Netz finden. Sie haben ihre Daseinsberechtigung, da sie relativ gut und stabil funktionieren. Der Leistungsumfang des *freeWAIS*-Pakets ist am umfangreichsten, es wird ständig weiterentwickelt und in absehbarer Zeit wird es voraussichtlich genauso stabil und fehlerfrei funktionieren wie seine Vorgängerversionen und diese dann langsam ersetzen.

Hier eine kurze Liste der Funktionen und Eigenschaften von free-WAIS (Version 0.202), die, obwohl nicht alle ausreichend dokumentiert und fehlerfrei realisiert sind, die aktuellen und weiteren Entwicklungen widerspiegeln:

◇ *Stop-List:* Es gibt (im Programmcode enthalten) eine Liste von Wörtern, die bei der Indizierung von Dokumenten nicht berücksichtigt werden, von *a, about, above, ...* bis *yours, yourself, yourselves, z.*

◇ *Relevance Feedback* (s. 15.3.4)

◇ *Secure Server:* Der Benutzername, unter dem die WAIS-Prozesse im Serverbetrieb laufen, kann beim Start des Servers angegeben werden.

* *Booleans:* Suche mit logischen Operatoren ist möglich.

* *Partial Word:* Nach Teilbegriffen kann gesucht werden

* *Literal Search:* Beispiel: Die Eingabe von *'red rooster'* findet
  Texte, in denen die angegebenen Suchbegriffe in exakt dieser
  Form vorkommen.

* *Server Security:* Der Zugriff auf einen WAIS-Server kann
  beschränkt werden.

* *Database Security:* Der Zugriff auf eine einzelne WAIS-Datenbank kann beschränkt werden.

* *Synonyms:* Bei der Indizierung von Texten können für einzelne Begriffe Synonyme angegeben werden.

* *Multi-Type-Dokumente* (s. 15.3.4)

* *Stemming:* Arbeit auf der Basis von Wortstämmen.

Die durch „◇" gekennzeichneten Eigenschaften resp. Funktionen
stammen vom ursprünglichen WAIS, „⋆" kennzeichnet *iubio-wais*-
Funktionen.

Die wichtigsten Programme beim Aufbau und Betrieb eines
WAIS-Servers sind *waisindex* und *waisserver*. Zusätzlich sind in
den Serversoftwarepaketen noch einige Hilfsprogramme und einige Clients zu finden.

15.5.1 Aufbau der Datenbasis

Mit *waisindex* wird die Datenbasis aufgebaut, indem die suchrele-
vanten Datenstrukturen und die *Source-Description* generiert werden. Es können ganze Verzeichnisse mit Unterverzeichnissen re-
kursiv indiziert werden. Die Datenbasis ist inkrementell erweiterbar. Als Ausgangsdaten können unterschiedliche Dokumenttypen,
-formate und -ausprägungen dienen. Einige Beispiele sind in Tabelle 15.1 aufgezählt. *Multi-Type*-Dokumente sind eine Spezialität
des freeWAIS-Pakets.

text	einfache Textdateien
bibtex	Dateien in *BibTex* oder *LaTex*-Format
dvi	Dateien im *dvi*-Format (**device independent**)
first_line	Erste Zeile eines Dokuments wird Überschrift.
gif, tiff, pict	Bilddateien, standardmäßig wird nur der Dateiname indiziert
mail	zum Indizieren des Inhalts von Maildateien resp. -verzeichnissen (*folder*); kann gut zur Verwaltung der eigenen Mails eingesetzt werden
netnews	*News*-Artikel
one_line	Jede Zeile einer Datei wird als Dokument behandelt.
paragraph	Abschnitte in einer Datei, die durch Leerzeilen getrennt sind, werden als einzelne Dokumente behandelt.
dash	Eine Datei wird durch Zeilen von Minuszeichen in einzelne Dokumente aufgespalten.

Tabelle 15.1: *waisindex*: Dokumenttypen, -formate und -ausprägungen

Der Aufbau einer WAIS-Datenbank wird anhand eines kleinen Beispiels dargestellt. Dabei wird davon ausgegangen, daß ein Serverpaket erfolgreich installiert wurde. Wenn man die *Multi-Type*-Option nutzen will, muß ein freeWAIS-Softwarepaket installiert werden.

Ausgangspunkt zum Aufbau einer Datenbank mit dem Namen **db** sind vier Verzeichnisse (s. Abb. 15.20):

```
/wais-data/pict          /*GIF-Bilder*/
/wais-data/txt           /*Texte*/
/wais-date/multi         /*Multi-Type*/
/wais-index              /*Indexverzeichnis*/
```

Die erforderlichen Kommandos zum Aufbau der Datenbasis sind:

```
cd /wais-data
waisindex -d /wais-index/db -export -r txt
waisindex -d /wais-index/db -a -r -t gif pict
waisindex -d /wais-index/db -a -r -T TEXT
                        -M TEXT,GIF,PS multi
```

Die wichtigsten Optionen sind in Tabelle 15.2 aufgeführt. Nach erfolgreichem Indizieren findet man im Verzeichnis **wais-index** insgesamt sieben Dateien, die das WAIS-System zur Arbeit benötigt:

-d	gibt den Namen der Indexdatei und der Datenbank an.
-export	generiert eine Source-Description, die für den Zugriff von Außen eingesetzt werden kann.
-r	bewirkt, daß auch Unterverzeichnisse indiziert werden.
-a	Ein bestehender Index wird erweitert (*append*).
-t	Typangabe der zu indizierenden Dateien (*Formatangabe*). Legt fest, wie Dateien während des Indiziervorgangs behandelt werden, bestimmt implizit auch den Dokumenttyp bei der Anzeige.
-T	explizite Typangabe der Ergebnisdokumente.
-M	Multi-Type-Dokument

Tabelle 15.2: Wichtige waisindex-Optionen

db.cat   Katalog aller Dokumente, lesbar

db.dict   *Dictionary*[15] aller Stichwörter, nicht lesbar

db.doc   Dokumententabelle, nicht lesbar

db.fn   Dateinamentabelle, nicht lesbar

db.hl   Tabelle aller *Headlines*[16], nicht lesbar

db.inv   Invertierte Datei, nicht lesbar

db.src   Source-Description, lesbar

Die Dateien, die mit *lesbar* gekennzeichnet sind, können problemlos angeschaut werden. Wer sich für den Inhalt der anderen Dateien interessiert, sei auf das *strings*-Kommando unter UNIX verwiesen.

Wie die einzelnen Dateien bei der Recherche Verwendung finden, kann in [Inc93b] nachgelesen werden. In Abbildung 15.20 werden die Verzeichnisse und Dateien noch einmal im Überblick dargestellt.

Ist geplant, eine Datenbank öffentlich zugänglich zu machen, sollte die generierte *Source-Description* mit aussagekräftigem Inhalt gefüllt werden, bevor sie an die Verwalter des Directory-of-Servers[17] geschickt wird. Mit dem *waissearch*-Programm kann über-

---

[15] Wörterbuch
[16] Überschriften
[17] Dies kann automatisch mit der *register*-Option des waisindex-Kommandos erfolgen. Diese Möglichkeit ist jedoch nicht zu empfehlen!

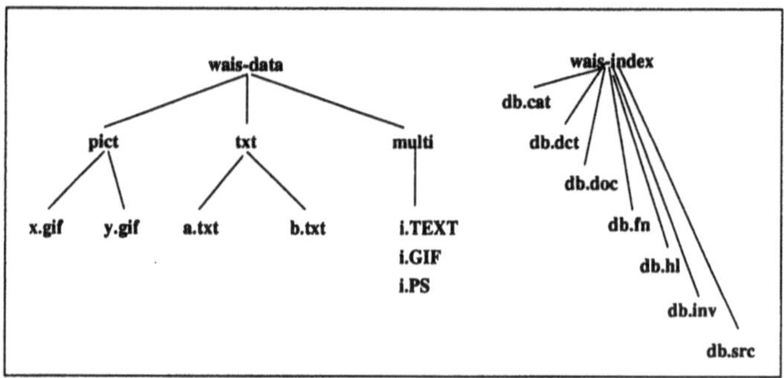

Abbildung 15.20: Verzeichnisstruktur

prüft werden, ob der Indexvorgang funktioniert hat.

```
cd /wais-index
waissearch    -d db Stichwörter
```

Das Serverprogramm

Jetzt fehlt noch ein kleiner Schritt, dann steht die Datenbank weltweit zur Verfügung, natürlich nur, wenn man das will: Der Wais-Server muß noch gestartet werden.

Der Server wird durch das Program *waisserver* realisiert; wie die meisten Serverprogramme kann er entweder *standalone* oder über den *inetd* betrieben werden. Beim Betrieb über den *inetd* muß dieser entsprechend konfiguriert werden. Ein Eintrag in *inetd.conf* könnte beispielsweise folgendermaßen aussehen:

```
z3950 stream tcp nowait root /etc/waisserver \
waisserver.d -d /wais-index -e /wais.log -l 10
```

Der entsprechende Eintrag in *services* hat folgende Gestalt:

```
z3950 210/tcp
```

Ein möglicher Aufruf zum Start des Servers im *Standalone-*Betrieb:

```
waisserver -p 210 -d /wais-index -e /wais-log -u guest
```

Hier eine kurze Erklärung der Parameter:

-e   Port, der dem Dienst zugeordnet ist
-d   Verzeichnis, in dem die Indexdateien zu finden sind
-e   Datei zur Aufnahme von Log-Informationen
-l   Log-Level
-u   *User*-Name unter dem der Dämon läuft

Nach ausführlichen Tests des Servers, kann die *Source-Description* an die Verwalter des Directory-of-Servers geschickt werden.

Das Standardserverpaket enthält zwei hilfreiche Programme, mit denen die Log-Information des Servers aufbereitet werden kann:

- *server_stats* gibt Auskunft über die Aktivitäten des Servers, z.B. die Anzahl der Clients, die den Server nutzten und vieles mehr.

- *getaddrs* gibt Auskunft darüber, von welchen Rechnern aus der Server genutzt wurde.

15.6 Öffentliche Clients, Bezugsquellen, Informationen

15.6.1 Nutzung via *telnet*

Wenn man nicht selbst Clientsoftware installieren will, stehen einige über *telnet* öffentlich zugängliche SWAIS-Clients zur Verfügung[18]:

   ♦ `info.funet.fi`   (Login: info oder wais)
      `quake.think.com`[19]   (Login: wais)
      `swais.cwis.uci.edu`[20] (Login: swais)

---

[18] Die angegebene Liste ist ständigen Veränderungen unterworfen; öffentliche Zugänge werden oft in News-Gruppen angekündigt.

⋄ `sunsite.unc.edu`   (Login: swais)
  `wais.nis.garr.it`   (Login: wais)

Die mit einem ⋄ gekennzeichneten Server bieten neben wais auch andere Dienste an (*gopher*, *www*, *x500* oder *archie*).

15.6.2 Bezugsquellen

Im folgenden werden die wichtigsten Bezugsquellen angegeben. In der Regel wird man jedoch selten auf die Originalquellen zugreifen müssen, da sich Software im Netz außerordentlich schnell verbreitet. Mit *archie* oder ähnlichen Werkzeugen kann schnell ein Server „in der Nähe" herausgefunden werden. Die wichtigste Quelle für aktuelle Informationen, Versionen usw. sind die FAQ und die News-Gruppen.

- Vielfältige Client- und Serversoftware sowie Dokumentation zu WAIS ist auf den folgenden Rechnern zu finden:

    - `ftp.cnidr.org`

    - `ftp.bio.indiana.edu`

    - `ftp.wais.com` und `ftp.think.com`

  Die wichtigste Software, das aktuelle FAQ und die aktuellen wais-sourcen sind auch auf

    - `ftp.ask.uni-karlsruhe.de`

  vorhanden. Die Originalquelle für das FAQ ist der FAQ-Server

    - `rtfm.mit.edu`

- Mailinglisten die sich mit WAIS beschäftigen sind:

    - `wais-interest-request@think.com`
      Moderierte Liste mit Ankündigungen etc.

---

[19] Bietet nur die *Directory-of-Servers*-Datenbank als Ausgangspunkt an.
[20] Sehr eingeschränkte Liste von Datenbanken

- **`wais-discussion-request@think.com`**
  Moderierte Liste über Electronic Publishing generell und WAIS im speziellen.

- **`wais-talk-request@think.com`**
  Offene Liste für Programmierer und Entwickler mit technischen Themen.

- **`LISTSERV@nervm.nerdc.ufl.edu`** (Z3950IW)
  Z39.50 Protokolldetails, interessant für Implementierer.

- **`zip-request@kudzu.concert.net`** (ZIP)
  Z39.50-92, freeWAIS-Entwicklungen des CNIDR.

- **`sig-wais-info@cnidr.org`** (SIG-WAIS)
  Ankündigungen von Treffen und Präsentationen der WAIS Special Interest Group.

- Die Newsgrupen zum Thema WAIS sind

  - **`comp.infosystems.wais`**

  - **`alt.wais`**

- Das CNIDR informiert über den Stand der freeWAIS-Entwicklungen, Pläne für die Zukunft und vieles mehr über WWW:

  - **`http://cnidr.org`**

Das World Wide Web

16.1 Die Entwicklung des WWW

Das *World Wide Web* ist die zur Zeit am weitesten fortgeschrittene
Entwicklung zur Erschließung von Ressourcen im Internet. Daher
soll an dieser Stelle besonders ausführlich über die Möglichkeiten
des *Web* oder W^3, wie das World Wide Web synonym genannt
wird, eingegangen werden.

Zunächst erfolgt ein Abriß der Entwicklungsgeschichte des Systems, anschließend werden die wichtigsten Grundbegriffe erklärt.
In Kapitel 16.3 wird eine Einführung in HTML und HTML+ gegeben. Das folgende Kapitel beschäftigt sich mit unterschiedlichen
WWW-Clients, wobei besonders auf Mosaic eingegangen wird. Es
folgt eine Übersicht über vorhandene WWW-Server. Kapitel 16.5
erläutert kurz das HTTP-Protokoll. In Kapitel 16.6 werden einige Tools vorgestellt, die dem Informationsanbieter die tägliche
Arbeit erheblich erleichtern. Zum Abschluß erfolgt ein Überblick
über WWW-Kataloge.

16.1.1 Die Idee

Die Entwicklung des W^3 begann Anfang 1989 am CERN, dem Europäischen Zentrum für Teilchenphysik bei Genf. Ausgangspunkt
war ein System zu entwickeln, das den Angehörigen des CERN
erlaubte, in der Vielfalt der vorhandenen Daten auf einfache Art
und Weise zu navigieren. Die Inkompatibilität der vorhandenen
Hard- und Software machte das Auffinden relevanter Information

*CERN - der
Ursprung des
W^3*

innerhalb der Organisation nahezu unmöglich. Als „bestmögliche"
Lösung dieses Problems wurde von Tim Berners-Lee und Robert
Cailliau ein auf Client/Server Architektur aufbauendes, *hypertext-basiertes* System vorgeschlagen [BLC89].

Die Entscheidung für HyperText bzw. HyperMedia wird durch
folgende Definition charakterisiert:

> *HyperText is a way to link and access information of*
> *various kinds as a web of nodes in which the user can*
> *browse at will.*

Der grundlegende Aufbau des World Wide Web unterscheidet sich
in keinster Weise von anderen Internet Tools. Dokumente auf Servern werden in einem bestimmten Format, im Falle von W^3 dem
HyperText-Format, abgespeichert. Mittels geeigneter Clients, im
HyperText Jargon auch *Browser* genannt, wird auf Information
zugegriffen, die auf dem Server vorhanden ist. Client und Server
verständigen sich untereinander über das *HTTP*-Protokoll (HyperText Transfer Protocol). Die HyperText Dokumente haben eine bestimmte Form, sie liegen in *HTML*, der HyperText Markup
Language, vor, deren Mächtigkeit die eigentliche Stärke des Systems ausmacht.

16.1.2 Ein kurzer Rückblick

Entwicklung des ersten Prototypen

Ende 1990 wurde der erste Prototyp eines WWW-Systems auf
NeXT Rechnern entwickelt, zeilenorientierte Clients für verschiedene Plattformen folgten. Die Kommunikation zwischen Client
und Server erfolgte über TCP/IP. Im Mai 1991 wurde das Ba-
sismodell vorgestellt, zu dieser Zeit war WWW auf den meisten
CERN Rechnern bereits verfügbar. Im Dezember 1991 wurde das
System über die „CERN Newsletter" erstmals einer größeren Öffentlichkeit bekannt gemacht. Zu Beginn des Jahres 1992 erfolgte
eine Ankündigung von zeilenorientierten Browsern in internationalen Newsgruppen.

Erste internationale Veröffentlichun- gen

Als Paket wurde die WWW-Software erstmals im Juli 1992 im
Internet veröffentlicht. Es enthielt Serversoftware, einen zeilenori-

entierten und einen X11/Motif Client (Viola). Durch die freie
Verfügbarkeit des Source Code begann man nun auch außerhalb
des CERN mit der Erweiterung, aber auch der Neuentwicklung
von Servern und Clients. Gleichzeitig wurden Tools zur automatischen Generierung von HTML-Dokumenten aus anderen Textformaten geschaffen.

*Verteilung im
Internet*

Im Januar 1993 wurde *Mosaic*, der heute wohl am meisten verbreitete Client, von Marc Andreessen vom NCSA (*National Center for Supercomputing Applications*) an der University of Illinois
at Urbana-Champaign (UIUC) als Alpha-Release herausgebracht.
Zu dieser Zeit gab es im Internet bereits mehr als 50 öffentlich
zugängliche W^3-Server.

*NCSA Mosaic
veröffentlicht*

Im März 1993 erfolgte die Vorstellung von WWW auf der „*Online
Publishing*" [WWW94]. Weitere öffentliche Präsentationen folgten
im Laufe des Jahres.

In Deutschland beschäftigten sich zunächst nur wenige mit dieser
Möglichkeit der Informationsverteilung, wohl auch, weil zu dieser
Zeit Gopher als Informationssystem favorisiert wurde. Mitte 1993
stieg auch hierzulande die Zahl der Webserver, insbesondere auf
Eigeninitiative einzelner Universitätsangehöriger. Heute, Anfang
März 1994, kann von ca. 800 Servern weltweit, davon ca. 100 in
Deutschland, ausgegangen werden.

*W^3-Verbreitung
auch in
Deutschland*

16.2   Die Grundbegriffe

Wenn man sich eingehender mit WWW beschäftigt, wird man auf
eine Reihe neuer Begriffe stoßen. Die wichtigsten werden nun kurz
erklärt.

16.2.1   Was ist HyperText?

Die Präsentation von Informationstexten hängt oft vom Wissens-
stand des Leserkreises ab. So ist es beispielsweise erforderlich,
Fachbegriffe näher zu erläutern, obwohl diese Spezialisten geläufig

Erläuterungen
innerhalb von
Buchtexten

sind. Innerhalb eines gedruckten Textes bieten sich dazu Verweise, Fußnoten oder Glossareinträge an. In der elektronischen Welt existiert eine weitere Alternative. Man „verdeckt" die zusätzliche Information, bietet dem Leser aber gleichzeitig an, diese Information bei Bedarf zu „expandieren". Dazu muß ihm lediglich, z.B. durch eine besondere Hervorhebung eines Wortes, angezeigt werden, daß sich hinter diesem Begriff eine nähere Erläuterung verbirgt, die er bei Bedarf abrufen kann.

Als Beispiel betrachte man den folgenden Satz:

Ziel von <u>COSINE</u> war die Bereitstellung einer auf <u>ISO/ OSI</u> <u>Normen</u> basierenden Infrastruktur für den akademischen Bereich innerhalb <u>Europas</u>.

Der aufmerksame Leser wird diesen Satz aus dem ersten Kapitel dieses Buches sicher wiedererkennen, doch wofür steht eigentlich die Abkürzung *COSINE*? Da hilft nur mühsames Nachschauen im Index, Zurückblättern auf die dort angegebene Seite und Suchen des Begriffs. In einer HyperText-Umgebung könnte der Leser z.B. durch einfachen Mausklick auf <u>COSINE</u> nähere Information zu diesem Begriff anfordern, die ihm in einem neuen Fenster angezeigt würde. Zu welchen Begriffen weitere Erläuterungen vorhanden sind, wird dem Leser durch besondere Hervorhebung, hier in diesem Beispiel als Unterstrich, angezeigt. Die besonders hervorgehobenen Terme werden in der Hypertextterminologie auch als *HyperLinks* oder einfach *Links* bezeichnet. Hinter <u>ISO/OSI-Normen</u> könnte der Autor des Dokuments beispielsweise ein Verzeichnis aller im Rahmen des COSINE-Projektes eingesetzten Normen verbergen. Dieses Verzeichnis könnte wieder aus Links auf die Dokumente selbst bestehen.

HyperLinks

HyperMedia

Ein etwas allgemeinerer Begriff ist *HyperMedia*. Man kann sich natürlich ebensogut vorstellen, daß sich hinter Links nicht nur weitere Textdokumente, sondern auch Grafiken, Audio- oder Videosequenzen verbergen. Beim Anwählen von <u>Europa</u> erscheint in einem neuen Fenster eine Europakarte, gleichzeitig wird Beethovens 9. Sinfonie abgespielt. Die Karte selbst kann wiederum als Hypermedia Link organisiert sein, beim Anwählen von Deutschland würden etwa die Adressen der deutschen Organisationen, die im COSINE-Projekt mitwirken, angezeigt werden. Man sieht also schon an diesem kurzen Beispiel, welche Vielfalt an Präsentationsmöglichkeiten in HyperMedia stecken.

16.2.2 W^3-Browser

Das World Wide Web basiert, wie die anderen besprochenen Informationsbeschaffungswerkzeuge auch, auf der Client/Server-Architektur. Der Unterschied zu den anderen vorgestellten Tools besteht in dem HyperText Ansatz. Clients, mit denen HyperText-Dokumente betrachtet werden können, werden allgemein als *Browser* bezeichnet. Die Begriffe Clients und Browser werden im WWW daher synonym verwendet. Für das W^3 stehen für alle gängigen Hardware- und Betriebssystemplattformen Browser unterschiedlicher Funktionalität zur Verfügung. Am beliebtesten sind natürlich fensterorientierte Clients. Eine Vorstellung verschiedener Browser erfolgt in Kapitel 16.4.

to browse = sich umsehen

16.2.3 Uniform Resource Locator

Uniform Resource Locator, abgekürzt URL, ist ein weiterer Begriff der eng mit der Verbreitung des World Wide Web verknüpft ist. Zur Zeit existieren viele unterschiedliche Systeme zur Recherche im Internet, von denen die wichtigsten im Rahmen dieses Buches vorgestellt werden. Bei der Recherche nach Dokumenten im Internet tritt das Problem auf, Ressourcen auf eine bestimmte Art zu identifizieren. Ähnlich wie Büchern in einer Bibliothek eine eindeutige Nummer zugewiesen wird, damit sie für jedermann auffindbar sind, sollte es im Internet eine Möglichkeit geben, Ressourcen eindeutig zu benennen. Diese Aufgabe übernimmt der URL.

Identifizierung von Dokumenten

Ein Beispiel möge das Problem verdeutlichen: Möchte man erklären, wo im Netz die Vordrucke für die CIP/WAP Anträge gefunden zu finden sind, so kann man das mittels Worte wie:

Die Antragsformulare liegen auf einem Anonymous-

FTP-Server in Karlsruhe unter dem Verzeichnis /pub/info.

Das ist natürlich nicht sehr präzise, denn allein in Karlsruhe gibt es ca. 10 FTP-Server. Selbst wenn man sich exakt die richtige Position einer Datei auf einem Server gemerkt hat (die CIP/WAP Antragsvordrucke liegen auf dem ftp-Server `ftp.ask.unikarlsruhe.de` im Verzeichnis `/pub/info/dfg-info`), so gibt es immer noch unterschiedliche Formulierungen für die Angabe einer Ressource.

unterschiedliche Sprechweise bei unterschiedlichen Diensten

In der „Gophersprache" würde man sagen: Die CIP/WAP Anträge liegen auf dem Gopherserver `gopher.ask.uni-karlsruhe.de` im Menüpunkt 7 (ASK-INFOS), dann Menüpunkt 5 (Informationen der DFG).

Der Hinweis, die Dokumente mittels W^3 zu holen, könnte lauten: Die CIP/WAP-Anträge kann man vom World-Wide-Web-Server der ASK `askhp.ask.uni-karlsruhe.de` im Abschnitt „Der ftp-Server der ASK — Informationen der DFG" abrufen.

Das URL-Konzept bietet nun eine Möglichkeit, Ressourcen im Netz auf eine einheitliche Art und Weise zu identifizieren, zu benennen und direkt abzurufen. Für letzteres sind lediglich Browser notwendig, die URLs verarbeiten können.

16.2.4 Die Struktur einer URL

eindeutige Identifizierung von Ressourcen im Netz

Die URL-Schreibweise hat sich mittlerweile als eine Art Quasistandard für die Angabe von Quellen im Internet etabliert, ein RFC zu URLs ist in Vorbereitung [BL94]. Besonders bei der Angabe von FTP-, W^3- und Gopherquellen ist die Verwendung der URL-Schreibweise sehr verbreitet.

URL = Zugriffsart, Rechnername, Dateiname

Da URLs nicht nur von Rechnern sondern auch von Menschen interpretiert werden, waren die Voraussetzungen bei deren Einführung, *kurz* und *verständlich* zu sein. Dazu sollen sie *aus druckbaren Zeichen, ohne Leerzeichen* bestehen. Wie im Beispiel des letzten Abschnitts zu sehen, benötigt man im wesentlichen drei Informationen, um eine Ressource im Netz zu beschreiben. Dies

sind eine *Zugriffsmethode*, ein *Rechnername* und ein Verzeichnis-
oder Dateiname. So liefert der String

```
ftp://ftp.ask.uni-karlsruhe.de/pub/info/dfg-info/
cipformular.ps.Z
```

genügend Information, um den CIP-Antrag im Internet zu finden.
Man baue eine FTP-Verbindung zum Rechner

```
ftp.ask.uni-karlsruhe.de
```

auf und hole sich die Datei

```
cip-formular.ps.Z,
```

die im Verzeichnis

```
/pub/info/dfg-info/
```

steht. Für die unterschiedlichen Zugriffsarten werden die Proto-
kollnamen verwendet, als Rechneradressen gibt man in der Regel
den Rechnernamen an.

```
http://www.informatik.tu-muenchen.de/
```

verweist beispielsweise auf die Titelseite des Web-Servers der TU
München,

```
gopher://gopher.fh-heilbronn.de/00/Will/KonPer
```

auf das Dokument *KonPer* des Gopherservers der FH Heilbronn.
Der String *00/* gibt dabei den Gopher Dokumententyp, in diesem
Falle also *File*, an. Auch für *afs*, *news*, *mailto*, *wais*, *telnet* und
prospero gibt es eine analoge Schreibweise. Mit

```
news:comp.infosystems.www
```

wird z.B. die Newsgruppe, in der intensiv über die Entwicklung
des World Wide Web diskutiert wird, angesprochen. Die URL

```
http://info.cern.ch/hypertext/WWW/Addressing/
Addressing.html
```

liefert weitere Informationen zu URLs.

16.3 HTML und WWW-Dokumente

HTML steht für HyperText Markup Language. Sie bietet eine einfache Möglichkeit, HyperText zu erstellen. HyperText-Browser interpretieren das HTML-Dokument und stellen es dem Benutzer dar. HTML basiert auf SGML, der *Standard Generalized Markup Language*, einer ISO-Norm (ISO 8879, 1986) zur Definition von strukturierten Dokumententypen.

16.3.1 Einfache HTML-Anweisungen

HTML-Anweisungen werden, wie beispielsweise Kommandos bei Textsatzsystemen, in den darzustellenden Text eingebettet. Das System, welches HTML-Dokumente anzeigt, interpretiert diese. Abbildung 16.1 zeigt ein einfaches HTML-Dokument, wie es von einem WWW-Client, in diesem Fall dem *Mosaic*-Browser, dargestellt wird. Das Dokument besteht aus einer Überschrift, einem kurzen Text, einer Zwischenüberschrift, einer Aufzählung von Punkten, sowie aus einem Text mit Verweisen. Dieses Dokument könnte auf den ersten Blick auch mit einer herkömmlichen Textverarbeitung erstellt worden sein. Genau wie bei diesen bestimmte Steuerzeichen dafür sorgen, daß Text beispielsweise als Überschrift oder als Aufzählung von Punkten erscheint, gibt es auch in HTML solche Steuerzeichen, Tags genannt, die vom HTML-Browser interpretiert werden. Abbildung 16.2 zeigt den „Quelltext" des in Abbildung 16.1 dargestellten Dokuments.

Tags

Jedes HTML-Dokument beginnt mit dem Tag <HTML> und endet mit dem Tag </HTML>. Öffnende Tags haben die allgemeine Form <Name Attribut=Wert>, schließende Tags haben die Form </Name>. Die zwischen öffnenden und schließenden Tags liegenden Bereiche nennt man *Elemente*. Ein Dokument besteht aus einem in <HEAD> und </HEAD> eingeschlossenen Header und einem zwischen <BODY> und </BODY> eingeschlossenen Textelement. Das HEAD-Element enthält generelle Information über das Dokument. Der Text selbst befindet sich im BODY-Teil.

<HTML>

<HEAD>

<BODY>

<TITLE>

Das TITLE-Element des Headers stellt den Dokumententitel dar.

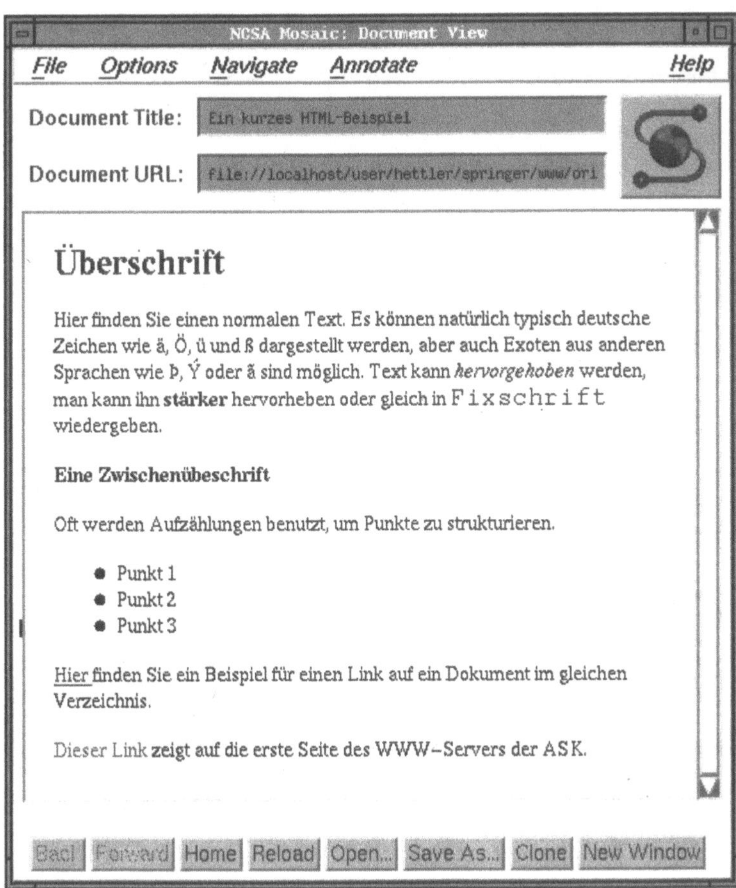

Abbildung 16.1: Ein einfaches HTML-Dokument

Dieser wird beispielsweise vom Mosaic-Client in der ersten Zeile
(s. Abb. 16.1 *Document Title*) wiedergegeben. Ein weiteres HEAD-
Element ist ISINDEX.

Weitaus mehr Elemente sind natürlich im BODY-Teil vorgesehen.
Für Textüberschriften sind 6 veschiedene Größen

```
<H1> ... <H6>
```

möglich. In europäischen Sprachen ist es notwendig, daß auch
spezielle Buchstaben, wie ä, Ö oder ß dargestellt werden können.
Dies erfolgt in HTML durch spezielle Codes in der Form:

Umlaute und andere Sonderzeichen

```
&auml;, &Ouml; bzw. &szlig;
```

```
                          NCSA Mosaic: Document Source
Uniform Resource Locator:  >r/springer/www/origs/html_einfach_quell.html

<HTML>
<HEAD>
<TITLE>
Ein kurzes HTML-Beispiel
</TITLE>
</HEAD>
<BODY>
<H1>
&Uuml;berschrift
</H1>
Hier finden Sie einen normalen Text. Es k&ouml;nnen nat&uuml;rlich
typisch deutsche Zeichen wie &auml;, &Ouml;, &uuml; und &szlig;
dargestellt werden, aber auch Exoten aus anderen Sprachen
wie &THORN;, &Yacute; oder &atilde; sind m&ouml;glich.
Text kann <EM>hervorgehoben</EM> werden, man kann ihn
<STRONG>st&auml;rker</STRONG> hervorheben oder gleich in
<CODE>Fixschrift</CODE> wiedergeben.
<H3>
Eine Zwischen&uuml;beschrift
</H3>
Oft werden Aufz&auml;hlungen benutzt, um Punkte zu strukturieren.
<UL>
<LI> Punkt 1
<LI> Punkt 2
<LI> Punkt 3
</UL>
<A HREF="verweis"> Hier </A> finden Sie ein Beispiel f&uuml;r einen
Link auf ein Dokument im gleichen Verzeichnis.
<p>
<A HREF="http://askhp.ask.uni-karlsruhe.de/welcome.html"> Dieser Lir
zeigt auf die erste Seite des WWW-Servers der ASK.
</BODY>
</HTML>

         Dismiss                        Help...
```

Abbildung 16.2: Quelltext eines HTML-Dokuments

Hervorhebungen von Worten werden durch die Tags

<EM> (*emphasize*) oder <STRONG>

erzeugt, Fixschrift erhält man mittels

<CODE>.

Eine Liste kann durch die Verwendung der Tags
<OL> (*ordered list*),
<UL> (*unnumbered list*),
<DIR> (*list short elements*) oder
<MENU> (*list small paragraphs*)

angelegt werden. Die Elemente der Liste werden in allen Fällen
durch

<LI> (*list*)

angegeben.

Der Anwender bestimmt durch die Konfiguration des Clients das Erscheinungsbild auf seinem Bildschirm. So bestimmt er z.B. welcher Font für die Darstellung einer <H1>-Überschrift zuständig ist, oder welcher Font Fettdruck repräsentiert. Auch ist die Anzeige der Umlaute natürlich nur möglich, wenn sie in dem Zeichensatz des Clients enthalten sind (z.B. ISO Latin 8859-1).

Die *Hypertextfunktionalität* ist durch die Möglichkeit der Erzeugung von *Links* gegeben. Dies erfolgt durch das <A>-(Anchor) Tag. Über das Attribut `HREF` (*HyperText Reference*) kann auf externe Dateien Bezug genommen werden.

```
<A HREF= "link"> Content </A>
```

Anchors

verweist also auf das Dokument *link*, das im gleichen Verzeichnis wie das aktuelle Dokument des Servers steht. Damit der Benutzer erkennt, daß sich an dieser Stelle eine Referenz auf ein anderes Dokument befindet, die aufgelöst werden kann, wird der `Content`, d.h. die Worte, die den Link beschreiben, je nach Fähigkeit des Clients in einer anderen Farbe, unterstrichen oder invers unterlegt angezeigt. Nach Aktivierung des Links durch Anwählen des Worts `Content`, erscheint auf dem Bildschirm das Dokument, das unter dem Namen ,,`link`'' abgelegt wurde. Über

Verweise innerhalb eines Dokuments

```
<A HREF="#linkname">
```

kann an eine bestimmte Stelle innerhalb eines Dokuments gesprungen werden. Die Sprungstellen werden durch

```
<A NAME="linkname">linkname</A>
```

identifiziert.

Es sind jedoch nicht nur Verweise auf Dateien lokaler Server möglich. Durch Angabe einer URL können beliebige, öffentlich zugängliche Dokumente im Internet referenziert werden. Bei Aktivierung des Ankers wird also das Dokument von dem in der URL angegebenen Rechner geholt und von dem lokalen Client angezeigt. Da URLs weltweit eindeutige Ressourcen bezeichnen, spricht man berechtigterweise von einem weltweit verteilten HyperText-System.

weltweit verteiltes HyperText-System

Die Erstellung eines HyperText-Dokuments erscheint zunächst etwas mühsam, da die Syntax der einzugebenden Befehle gewöhnungsbedürftig ist. Kleine Texte, wie das obige Beispiel, lassen

Erstellung von HyperText-Dokumenten

sich „per Hand" mit Hilfe eines normalen Texteditors erstellen. Die Texte können unter Verwendung eines WWW-Clients betrachtet werden. Um bereits vorhandene Texte ins W^3 einzubinden, bedient man sich besser Tools, die aus verschiedenen Textformaten HTML-Dokumente erzeugen (vgl. Kapitel 16.6).

16.3.2   Weitere Möglichkeiten unter HTML

Für das Layout von Dokumenten stehen noch viele weitere Elemente zur Verfügung. Eine sehr gute Einführung ist in

```
http://www.ncsa.uiuc.edu/demoweb/html-primer.html
```

zu finden, die komplette HTML-Referenz ist zur Zeit als RFC in Diskussion [BL93a].

Auf zwei weitere Möglichkeiten soll an dieser Stelle noch näher eingegangen werden. Durch Angabe des Tags

```
<ISINDEX>
```

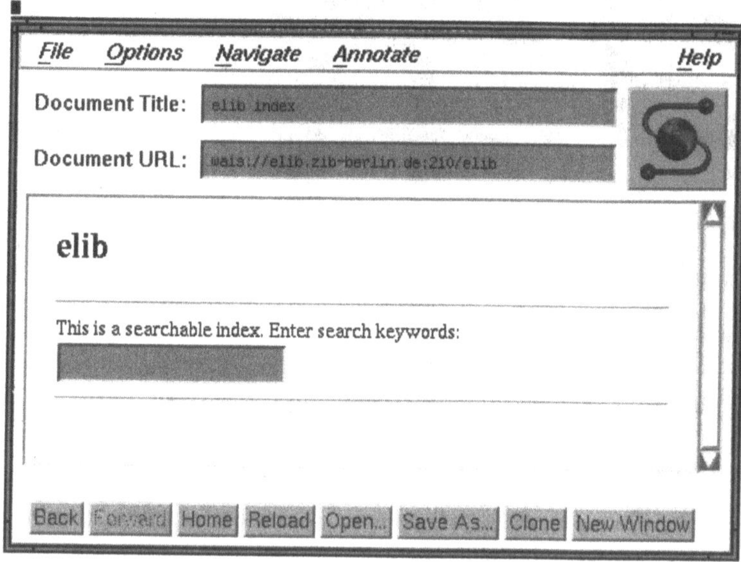

Abbildung 16.3: Suche innerhalb WWW

kann ein Dokument zur Keywordsuche verwendet werden. Es wird

ein Fenster angezeigt, in das man Suchbegriffe eingeben kann
(s. Abb. 16.3). Auf Serverseite muß natürlich eine Suchmaschine
vorhanden sein, die dem Anwender Resultate einer Suche zurück-
gibt. Eine weit verbreitete Methode ist der Einsatz der WAIS-
Software zur Generierung von recherchierbaren Dokumenten.

<ISINDEX>

Mittels *Inlined Images* lassen sich Grafiken in Texte integrieren.
Das entsprechende Tag hat das Format

<IMG SRC>

```
<IMG SRC = "dateiname" ALIGN = TOP|MIDDLE|BOTTOM>
```

Mit ihm können Icons oder kleine Grafiken in einen Text eingebunden werden (s. Abb. 16.4). Das Attribut SRC enthält den Pfad

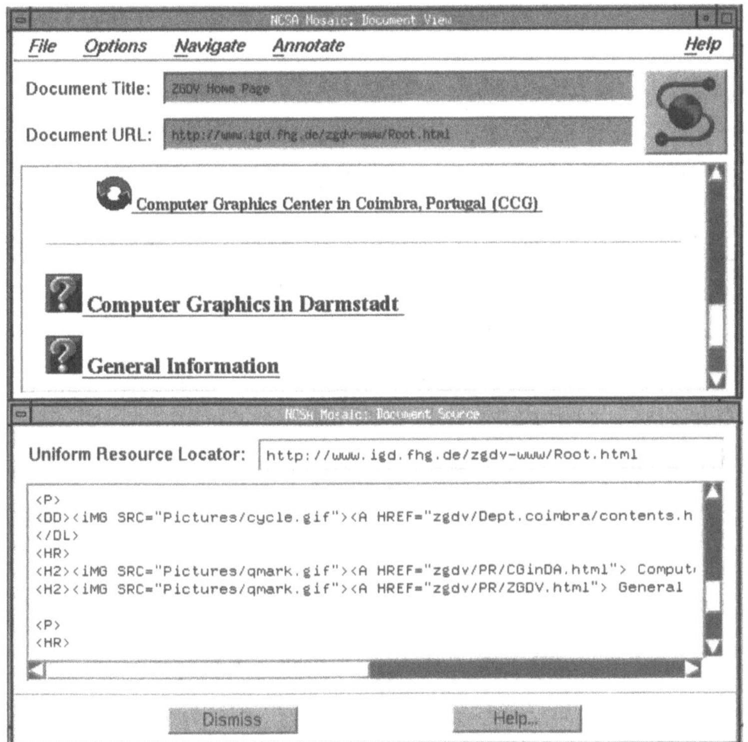

Abbildung 16.4: Bilder in HTML-Dokumenten

und den Dateinamen der Grafikdatei, ALIGN ermöglicht die Angabe, ob der folgende Text oben, in der Mitte oder unten an das
Bild positioniert werden soll. Bilder im *GIF*-Format können von
fensterorientierten Clients wie *Mosaic* direkt angezeigt werden,

bildschirmorientierte Browser wie z.B. *Lynx* (vgl. Kapitel 16.4), überspringen das *Image Tag* bzw. sie zeigen etwa durch [IMAGE] an, daß an dieser Stelle ein Bild vorhanden ist, das bei Bedarf abgerufen werden kann.

Weiter oben wurde bereits erwähnt, daß das W^3 MultiMedia Funktionalität bietet. Die Anzeige solcher Dokumente wird jedoch nicht über den Server, sondern über den Client gesteuert. Dementsprechend gibt es auch keine speziellen HTML-Tags für Multimedia Dokumente, wie man das vielleicht erwarten würde. Auf diese Eigenschaften wird ausführlicher im Kapitel 16.4 eingegangen.

16.3.3 Die Erweiterung HTML+

HTML+ ist eine Erweiterung von HTML. An ihrer Spezifikation wird zur Zeit noch gearbeitet [Rag93], jedoch bietet sie einige interessante Features, die hier vorgestellt werden sollen. Es existiert noch keine Implementierung, die *alle* Erweiterungsvorschläge beinhaltet, einige HTML+ Elemente sind aber bereits in Mosaic 2.2 realisiert.

HTML+ und Mosaic 2.2

Zunächst wird HTML+ erheblich mehr Möglichkeiten der Textdarstellung bieten. Beispielsweise kann durch die Tags

<SUP> (*superscript*) und
<SUB> (*subsript*)

Text ^{hoch} gestellt oder $_{tief}$ gestellt werden. Die Eingabe von

<HR> (*horizontal rule*)

erzeugt eine waagerechte Linie, durch die Dokumente optisch gegliedert werden können. Eine weitere sinnvolle Erweiterung ist im Bereich Listendarstellung vorgesehen. Die Darstellung langer Listen untereinander ist oft sehr unübersichtlich. Mit

Erweiterte Textgestaltungsmöglichkeiten

<UL PLAIN WRAP=VERT>

können Listenelemente mehrspaltig nebeneinander angezeigt werden. Mit dem Tag

<FIG>

werden Grafiken auch als Fließobjekte behandelt, d.h. der Text im folgenden Abschnitt wird frei um die Grafik herum positioniert. Über das Attribut

ISMAP

das auch mit <IMG> verwendet werden kann, besteht die Möglichkeit, Hyperlinks in Grafiken einzubauen. Man vergleiche dazu die Deutschlandkarte in Abb. 16.5. Anwählen einer Stadt auf dieser Karte zeigt eine Übersicht über die dort vorhandenen Server.

Grafiken als Hyperlinks

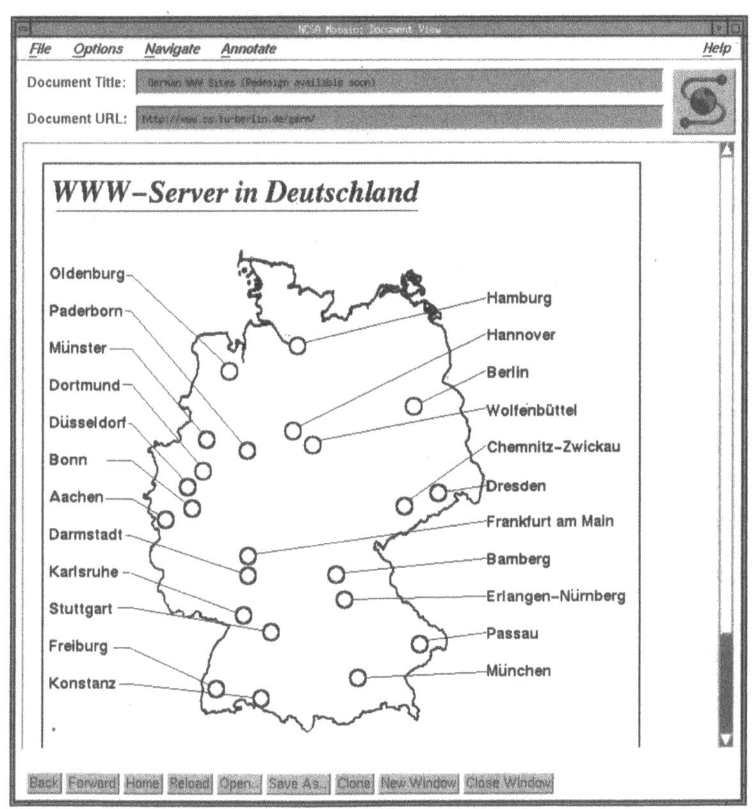

Abbildung 16.5: Eine Grafik als Hyperlink

HTML unterstützt keine Tabellen. Bisher können Tabellen nur als vorformatierter Text über das <PRE>-Tag mehr schlecht als recht auf dem Bildschirm angezeigt werden. In HTML+ würde mittels

```
<TABLE BORDER>
<CAPTION>Darstellung einer Tablelle mit
```

```
HTML+</CAPTION>
<TH>Jahr<TH>Monat<TH>Tag<TR>
<TD>1972<TD>Juni<TD>23<TR>
<TD>1982<TD>Oktober<TD>7<TR>
</TABLE>
```

Darstellung von
Tabellen

die folgende Tabelle kreiert.

Jahr	Monat	Tag
1972	Juni	23
1982	Oktober	7

Tabelle 16.1: Darstellung einer Tabelle mit HTML+

In Diskussion ist ebenso die Darstellung mathematischer Symbole. Bisher ist es nur möglich, mathematische Symbole in einer Textverarbeitung zu schreiben und die Formel als Bitmap-Bild einzubinden. HTML+ schlägt hingegen die direkte Erzeugung mathematischer Symbole vor. Beispielsweise würde

```
<MATH>
h(s) = &int; <SUB> 0 </SUB> <SUP> &infin; </SUP> e
<SUP> -st </SUP> h(t) dt
</MATH>
```

mathematische   als
Symbole

$$h(s) = \int\limits_0^\infty e^{-st} h(t)dt$$

dargestellt werden.

16.3.4 Formulare erstellen mit HTML+

Neben den eben kurz vorgestellten Erweiterungen von HTML wird

Interaktion mit   auf die Erstellung von Formularen, die ebenfalls eine Eigenschaft
dem Benutzer   von HTML+ sind, ausführlicher eingegangen. Im Gegensatz zu

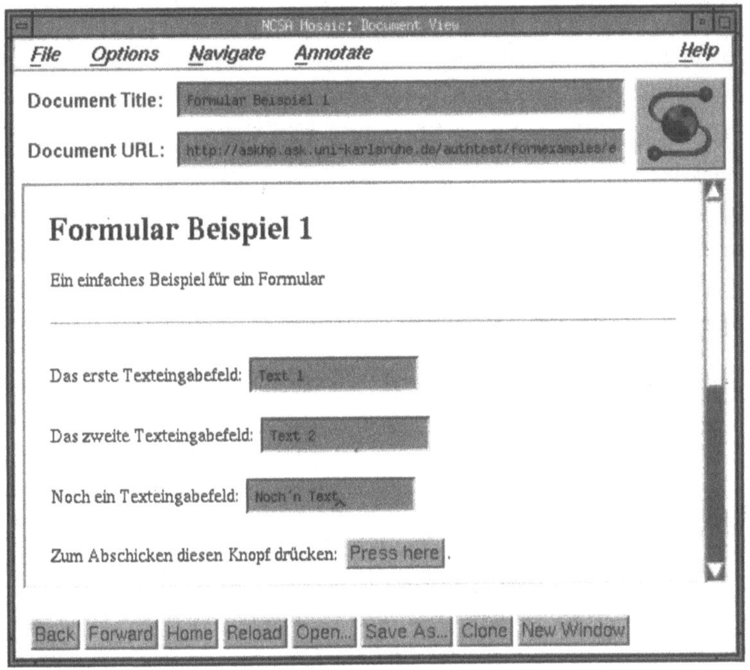

Abbildung 16.6: Ein Formular mit HTML+ erstellt

vielen Erweiterungsvorschlägen zu HTML+ existiert für die Formularerstellung bereits eine funktionstüchtige Implementierung unter Mosaic 2.2. Eine sehr gute schrittweise Einführung in die Erstellung von Formularen findet man unter:

```
http://www.ncsa.uiuc.edu/SDG/Software/Mosaic/Docs/
filloutforms/overview.html
```

Der prinzipielle Ablauf ist dabei wie folgt: Der Client stellt HTML+-Anweisungen, die er vom Server bekommt, als Formularfelder dar. Der Benutzer macht seine Eingaben. Nach Betätigung des *Submit Buttons* wird das Formular an den in der Document URL angegebenen HTTP-Server (s. Kap. 16.4.4) zurückgesendet. Dort wird vom HTTP-Server ein Programm gestartet, das die Eingaben auswertet und dem Client ein HTML- bzw. HTML+-Dokument zurücksendet. Damit ist eine Interaktion zwischen Anwender und Informationsanbieter möglich. Die Schnittstelle zwischen dem externen Programm (*Queryserver*) und dem HTTP-Server ist durch das *Common Gateway Interface* (CGI) definiert.

Auf der Basis des CGI-Mechanismus ist es nun sehr einfach, eigene Queryserver zu schreiben und damit fast beliebige Serveraktionen zu ermöglichen. Ein kurzes Beispiel möge das verdeutlichen: Das einfache Formular in Abbildung 16.6 wurde, wie aus Abbildung 16.7 zu ersehen ist, mit dem <FORM> Tag realisiert. METHOD gibt an, auf welche Art und Weise die Daten vom WWW-Client zum Queryserver, also dem Programm, das die Anfrage abarbeitet, weitergeleitet wird. Hinter ACTION folgt die URL zum entsprechenden Programm. Das Tag

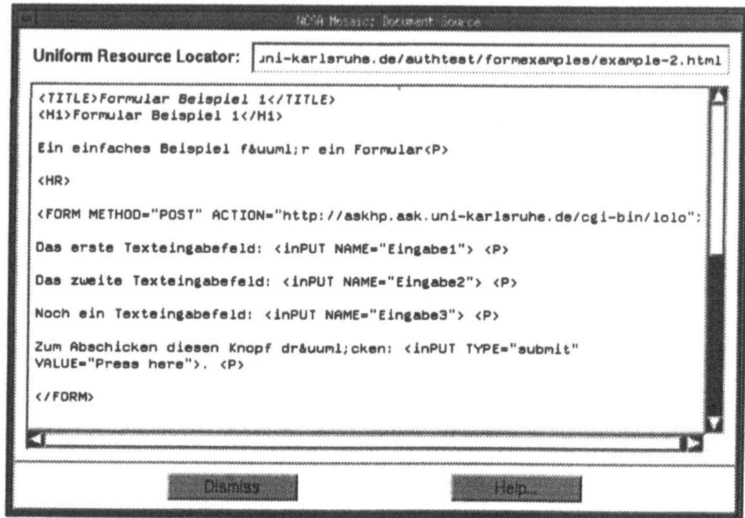

Abbildung 16.7: Die Quelldatei zum Formular

<INPUT>

kann mehrere unterschiedliche Attribute haben. Das NAME-Attribut ordnet der Eingabe einen symbolischen Namen zu, auf den Bezug genommen werden kann. TYPE kann z.B. sein TEXT, was auch der Standardwert ist, und ein einfaches Texteingabefeld anzeigt. Der Wert SUBMIT des TYPE-Attributes dient zur Anzeige eines Submit Buttons, über VALUE lassen sich Buttons neue Textlabels zuordnen.

Der Queryserver, in diesem Falle das Programm „lolo" (vgl. Document URL in Abb. 16.8), bearbeitet die Eingabe und gibt dem Mosaic-Client ein HTML-Dokument zurück. In diesem Falle

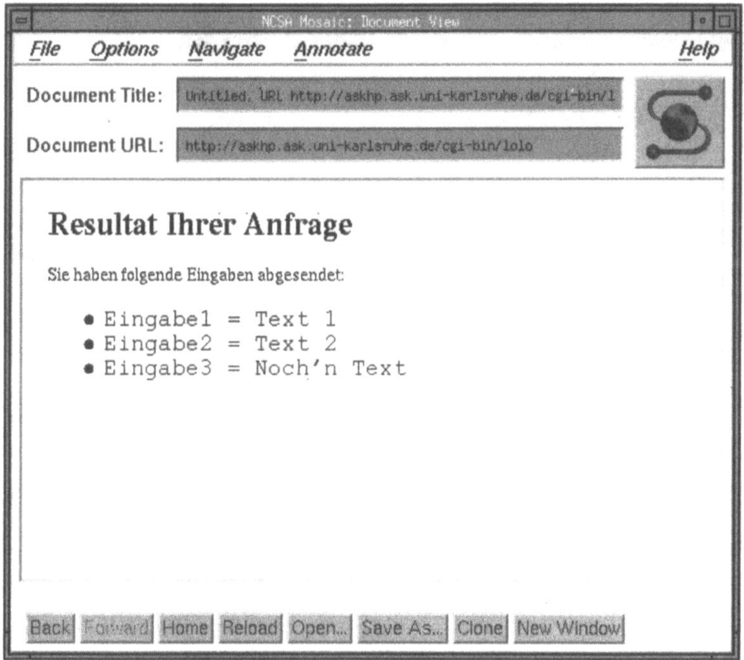

Abbildung 16.8: Das Ergebnis der Anfrage

macht die Anfragemaschine nichts anderes, als die vom Benutzer eingegebenen Werte wieder anzuzeigen. (s. Abb. 16.8 und 16.9) Dieser Queryserver wird durch ein kleines C-Programm realisert, jedoch lassen sich prinzipiell in jeder Sprache Queryserver realisieren.

Welche Aktionen nun durch die Eingabedaten des Benutzers getriggert werden, hängt einzig und alleine von dem ausgeführten Programm ab. Eine im Internet schon verwendete Möglichkeit ist die papierlose Bestellung von Artikeln über ein solches Formular.

Eine originelle Idee entstand dabei in den USA. In der *Branch Mall* können Blumen zur Auslieferung in den ganzen USA bestellt werden (s.Abb. 16.10). Die Abrechnung erfolgt über Kreditkarte. An Valentinstag war dies ein häufig genutzter Dienst im Internet.

elektronische Bestellformulare

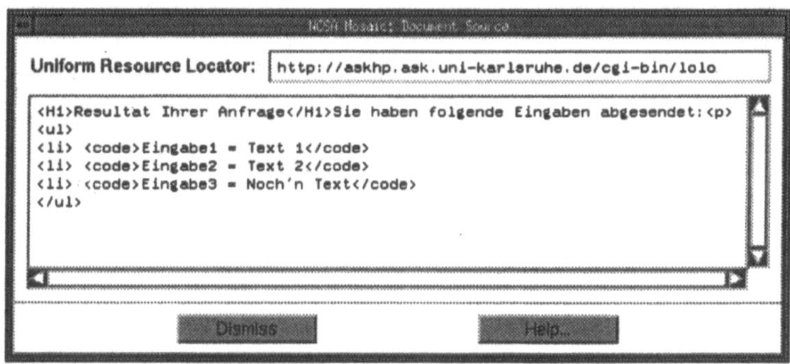

Abbildung 16.9: Das Resultat der Anfrage in HTML-Schreibweise

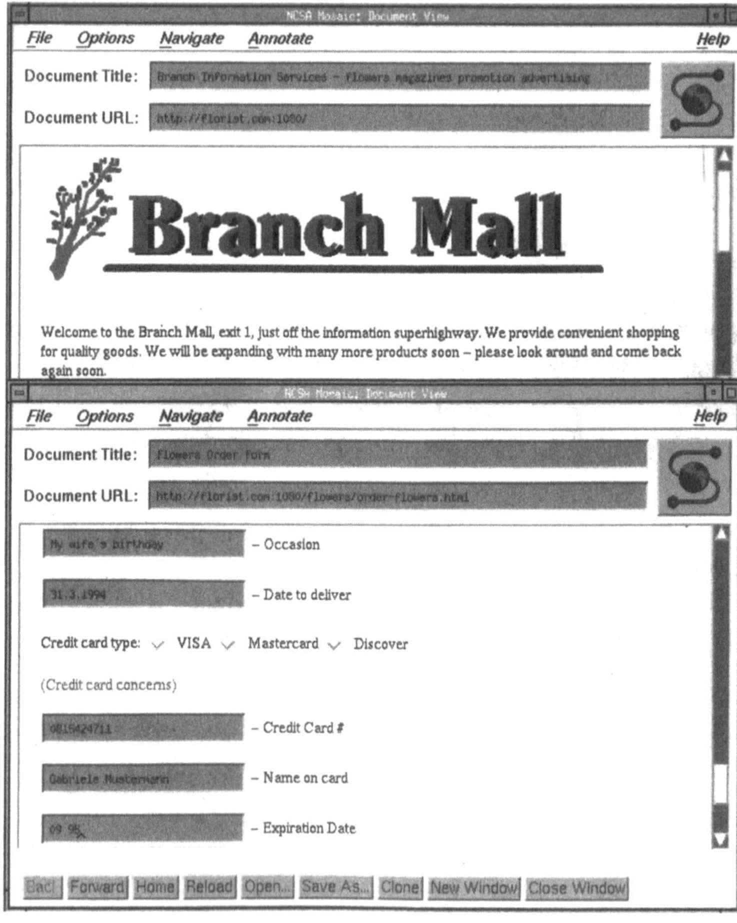

Abbildung 16.10: Bestellung von Blumen im Internet

16.4 WWW-Software

In diesem Abschnitt werden zunächst einige weit verbreitete
World Wide Web Browser vorgestellt und eine kurze Übersicht
über Serverprogramme gegeben. Eine weiterreichende aktuelle
Übersicht über WWW-Software findet man unter

```
http://info.cern.ch/hypertext/WWW/Status.html
```

16.4.1 Zeilenorientierte Browser

Zeilenorientierte Browser gibt es für alle UNIX-Plattformen,
VMS, MVS, MacIntosh und für PCs. Sie erlauben die Nutzung
des World Wide Web auch von einfachsten Terminals. Der Aufruf
erfolgt über:

www [options] [docaddress [keywords]]

Zeilenorientierte Browser für viele Plattformen

docaddress steht dabei für eine beliebige URL, **keywords** können
eingegeben werden, wenn das Dokument vom Format `<ISINDEX>`
ist.

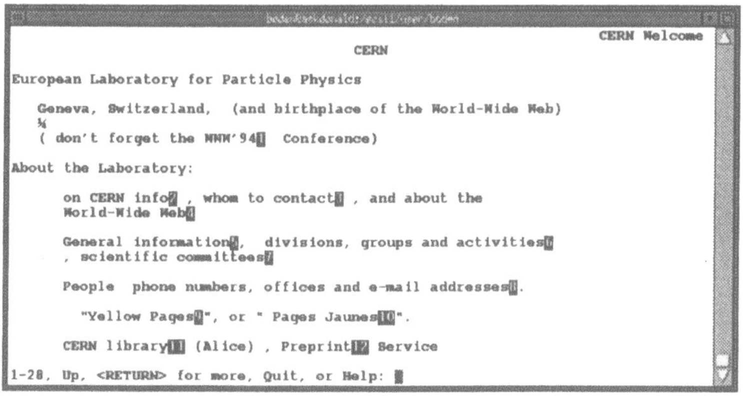

```
                                              CERN Welcome
                        CERN
European Laboratory for Particle Physics
    Geneva, Switzerland,  (and birthplace of the World-Wide Web)
    ( don't forget the WWW'94  Conference)
About the Laboratory:
    on CERN info , whom to contact , and about the
    World-Wide Web
    General information , divisions, groups and activities
    , scientific committees
    People  phone numbers, offices and e-mail addresses .
      "Yellow Pages ", or " Pages Jaunes ".
    CERN library  (Alice) , Preprint  Service
1-28, Up, <RETURN> for more, Quit, or Help:
```

Abbildung 16.11: Ausschnitt des zeilenorientierten WWW-Browsers

Die wichtigsten Optionen sind:

-n   Non-interactive mode. Ausgabe des Dokuments.

`-v`	Verbose mode. Liefert Statusinformationen.
`-o file`	Schreibt Ausgabe in die angegebene Datei.
`-listrefs`	Gibt eine Liste aller Referenzen aus.
`-source`	Liefert das Original HTML-Dokument.
`-p n`	Gibt die Seitenlänge an. (default: 24 Zeilen).
`-w n`	Gibt die Seitenbreite an (default: 80 Zeichen).
`-a format`	Gibt an, wie Anker dargestellt werden sollen.
`-l logfile`	erzeugt eine Liste aller besuchten Dokumente.
`-r rulefile`	Einlesen einer Konfigurationsdatei.

Eine Ansicht des Browsers ist in Abbildung 16.11 wiedergegeben. Die Links des aktuellen Dokuments werden durchnumeriert. Durch Drücken der entsprechenden Zahlen folgt man dem Link. Der Client verfügt über eine online Hilfe, die die wichtigsten interaktiven Kommandos erklärt. Durch die Möglichkeit, über Pipes mit Systemkommandos zu kommunizieren, ist der Line Mode Browser sehr flexibel einsetzbar und bietet dem Spezialisten eine Fülle von Möglichkeiten. Für den Einsteiger sind jedoch, bei entsprechenden Hardwarevoraussetzungen bildschirm- oder fensterorientierte Browser sicher die bessere Wahl.

16.4.2 Bildschirmorientierte Browser

Lynx für VT100 Terminals

Der am weitesten verbreitete bildschirmorientierte Browser ist Lynx. Er setzt ein sog. VT100-Terminal, bzw. eine VT100-Terminalemulation voraus, wie es sie auch für Macintosh Rechner oder für PCs gibt. Lynx läuft derzeit unter UNIX und VMS, eine DOS-Version ist zur Zeit in Entwicklung. Ausführliche Hilfe erhält man unter

`http://www.cc.ukans.edu/lynx_help/lynx_help_main.html`

Der Aufruf des Programms erfolgt mit

`lynx [options] [URL]`

Es gibt ca. 25 Optionen, die wichtigste ist `-help`. Sie zeigt eine Übersicht über alle vorhandenen Optionen an.

URL steht für einen beliebigen *Uniform Resource Locator* (vgl. Ka-

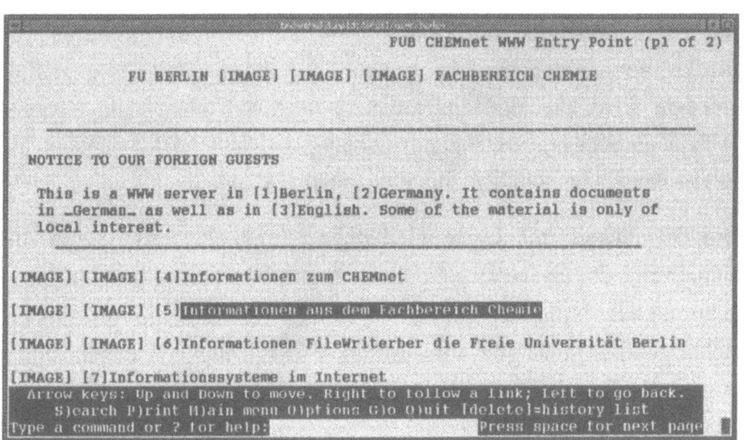

Abbildung 16.12: Die Home Page der FU Berlin, dargestellt mit Lynx

pitel 16.2.3). Gibt man keine URL an, liegt es an der Installation des Systems, welches Dokument als Einstiegspunkt erscheint. Setzen der Environment Variablen WWW_HOME erlaubt dem Benutzer, dies zu ändern. Durch explizite Angabe einer URL beim Aufruf von Lynx kann aber auch jedes beliebige Dokument als Startpunkt angegeben werden.

Die Bedienung von Lynx ist sehr einfach. Kommandos werden durch einfachen Tastendruck ausgeführt. Über O)ptions läßt sich der W^3-Browser sehr einfach konfigurieren. Die Konfiguration wird in der Datei $HOME/.lynxrc abgespeichert. In den Dokumenten kann man sich mittels der Cursortasten bewegen. Mit p kann ein Dokument direkt ausgedruckt werden. Über g lassen sich während der Sitzung beliebige URLs eingeben, auf die dann zugegriffen wird. Lynx ist in der Lage, Formulare darzustellen. Befindet man sich auf einem Textfeld, wird nach der Eingabe von <Return> die Texteingabe vorgenommen.

Bedienung über einfache Tastaturkommandos

Formulare ausfüllen mit Lynx

Laufende Übertragungen können mit z abgebrochen werden. Dies ermöglicht bei schlechten Netzverbindungen den schnellen Ausstieg. Innerhalb von Dokumenten wird mit /suchbegriff nach Textstellen gesucht. Bietet der Informationsanbieter über das Tag <ISINDEX> eine externe Suche an, werden mit s die Suchbegriffe eingegeben. Weiterhin besteht die Möglichkeit, über a Verweise auf Dokumente als sog. Bookmarks, ähnlich den Gopher Bookmarks, abzuspeichern. Mit v kann auf diese wieder zugegriffen werden. Über die Bookmarks kann man sich also seine eigenen WWW-Einstiegspunkte zusammenstellen. Die URLs werden lokal in der Datei `$HOME/.lynx_bookmark` abgelegt.

Lynx ähnelt elm

Bei der Arbeit mit Lynx wird man schnell feststellen, daß die Bedienung des Systems sehr ähnlich zur Bedienung des Mailprogramms `elm` ist. Alle, die diesen Mailer verwenden, werden sich sicher schnell mit Lynx anfreunden. Für die schnelle Beschaffung von textueller Information im W^3 ist Lynx eine sehr gute Alternative zu den windowsorientierten Clients, da Grafiken nur bei Bedarf übertragen werden. Wer jedoch die volle World Wide Web-Vielfalt erleben möchte und die notwendigen Hardwarevoraussetzungen hat, sollte auf fensterorientierte W^3-Clients zurückgreifen. Man vergleiche dazu die beiden Abbildungen 16.12 und 16.13, in denen das gleiche Dokument mit einem bildschirmorientiertem und einem windoworientierten Browser dargestellt wird.

16.4.3 Fensterorientierte Clients

Mosaic für X11/Motif, MidasWWW, ViolaWWW, tkWWW, Erwise, Chimera, Browser für NeXT, Mosaic für Mac, Samba, Mosaic für Windows, Cello

Zur Navigation im W^3 eignen sich besonders fensterorientierte Browser. Diese gibt es für X11/Motif (*Mosaic für X11/Motif, MidasWWW, ViolaWWW, tkWWW, Erwise*), X11/Athena (*Chimera*), NeXTStep (*Browser-Editor on the NeXT*), Macintosh (*Mosaic für Macintosh, Samba*) und MS-Windows (*Mosaic für Windows, Cello*). Aus dieser kurzen Auflistung erkennt man bereits den Stellenwert, den *Mosaic* einnimmt. Im folgenden wird besonders auf diesen Client eingegangen, da die Funktionalität auf den drei Plattformen X11/Motif, Macintosh und PC sehr ähnlich ist. Die Beschreibungen beziehen sich auf den X11/Motif Client.

Mosaic für X11/Motif wird sowohl als vorübersetztes Binärfile für alle gängigen UNIX-Plattformen (solaris, sun, ibm, sgi, indy, hp700, alpha, dec) wie auch als Source Code angeboten. Um schnell einen Eindruck von den Möglichkeiten des Programms zu bekommen, genügt die Installation des Binärprogramms. Möchte man Veränderungen an der Standardkonfiguration vornehmen, oder besitzt man einen Rechner, für den es keine übersetzte Version gibt, so muß auf den Source Code zurückgegriffen werden, der für Unix ebenfalls frei verfügbar ist. *Mosaic für Windows* wird

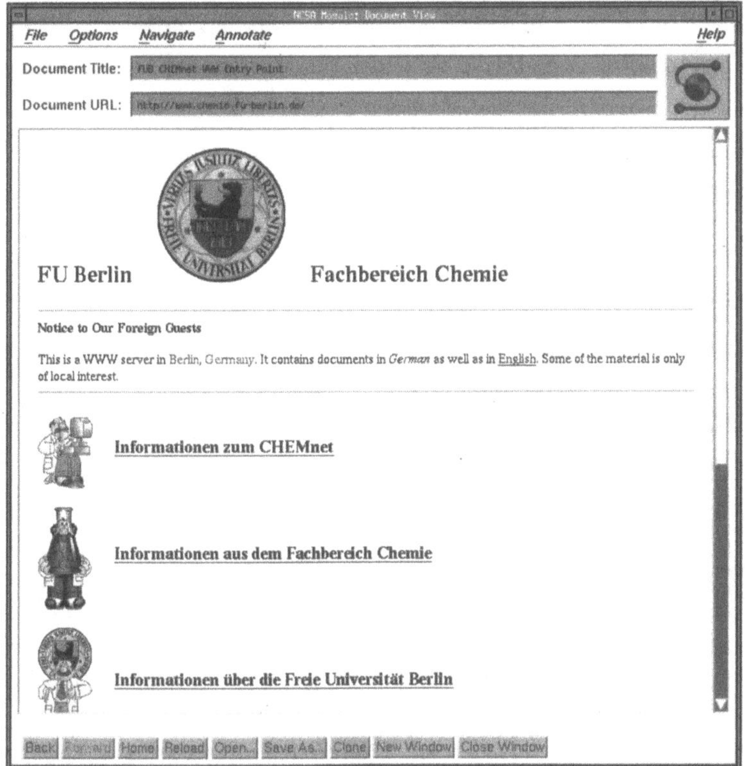

Abbildung 16.13: Die Home Page der FU Berlin, dargestellt mit Mosaic

nur als ausführbares Programm angeboten, der Source Code kann aber käuflich erworben werden. Voraussetzung ist ein PC unter MS-Windows 3.1.

Mosaic für Macintosh wird nur als Binary angeboten und läuft ab Mac-OS System 7 und MacTCP 2.0.2.

Wie auch bei den anderen vorgestellten Clients, lassen sich schon bei der Bereitstellung der Software durch den Systemadministrator lokale Konfigurationen durchführen. Diese betreffen z.B. das sog. *Home Document*[1], also die Seite, die man beim Aufruf von

Lokale Konfigurationen können von der hier vorgestellten abweichen.

[1] oder Home Page

Mosaic angezeigt bekommt, Voreinstellungen, die lokale Drucker betreffen, oder Positionen der Hilfedateien. Weiterhin betrifft dies die Bereitstellung geeigneter X11-Resource Dateien, wie das für jede X11 Anwendung notwendig ist. Wie bei Lynx läßt sich auch bei Mosaic über die Environment Variable `WWW_HOME` das Home Document vom Benutzer festlegen. Die komplette Aufrufsyntax lautet: PageindexMosaic!Aufrufsyntax

```
Mosaic [-color] [-dil] [-ghbnie] [-home URL] [-ics #]
[-ngh] [-tmpdir verz] [document]
```

In der Regel reicht jedoch die Eingabe von

```
Mosaic
```

Nach dem Aufruf erhält man ein Fenster, wie z.B. in Abb. 16.13 oder in Abb. 16.14. Dieses kann in sieben unterschiedliche Bereiche eingeteilt werden. Oben befindet sich eine Menüleiste mit den Pull-Down-Menüs

```
File, Options, Navigate, Annotate und Help.
```

File

Options

Navigate

Annotate

Help

Darunter findet man den Titel des gerade betrachteten Dokuments (<TITLE> Element), sowie die aktuelle URL. Rechts neben *Document Title und Document URL* befindet sich eine Weltkugel, die sich während der Übertragung von Dokumenten dreht. Mittels Mausklick auf die Kugel kann eine Übertragung bei Bedarf abgebrochen werden. Das Hauptfenster dient zur Darstellung der HTML-Dokumente. In der Fußzeile befinden sich 9 Buttons mit Kommandos aus der Menüleiste, die direkt ausgeführt werden können. Oberhalb dieser Buttonleiste befindet sich die Stauszeile, in der Rückmeldungen des Systems ausgegeben werden.

Abbruch durch

Mausclick auf

die Weltkugel

Das Hauptfenster zeigt die eigentlichen W^3-Dokumente an. Die Navigation darin ist denkbar einfach, man hat die beiden Möglichkeiten:

- Lesen der aktuellen Seite,

- Folgen eines Links mittels Mausclick.

Um zu erkennen, was ein Link ist, wird dieser mit einer anderen Farbe (z.B. blau) oder unterstrichen dargestellt. Links, die in vorherigen Sitzungen bereits aufgesucht wurden, können wiederum anders (z.B. rot und gestrichelt) angezeigt werden. Geht man mit dem Mauszeiger auf einen Anker, so erfolgt in der Statuszeile die Anzeige der betreffenden URL. Das folgende Beispiel soll den Ablauf einer kurzen Sitzung verdeutlichen.

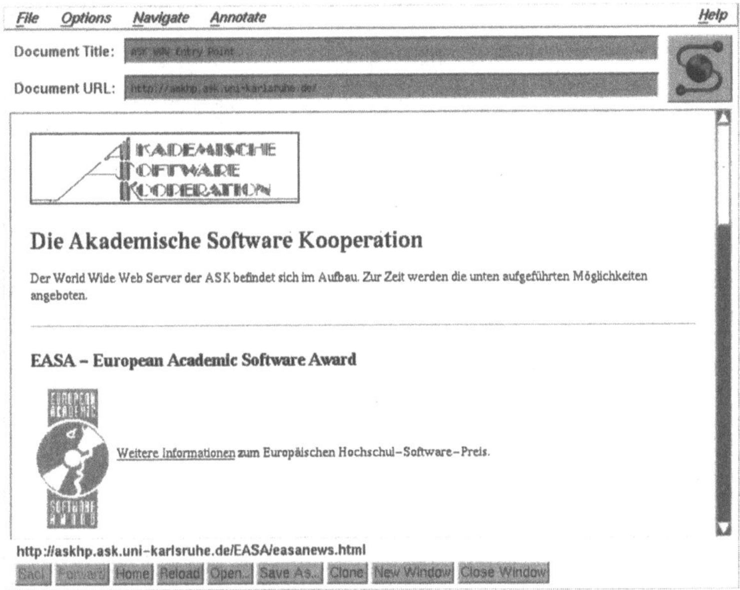

Abbildung 16.14: Die ASK Home Page

Nach dem Aufruf von

Mosaic http://askhp.ask.uni-karlsruhe.de/

erfolgt die Anzeige der ASK Home Page (s. Abb. 16.14). Neben dem EASA-Logo ist ein Link auf ein weiteres Dokument zu erkennen. In der Statuszeile wird angezeigt, wohin der Link verweist. Anwählen dieses Links öffnet das nächste Dokument (s. Abb. 16.15).

Hier wird die Ankündigung zum Europäischen Hochschul Software Preis angezeigt. In der untersten Zeile ist ein weiterer Link, diesmal auf einen FTP Server, zu erkennen, von dem die Eingabeformulare abgerufen werden können.

Ein Mausklick auf die angegebene Stelle („click here") stellt eine Verbindung zum FTP-Server

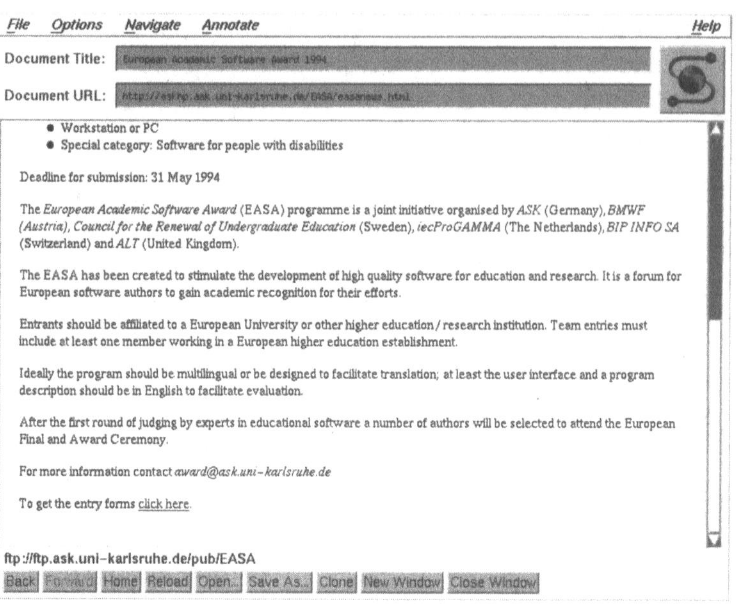

Abbildung 16.15: Ankündigung des Europäischen Hochschul-Software-Preises

ftp.ask.uni-karlsruhe.de

her und zeigt Dateien in HTML Form an (s. Abb. 16.16), die einfach per Mausklick abgerufen werden können.

Mosaic und Multimedia Dokumente

Weiter oben wurde bereits gesagt, daß die Multimedia Funktionalität eine Eigenschaft des Clients ist. Mosaic verfährt dabei wie folgt: Zeigt ein Hyperlink auf ein Dokument, das weder HTML noch reiner Text ist, wird versucht, ein externes Programm aufzurufen, das das Dokument anzeigt bzw. abspielt. Wird kein entsprechendes Programm gefunden, wird der Dateibrowser geöffnet, über den die übertragene Datei abgespeichert werden kann. Wie entscheidet nun Mosaic, welches Programm zur Anzeige aufgerufen wird? Dazu bedient sich Mosaic des MIME-Mechanismus (s. Kap. 4.4).

Identifizierung von Multimedia Dokumenten über MIME

Ab der Protokollversion HTTP/V1.0 teilt der WWW-Server dem Client den MIME-Type des anzuzeigenden Dokuments explizit mit. Mosaic entscheidet anhand einer internen Liste, welches Programm aufgerufen werden muß, um das Dokument dieses Typus anzuzeigen. Bei der Installation kann eine globale *.mailcap* Datei

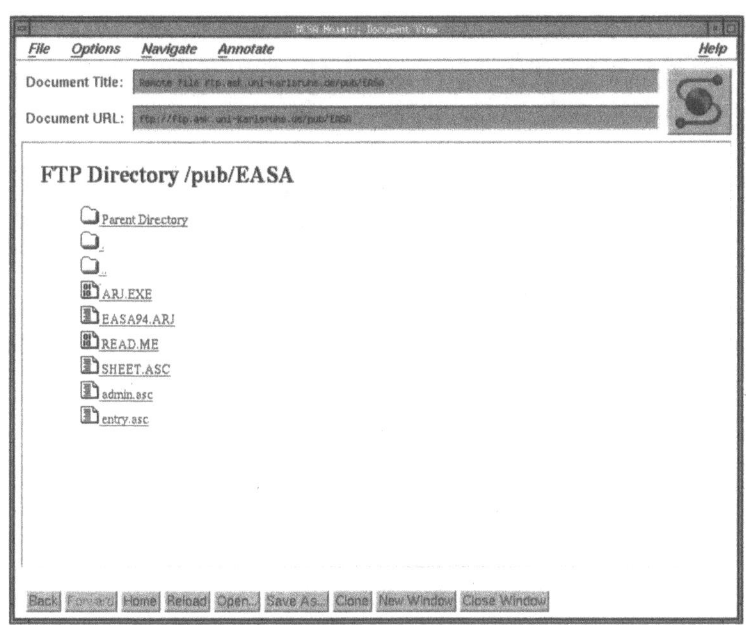

Abbildung 16.16: Anmeldeformulare zum EASA

angegeben werden, die die interne Liste von Mosaic überschreibt. Der Benutzer wiederum hat die Möglichkeit über ein lokales *$HO-ME/.mailcap* in seinem HOME-Verzeichnis, die globalen Werte zu überschreiben.

Für das Anzeigen lokaler Dateien oder Dateien von FTP- oder Gopher-Servern erfolgt die Auswahl über die Dateiendung des betreffenden Dokuments. Hier kann durch die Konfigurierung über globale und lokale Dateien (*.mime.types*) Dateiendungen ein MIME-Type zugeordnet werden. Für das Anzeigen des Dokuments wird wieder das obige Verfahren verwendet.

Es werden nun die einzelnen Menüs des Mosaic-Clients vorgestellt:

Das File Menü

Das File Menü enthält in der Standardkonfiguration von Mosaic folgende 14 Einträge:

- New Window
  Öffnen eines neuen Fensters. Als Anfangsdokument erhält
  man sein Home Document.

- Clone Window
  Öffnen eines neuen Fensters. Als Anfangsdokument erhält
  man das aktuelle Dokument.

- Open URL...
  Pop Up eines Eingabefensters, in das eine URL eingegeben
  werden kann. Dieses Dokument wird dann geöffnet.

- Open local...
  Pop Up des Dateibrowsers. Es werden die lokalen Verzeich-
  nisse und Dateien angezeigt. Hierüber können lokal erstellte
  HTML Dokumente angeschaut werden.

- Reload current
  Das aktuelle Dokument wird erneut vom WWW-Server
  übertragen.

- Reload images
  Bilder werden erneut vom WWW Server geholt.

- Refresh Current
  Das aktuelle Dokument wird nochmals angezeigt, ohne daß
  es vom WWW Server direkt geholt wird.

- Find In Current...
  Öffnen eines Suchfensters, in das ein Suchbegriff eingegeben
  werden kann, nach dem (mit oder ohne Berücksichtigung
  der Groß/Kleinschreibweise) lokal im aktuellen Dokument
  gesucht wird.

- View Source...
  Öffnen eines Fensters in dem das aktuelle Dokument in
  HTML-Schreibweise angezeigt wird.

- Save As ...
  Öffnen des Dateibrowsers. Die lokalen Dateien werden angezeigt. Das aktuelle Dokument kann unter einem beliebigen Namen gespeichert werden. Es stehen die Formate *Plain
  Text, Formatted Text, Postscript* und *HTML* zur Verfügung.

- Print...
  Öffnen des Druckfensters. Das Dokument kann in den o.g.
  Formaten ausgedruckt werden. Es besteht die Möglichkeit,
  ein eigenes Druckkommando anzugeben.

- Mail To...
  Öffnen des Mailfensters. Das Dokument kann in den o.g.
  Formaten gemailt werden. Es wird die Eingabe einer Mail-
  adresse und eines Subject Feldes verlangt.

- Close Window
  Schließen des aktuellen Fensters

- Exit Program...
  Verlassen von Mosaic

Das Options Menü

Das Options Menü erlaubt die Konfiguration des Mosaic Clients.

- Fancy Selections
  Ist dieser Schalter eingeschaltet, wird beim „Cut and Paste"
  zwischen Mosaic und einer anderen X11-Anwendung dafür
  gesorgt, daß das Erscheinungsbild erhalten bleibt.

- Load To Local Disk
  Ist dieser Schalter eingeschaltet, wird ein Dateibrowser angezeigt, über den das aktuelle Dokument abgespeichert werden
  kann.

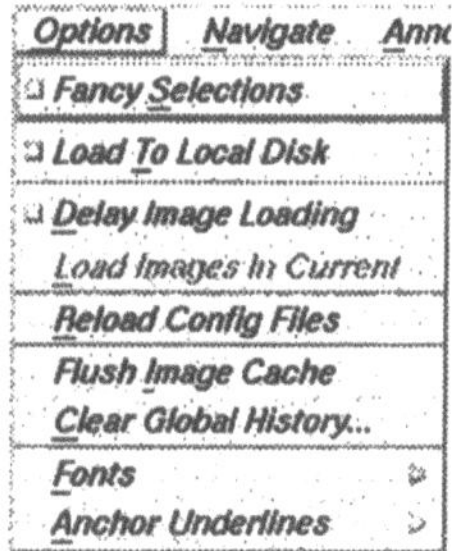

- Delay Image Loading
  Einstellen dieses Schalters sorgt dafür, daß Grafiken nicht
  direkt mitübertragen werden. Stattdessen wird ein Icon angezeigt, über das bei Bedarf die Grafik abgerufen werden
  kann. Einschalten dieses Schalters ist bei langsamen Netzverbindungen sehr sinnvoll

- Load Images in Current
  Wurde Delay Image Loading eingestellt, können hiermit alle
  zum Dokument gehörenden Bilder eingelesen werden.

- Reload Config Files
  Die Konfigurationsdateien `.mailcap` und `.mime.types`, über die die Anzeige von Dokumenten festgelegt wird, werden erneut eingelesen.

- Flush Image Cache
  Bilder werden nach dem Übertragen in einem lokalen Cache Speicher gehalten. Aktivieren des Menüpunkts leert den Cache.

- Clear Global History
  In der Benutzerdatei `.mosaic-global-history` werden alle abgerufenen Dokumententitel gespeichert. Aktivieren des Menüpunkts löscht die „Global History"

- Fonts...
  Über diesen Menüpunkt können während der Arbeit mit Mosaic andere Fonts zur Darstellung eingestellt werden.

- Anchor Underlines
  Die Anzeige der Links kann auf fünf verschiende Arten dargestellt werden.

Das Navigate Menü

Die Punkte dieses Menüs geben Hilfen zur Navigation im W^3

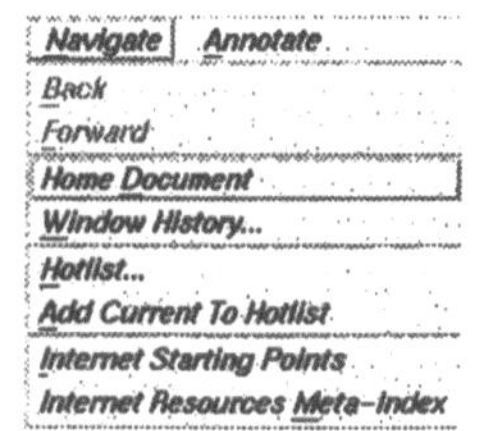

- Back
  zeigt das vorhergehende Dokument der *Window History* an.

- Forward
  zeigt das nächste Dokument der *Window History* an.

- Home Document
  zeigt das *Home Document* an.

- Window History...
  Die *Window History* enthält alle im Laufe der aktuellen Sitzung aktivierten Dokumente. Nach Öffnen dieses Menüs kann mittels Mausklick eine beliebige Ressource angewählt werden.

- Hotlist...
  Über die *Hotlist* kann auf Dokumente wieder zugegriffen
  werden die in früheren Sitzungen ausgewählt wurden (vgl.
  Bookmarks unter Lynx). Sie wird in der Datei `.mosaic--`
  `hotlist-default` abgelegt.

- Add Current To Hotlist
  Das aktuelle Dokument wird in die *Hotlist* geschrieben.

- Internet Starting Points
  Öffnet die URL
  `http://www.ncsa.uiuc.edu/SDG/Software/`
  `Mosaic/StartingPoints/NetworkStartingPoints.html`
  eine Übersicht über Startpunkte (viele davon in den USA)
  zur Navigation im W^3.

- Internet Resources Meta Index
  Öffnet die URL
  `http://www.ncsa.uiuc.edu/SDG/Software/Mosaic/`
  `MetaIndex.html`
  die eine Übersicht über diverse Listen bietet und Ressourcen
  anzeigt, in denen gesucht werden kann.

Das Annotate Menü

Über das Annotate Menü können an Dokumente eigene Anmerkungen angefügt werden. In Zukunft soll es möglich sein, neben
persönlichen Anmerkungen, die heute schon realisiert sind, auch
sog. *workgroup annotations* und *public annotations* an Dokumente
anzuhängen.

- Annotate...
  Öffnet ein Fenster, in das eine Anmerkung zum aktuellen
  Dokument eingefügt werden kann. Autor und Titel werden
  vorgegeben, können aber bearbeitet werden. Mittels *Com-
  mit* wird die Anmerkung festgeschrieben. Persönliche Anmerkungen werden im Benutzerverzeichnis `.mosaic-per-`
  `sonal-annotations` gespeichert. Sie erscheinen als Hyperlinks unterhalb des Dokuments.

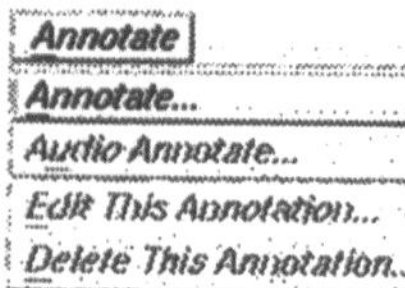

- Audio Annotate...
  Auf bestimmten Hardwareplattformen (SGI, Sun, HP) mit Spracheingabegeräten können Sprachanmerkungen angebracht werden.

- Edit This Annotation...
  Angezeigte Anmerkungen können editiert werden.

- Delete this Annotation...
  Die angewählte Anmerkung wird gelöscht.

Das Help Menü

Das Help Menü liefert ausführliche Online-Hinweise. Standardmäßig wird beim Aufruf von Help der Link

`http://www.ncsa.uiuc.edu/SDG/Software/Mosaic/Docs`

aktiviert. Hier obliegt es dem Sytemverwalter, die Hilfedateien auch lokal vorzuhalten. Dies kann vor dem Übersetzen des Programms durch Konfiguration von `mosaic.h` geschehen.

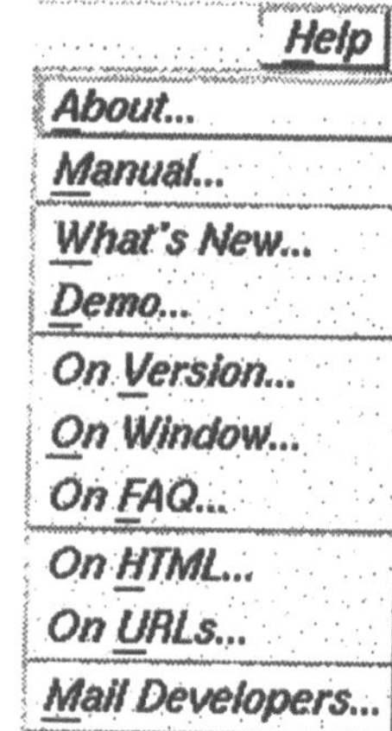

- About...
  allgemeine Informationen über NCSA Mosaic

- Manual...
  ausführliche Hinweise zur Bedienung von Mosaic

- What's New...
  Hier werden Neuigkeiten, NCSA-Mosaic betreffend, angezeigt. Dies betrifft sowohl neue Versionen als auch Ankündigungen von neuen WWW-Servern.

- Demo...
  Dieses Dokument ist der Einstiegspunkt zu einer wohlorganisierten Reise durch die Welt des Internet bzw. des World Wide Web.

- On Version...
  zeigt die Entwicklung bis zur aktuellen Version

- On Window...
  gibt eine kurze Hilfe und eine Übersicht über die Hotkeys.

- On FAQ...
  zeigt die „Frequently Asked Questions", also oft gestellte Fragen mit ihren Antworten

- On HTML...
  Einführung in HTML

- On URLs...
  Einführung in URLs.

- Mail Developers...
  Über diesen Punkt kann direkt eine Mail an das Mosaic Entwicklungsteam gesendet werden.

16.4.4 WWW-Server

Zur Zeit existieren mehrere unterschiedliche Serverimplementierungen, die im folgenden kurz vorgestellt werden. Alle sind frei verfügbar. Jede hat Vor- und Nachteile, letztlich bleibt es dem Informationsanbieter überlassen, die für ihn geeignete auszuwählen. Ausführliche Hinweise findet man unter

```
http://info.cern.ch/hypertext/WWW/Daemon/Overview.html
```

Der *CERN httpd* (*hypertext transfer protocol daemon*) von Ari Luotonen und Tim Berners-Lee vom CERN ist ein WWW Serverprogramm für Unix, VMS und VM/CMS(VM/XA) Plattformen. Der Server beinhaltet Gateway Funktionen zu HTTP, FTP, Gopher, WAIS, News usw. und kann als sog. „Firewall Gateway" verwendet werden. Als Firewalls werden Rechner bezeichnet, die aus Sicherheitsgründen kleinere Netze gegenüber dem Internet abschotten und nur bestimmte Dienste nach außen bzw. nach innen durchlassen.

CERN Server

Der CERN Server erlaubt das „caching", also das Zwischenspeichern oft abgerufener Dokumente. Weiterhin unterstützt die Verarbeitung von Formularen sowie die Möglichkeit, Bilder als Hyperlinks zu verwenden. Er unterstützt CGI (Common Gateway Interface), eine standardisierte Form zur Ausführung externer Programme von WWW-Servern aus, und bietet einen Index Suchmechanismus an. Weiterhin erlaubt der CERN Server die Zugriffskontrolle auf Dokumente mittels eines Authorisierungsverfahrens.

NCSA-Server

Der *NCSA httpd*, entwickelt von Rob McCool vom NCSA, verfügt über ähnliche Funktionalität wie der CERN httpd, läuft jedoch nur unter UNIX. Bei der Entwicklung wurde besonderer Wert auf einen „leichtgewichtigen" Serverprozess gelegt. Er ist kompatibel zu HTTP/V0.9 und HTTP/V1.0 Browsern. Die Dokumente werden aus einem sog. virtuellen Verzeichnis heraus angezeigt, d.h. dem Anwender bleibt die Serverstruktur verborgen. Mit dem NCSA httpd können Dokumente auch direkt von Benutzeraccounts heraus verwaltet werden. So kann auf einfache Art und Weise jeder Benutzer direkt auch Informationsanbieter werden, ohne bei jeder Änderung eines Dokuments den Systemverwalter aufsuchen zu müssen. Auch der NCSA httpd unterstützt CGI und Zugriffskontrollen auf Verzeichnisse.

GN – ein kombinierter Gopher WWW Server

GN wurde von John Franks vom Deptartment of Mathematics an der Northwestern University entwickelt und läuft auf allen UNIX Plattformen. Ziel war, einen Multiprotokoll-Server zu entwerfen, z.Z. unterstützt GN sowohl das HTTP-Protokoll wie auch das Gopher-Protokoll. Er eignet sich also besonders für Institutionen, die Ihre Informationen sowohl über Gopher als auch über WWW anbieten möchten. Er bietet Zugriffskontrollen auf Verzeichnisbasis, innerhalb von Menühierarchien kann eine Suche durchgeführt werden. Wie bei den anderen Servern, können mittels geeigneter Clients Formulare dargestellt und bearbeitet werden, auch CGI-Scripts werden unterstützt.

WWW-Server in perl: Plexus

Plexus von Tony Sanders (BSDI, Berkeley Software Design, Inc.) ist ein in *perl* [WS91] geschriebener WWW-Server und basiert auf einer Implementierung von Marc VanHeyningen von der Indiana University. Er setzt perl 4.0.36 voraus. Der Server ist durch die Verwendung von perl sehr leicht erweiterbar und kann auf spezielle Anforderungen angepaßt werden. Plexus erlaubt die Ausführung externer Scripts und unterstützt Grafiken als Hyperlinks. Dokumente im *setext*-Format[2] werden von Plexus direkt in HTML um-

[2] Nähere Informationen zu setext vgl. http://www.bsdi.com/setext/

gewandelt und angezeigt. Mittels *OraPlex* kann über Plexus direkt
auf ORACLE Datenbanken zugegriffen werden.

MacHTTPD ist ein WWW-Server für den Macintosh mit MAC-
OS System 7 und MacTCP, entwickelt von Chuck Sutton an der
University of Texas. Der Serverprozeß läuft im Hintergrund und
verbraucht nur geringe Rechnerressourcen. Mit ihm können Textdokumente sowie Binärdateien im WWW verfügbar gemacht werden. Zusätzlich bietet er Suchmechanismen an und erlaubt die
Ausführung von AppleScripts. Bisher unterstützt MacHTTPD lediglich HTTP/V0.9, noch nicht das aktuellere HTTP/V1.0.

MacHTTPD

Jungle ist ein weiterer Server, geschrieben in Tk/TCL, der zur
Zeit von Lindsay Marshall entwickelt wird. Dazu stehen leider
keine weiteren Informationen zur Verfügung.

*Jungle in
Tk/TCL*

Web4Ham ist ein Server für MS-Windows, derzeit noch im Alpha Stadium und entwickelt von Gunter Hille von der Universität
Hamburg.

*Server für MS
Windows*

16.5   Das HyperText-Transfer-Protokoll

HTTP   ist ein zustandsloses, objektorientiertes Protokoll für ein
verteiltes Hypermedia Informationssystem. Es regelt die Übertragung von Dokumenten zwischen WWW-Servern und WWW-
Clients. Bisher ist HTTP noch nicht standardisiert, es kann jedoch davon ausgegangen werden, daß bald ein offizieller RFC für
HTTP erscheinen wird [BL93b].

*HyperText-
Transfer-
Protokoll*

16.5.1   Grundlegende Operationen

HTTP/V1.0 ist die zur Zeit aktuelle Version. Ältere Clients und
Server verwenden noch die Vorläuferversion HTTP/V0.9. Die aktuelle Version ist kompatibel zu HTTP/V0.9, enthält jedoch wesentliche Erweiterungen.

Es werden vier Operationen unterschieden:

Connection: Der Client initiiert eine Verbindung zum Server, die von ihm bestätigt wird. Über TCP erfolgt der Verbindungsaufbau entweder über den *Well Known* Port 80 oder über jeden anderen nicht reservierten Port, der dann aber explizit angegeben werden muß.

Request: Der Client stellt über eine sog. *request message* eine Anfrage.

Response: Der Server sendet eine Antwort an den Client (*response message*).

Close: Der Verbindungsabbau erfolgt entweder durch den Server nach Übertragung der Daten oder durch den Client durch Abbruch.

Im folgenden werden der Request Block und der Response Block näher erläutert.

16.5.2 Der Request Block

Beim Request, also der Anfrage des Clients beim Server, unterscheidet man zwischen einem *SimpleRequest* und einem *FullRequest*. Der SimpleRequest entspricht der Funktionalität von *SimpleRequest* HTTP/V0.9. Ein SimpleRequest besteht aus der Zeile

```
GET URL <CR><LF>
```

wobei URL für eine Server-URL und <CR><LF> für <Carriage Return> <Line feed> steht. Abbildung 16.17 zeigt die Eingabe eines SimpleRequest über Telnet sowie die entsprechende Antwort des Servers, die aus der Übertragung der angeforderten Datei besteht.

FullRequest Der FullRequest hat einen etwas komplizierteren Aufbau:

```
Method URL ProtocolVersion <CR><LF>
[*<HTRQ Header>] [<CR><LF> <DATA>]
```

Der FullRequest unterscheidet sich durch die Angabe einer Protokollversion vom SimpleRequest. Über die Protokollversion wird das Aussehen der gesamten Anfrage spezifiziert. Die Protokollversion HTTP/V1.0 erlaubt eine beliebige Anzahl von <HTRQ Header>

```
boden@askhp:/user/boden> telnet askhp 80
Trying...
Connected to askhp.ask.uni-karlsruhe.de.
Escape character is '^]'.
GET /welcome.html
<HEAD>
<TITLE>ASK WWW Entry Point</TITLE>
</HEAD>
<BODY>
<H1>
<A HREF="ask.german.txt">
<IMG align=top SRC="images/asklogo3.gif"> <p>
</A>
Die Akademische Software Kooperation
</H1>
Der World Wide Web Server der ASK befindet sich im Aufbau. Zur Zeit
werden die unten aufgef&uuml;hrten M&ouml;glichkeiten angeboten.
<P>
<HR>
<H2>EASA - European Academic Software Award</H2>
<IMG align=middle SRC="images/easa-small.gif">
<A HREF="http://askhp.ask.uni-karlsruhe.de/EASA/easanews.html">
Weitere Informationen</A> zum
Europ&auml;ischen Hochschul-Software-Preis.
```

Abbildung 16.17: Telnet auf Port 80 der askhp mit anschließendem
SimpleRequest (`GET /welcome.html`)

Feldern (*HyperText Transfer Request*) (in HTTP/V0.9 gibt es keinen FullRequest). Über diese Felder kann der Client dem Server
bestimmte Mitteilungen machen. Dies sind beispielsweise ein

`From:`

Feld, über das die Mailadresse des Anwenders dem Server bekannt
gemacht werden kann oder das

`Accept:`

Feld, über das der Client anzeigt, welche MIME Typen er akzeptiert. Der HTRQ Header

`Authorisation:`

wird zur Autorisierung verwendet.

Ebenfalls unterscheidet sich der FullRequest vom SimpleRequest
dadurch, daß er neben der `GET` Methode weitere Methoden erkennt. Als **method** können u.a. angegeben werden:

GET: weist den Server an, das Objekt unabhängig vom Format
zu schicken.

HEAD: weist den Server an, nur den HTTP-Header zu schicken.

PUT: Die im Datenteil vorhandenen Daten sollen vom Server unter der angegebenen URL abgespeichert werden. Dies setzt
natürlich geeignete Berechtigungen voraus.

```
boden@askhp:/user/boden> telnet askhp 80
Trying...
Connected to askhp.ask.uni-karlsruhe.de.
Escape character is '^]'.
HEAD /welcome.html HTTP/V1.0

HTTP/1.0 200 OK
Date: Tuesday, 22-Mar-94 15:48:23 GMT
Server: NCSA/1.0
MIME-version: 1.0
Content-type: text/html
Last-modified: Monday, 21-Mar-94 17:28:40 GMT
Content-length: 3584

Connection closed by foreign host.
boden@askhp:/user/boden>
```

Abbildung 16.18: Telnet auf Port 80 der askhp mit anschließendem
FullRequest (`HEAD /welcome.html HTTP/V1.0`)

POST: Erzeugt ein neues Objekt, welches über einen Link zum
spezifizierten Objekt in Beziehung gesetzt wird und diesem
untergeordnet ist. POST wird z.B. verwendet, um die Eingaben eines Formulars einem externen Programm zu übergeben.

16.5.3 Der Response Block

Der Response Block, der vom Server zum Client gesendet wird,
hat folgende Syntax:

```
<status line><CR><LF>
<Response Header><CR><LF>
<DATA><CR><LF>
```

Die Antwort des Servers beginnt mit der Statuszeile (s.
Abb.16.18), die i.a. das folgende Format hat:

```
<status line> ::= <http version> <status code>
<reason line> <CR> <LF>
<http version>
```


Die Statuszeile Die Statuszeile gibt die HTTP Version des Servers zurück,

```
<status code>
```

gibt einen 3 ziffrigen Zahlencode als Statusmeldung aus, 200 bedeutet z.B. O.K., die Anfrage wurde also korrekt bearbeitet.

`<reason line>` gibt eine kurze Erläuterung der angegebenen Ziffer (im Falle von `<status code>` = 200 ist `<reason line>` = OK).

Anschließend folgen die Header Informationen. Dies sind im Falle des o.g. Beispiels (vgl. Abb. 16.18) das Datum, die Serverspezifizierung, die MIME Version, der Content-Type des Dokuments, das letzte Änderungsdatum sowie die Länge des Dokuments in Byte.

Die Header Informationen

Zum Schluß erfolgt die Übertragung der Daten. In dem Beispiel in Abbildung 16.18 war nur der Header angefordert worden, daher schließt der Server die Verbindung nach Ausgabe des letzten `<CR><LF>`.

Daten

16.6 Einige nützliche WWW-Tools

Zunächst werden einige frei verfügbare Programme erwähnt, die bei der Erstellung von Hypertext Dokumenten wertvolle Hilfe bieten. Mittlerweile gibt es eine Vielzahl von Filtern, die aus bestimmten Dokumenttypen HTML-Dokumente generieren. Eine Übersicht wird von Rich Brandwein und Mike Sendall unter `http://info.cern.ch/hypertext/WWW/Tools/Filters.html` geführt.

16.6.1 HTML-Konverter

Es existieren Konverter für die Textverarbeitungssysteme Microsoft Word/RTF, Word Perfect, FrameMaker/MIF, LaTeX, BibTeX, Texinfo, troff, DecWrite und Interleaf. Mit weiteren Tools können aus Unix Manual-Seiten, aus FAQs, aus RFCs, aus Mails, usw. HTML Dokumente erzeugt werden. Es gibt also fast nichts, für das kein *x2html*-Konverter existiert.

Konverter für viele gängige Formate

Für den umgekehrten Weg bieten Browser schon gewisse Möglichkeiten. Beispielsweise kann Mosaic von HTML zu Text, formatiertem Text und Postscript konvertieren. Des weiteren existieren Filter für HTML zu FrameMakers MML Format sowie zu LaTeX.

16.6.2 Manuelle Erstellung von HTML-Dokumenten

Kleine Texte können ohne weiteres mit Hilfe eines normalen Texteditors erstellt werden. Bei längeren Dokumenten ist die Eingabe der HTML-Steuercodes doch sehr mühsam. Zur Zeit existieren vier Tools, die die manuelle Erstellung von HTML Dokumenten vereinfachen. *BBEdit Extensions* von Carles Bellver sind Erweiterungen zu BBEdit für Macintosh zur einfacheren Erstellung von HTML-Dokumenten. Der *NeXTStep Editor* von Tim Berners-Lee läuft unter NeXTStep 3.0 und bietet Hypertext WYSIWIG[3] und kann zusätzlich als WWW-Browser eingesetzt werden. *HTML Assistant* ist ein Texteditor von Howard Harawitz für MS-Windows mit HTML-Erweiterungen. Emacs Anwender werden sicher auf die *htmlmode* Erweiterung zurückgreifen.

BBEdit

NeXTStep

HTML Assistant

Emacs

16.6.3 Analysewerkzeuge

Analyse der Hypertext-Referenzen

Ein Problem der weltweit verteilten Informationen besteht für den Anbieter darin, ständig verifizieren zu müssen, ob von ihm referenzierte Dokumente tatsächlich noch existeren. Dies kann manuell unternommen werden, erheblich weniger aufwendig ist jedoch der Einsatz des *HTML Analyzers*, eines Programms zur automatischen Überprüfung von Referenzen zwischen Hyperlinks.

Analyse der Protokolldateien

Mit *httpd-analyse* und mit *getsites* können die vom httpd angelegten Protokolldateien analysiert und statistisch ausgewertet werden. Hierdurch ist eine gewisse Kontrolle der Serveraktivitäten gewährleistet.

[3] What You See Is What You Get

16.6.4 W³-Kataloge

Ein immer weiter wachsendes Netz von World Wide Web Servern
stellt den Anwender wiederum vor das Problem, die für ihn relevante Information zu finden. Im World Wide Web können auf
sehr einfache Art und Weise Kataloge zusammengestellt werden,
die Information nach bestimmten Gesichtspunkten strukturieren.
Die *Virtual Library* des CERN

```
http://info.cern.ch/hypertext/DataSources/
bySubject/Overview.html
```

bietet einen hervorragenden Einstiegspunkt zu weiteren Informationsquellen im World Wide Web. Sie ist nach Fachgebieten sortiert
und enthält Informationen von *Aeronautics* bis *Social Sciences*.
Des weiteren verweist sie auf

- andere fachgebietsbezogene Sammlungen,

  - EINet Galaxy
    ```
    http://www.einet.net/galaxy.html
    ```
  - Planet Earth
    ```
    http://white.nosc.mil/info.html
    ```
  - Joel's Hierarchical Subject Index
    ```
    http://www.cen.uiuc.edu/ jj9544/index.html
    ```
  - Nova-Links
    ```
    http://alpha.acast.nova.edu/start.html
    ```

- recherchierbare Kataloge,

  - W³ searchable catalog
    ```
    http://cui_www.unige.ch/w3catalog
    ```
  - GNA Meta Library
    ```
    http://sturgeon.mit.edu:8001/uu-nna/
    meta-library/index.html
    ```
  - Internet Services List
    ```
    http://cs.indiana.edu/internet/internet.html
    ```
  - Whole Internet Catalogue
    ```
    http://nearnet.gnn.com/wic/newrescat.toc.html
    ```

- The Clearinghouse for Subject-oriented Internet Guides

  `http://http2.sils.umich.edu/Iou/chhome.html`

- andere Hypertext Kataloge,

  - Guide to the Internet

    `http://www.germany.eu.net/books/bdgtti/`
    `bdgtti-intro.html`

  - Meta Index

    `http://www.ncsca.uiuc.edu/SDG/Software/`
    `Mosaic/MetaIndex.html`

  - The Mother-of-all BBS

    `http://www.cs.colorado.edu/homes/mcbryan/`
    `public_html/bb/summary.html`

- sowie Nicht-Hypertext-Kataloge.

  - The HCI Bibliography Project

    `http://hydra.bgsu.edu/HCI/`

  - Interpedia

    `ftp://ftp.lm.com/pub/interpedia`

Einen etwas anderen Ansatz zeichnet *ALIWEB* (*Archie Like Indexing for the WEB*)

`http://web.nexor.co.uk/aliweb/doc/aliweb.html`

ALIWEB
Archie
Like
Indexing
for the
Web

aus. Hier wird der Versuch unternommen, über eine zentrale Datenbank Beschreibungen von Servern zu erfassen und für den Benutzer recherchierbar zu machen. Es wird dabei ein bestimmtes Beschreibungsformat vorausgesetzt, das von Serveranbietern ausgefüllt und auf dem Server hinterlegt wird. ALIWEB schaut alle paar Tage auf den registrierten Servern nach, ob sich die Beschreibungen geändert haben. Diese werden dann automatisch abgeholt und in die Datenbank mit aufgenommen. Abb.16.19 zeigt eine Suche mittels ALIWEB nach dem Schlagwort *physics* sowie die recherchierten Dokumente dazu.

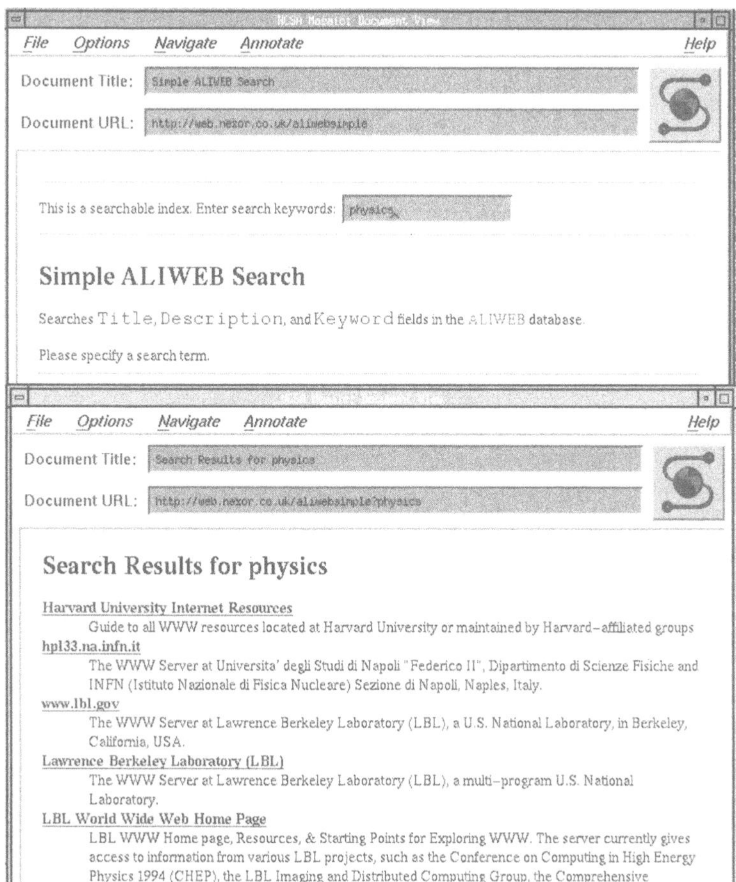

Abbildung 16.19: Eine ALIWEB Abfrage und deren Resultat

## Kapitel 17

Informationsdienste im Internet

Angenommen, Sie fahren mit dem Zug nach München und wollen von dort aus weiter zur Theresienwiese. Um die Verbindung zu erfahren, rufen Sie einfach via Telnet den Server `metro.jussieu.fr` auf dem Port 10000 auf. Die Frage, welche Stadt Sie wählen möchten, beantworten Sie mit `germany/munich` und für die Start- und Zielstation geben Sie `Hauptbahnhof` und `Theresienwiese` ein. Sofort erfahren Sie, daß Sie die Linie U4 in Richtung Laimerplatz nehmen müssen und für die Fahrt voraussichtlich 5 Minuten benötigen.

Wenn der Server bekannt ist, werden für den Erhalt der Information nicht einmal 3 Minuten benötigt. Aber hier liegt schon das Problem: Wo befinden sich welche Informationen?

Optimal wäre es natürlich, wenn es einen Informationsdienst oder eine Liste gäbe, in der alle Dienste des Internets aufgeführt sind. Die Anzahl der zur Verfügung stehenden Dienste ist aber zu groß und praktisch nicht überschaubar. Es existieren mehrere Listen, die aber nur eine Auswahl der Möglichkeiten aufführen können.

Ebenso ist es fast unmöglich, die Listen aktuell zu halten. Das Angebot auf dem Internet wächst täglich. Außerdem sind Rechnernummern immer wieder Änderungen unterworfen.

Was also kann der wissensdurstige Benutzer tun, um an die gewünschten Informationen heranzukommen? Unter dem Punkt „Allgemeine Informationen zum Internet" sind einige Listen aufgeführt, in denen Adressen von Servern, geordnet nach Themenbereichen, aufgeführt sind. Insbesondere die Listen von *Scott Yanoff* und *John December* sind relativ umfangreich und zudem aktuell,

um einen ersten Einstieg in ein bestimmtes Fachgebiet zu ermöglichen.

Ebenfalls interessant sind die FAQs *(Frequently Asked Questions)*,
die zu einem bestimmten Fachgebiet die Antworten auf regelmäßig
gestellte Fragen geben. Eine interessante Quelle ist hier der FTP-
Server `rtfm.mit.edu` (rtfm ist die Abkürzung für *„read the fan-
tastic manual"*). Im Verzeichnis `pub/usenet-by-groups` sind eine
große Anzahl verschiedener Fachbereiche mit den dazu gehörenden FAQs aufgeführt.

Für Telnet–Sitzungen bietet sich die menüorientierte Oberfläche
HyTelnet (s. Kap. 12) an. HyTelnet hat insbesondere den Vor-
teil, daß der Benutzer nicht die Rechner-Namen oder die Internet-
Nummern der Server kennen muß.

Die meisten Informations-Server bieten Durchschaltmöglichkeiten
zu weiteren Servern an. Wenn man beim ersten Server nicht fündig
geworden ist, kann man sich auf den nächsten Server „weiterhan-
geln". Gute Einstiegspunkte beim Arbeiten mit Gopher sind beispielsweise die Gopher-Server der *Technischen Universität Clausthal* (`gopher.tu-clausthal.de`) oder der *University of Minnesota* (`gopher.tc.umn.edu`). Für WWW-Sitzungen eignet sich als
Startpunkt zum Beispiel der WWW-Server von *CERN* (zu erreichen unter `http://info.cern.ch/`).

Für den Zugriff auf die Internet-Dienste hier noch einige Tips:

- Die Bedienung mancher Online-Datenbanken via Telnet ist
  ausgesprochen gewöhnungsbedürftig. Davon sollte man sich
  aber nicht gleich entmutigen lassen, sondern von der meistens vorhandenen Online-Hilfe regen Gebrauch machen.

- Beim Transfer größerer Datenmengen über den Atlantik sind
  unter Umständen sehr lange Übertragungszeiten einzupla-
  nen. Um von Europa auf Server in Amerika zuzugreifen,
  sollte man die frühen Morgenstunden wählen, wenn es jen-
  seits des Atlantiks noch Nacht ist. Viele Server geben beim
  Einloggen die lokale Uhrzeit aus.

- Es gibt Dienste, die zu den normalen Bürozeiten nicht zur
  Verfügung stehen, da die Rechner nicht nur als Server, son-

dern auch für lokale Zwecke wie zum Beispiel Programment-
wicklung oder CAD-Anwendungen verwendet werden.

- Viele amerikanische FTP-Server sind in Europa gespiegelt.
  Im allgemeinen liegt der Aktualitätsgrad nur unwesentlich
  hinter den Originalen aus den USA zurück; die Übertra-
  gungszeit ist aber erheblich geringer.

- Viele Informationsdienste, insbesondere Gopher- und
  WWW-Server, sind zur Zeit noch im Aufbau bzw. im Ver-
  suchsstadium. Der Informationsgehalt dieser Server ist zum
  Teil eher dürftig und starken Änderungen unterworfen.

- Anders sieht es dagegen auf manchen FTP-Servern aus. Oftmals wird der Benutzer mit einer gigantischen Datenmenge
  konfrontiert. Hier empfiehlt es sich, nach Dateien Ausschau
  zu halten, die auf ein Inhaltsverzeichnis hindeuten. Diese
  heißen oftmals `INDEX`, `00INDEX`, `README`, `LS--LR`, usw. Fehlen solche Dateien, hilft eigentlich nur noch Raten und die
  Katze im Sack holen.

Die nachfolgende Liste kann nur einen kleinen Teil der Informationsdienste aufführen. Insbesondere sind hier im Gegensatz zu den
meisten Listen, die hauptsächlich amerikanische Server aufführen,
auch sehr viele Server aus dem deutschsprachigen Raum enthalten.

Die Server Adressen und Zugriffsmöglichkeiten sind in der URL-
Schreibweise angegeben. Das Arbeiten mit der URL-Form ist in
Kapitel 16.2.3 ausführlich beschrieben.

Allgemeine Informationen zum Internet

Big Dummy's Guide to the Internet

Beschreibung des Internets von Adam Gaffin von der Electronic Frontier Foundation (EFF)

```
ftp://ftp.eff.org/pub/Net_info/EFF_Net_Guide/
```

Directory of WAIS Servers

Liste aller bekannten WAIS Server

```
wais://quake.think.com/directory-of-servers.src/
```

FAQ-Liste (Frequently Asked Questions)

Zu fast jedem Themenbereich sind hier häufig gestellte Fragen und deren Antworten zu finden

```
ftp://rtfm.mit.edu/pub/usenet-by-groups/
```

Global Network Navigator (GNN)

Veröffentlichungen, Benutzerforum, News, Magazin, Katalog rund um das Internet

```
http://nearnet.gnn.com/
```

Gopher-Server der Technischen Universität Clausthal

Die TU Clausthal führte als erste Institution den Gopher Server in Deutschland ein. Von Deutschland aus ist der Server ein guter Einstiegspunkt für weitere nationale und internationale Gopher Server.

```
gopher://gopher.tu-clausthal.de/
```

Gopher-Server der University of Minnesota

Gopher wurde an der University of Minnesota entwickelt. Dementsprechend bietet der Server umfangreiche Informationen über Gopher und ist idealer Einstiegspunkt für weitere Gopher-Server weltweit.

```
gopher://gopher.tc.umn.edu/
```

Guide to Network Resource Tools

Beschreibung der bekanntesten Internet Tools

```
ftp://ns.ripe.net/earn/earn-resource-tool-guide.ps
```

Internet Information Search

Standard-Hilfe-Texte über das Internet

```
wais://munin.ub2.lu.se/internet_info.src/
```

Internet Resources Meta-Index from NCSA

```
http://www.ncsa.uiuc.edu/SDG/Software/Mosaic/
MetaIndex.html
```

Internet Services List

Liste von Scott Yanoff im Hypertext-Format

```
http://www.fmi.uni-passau.de/andi/services.html
```

Internet-cmc List

Umfangreiche Liste von John December mit einer großen Auswahl von Internet Diensten

```
ftp://ftp.rpi.edu/pub/communications/internet-cmc.txt
```

List of Gopher Sites

Umfangreiche Auflistung von weltweit vorhandenen Gopher Servern.

```
ftp://liberty.uc.wlu.edu/pub/lawlib/
veronica.gopher.sites
```

Liste deutscher FTP-Server

Liste deutscher FTP-Server mit Internetnamen und Verzeichnissen.

```
ftp://ftp.ask.uni-karlsruhe.de/pub/info/ftp-list-de
```

Liste deutscher Mail-Server

Liste der Mail-Server in Deutschland, zusammengestellt von Jan-Oliver Neumann

```
ftp://ftp.cs.tu-berlin.de/pub/index/mail-server-de
```

Liste weltweit vorhandener FTP-Server

```
ftp://garbo.uwasa.fipc/doc-net/ftp-list.zip
```

NICOL

Guter Einstiegspunkt für weitere Internet Resourcen; außerdem Electronic Publishing Service und weitere Dienste.

```
gopher://nicol.jvnc.net/
telnet://nicol@nisc.jvnc.net
```

Request for Comments (RFC)

Beschreibung aller Internet-Standards

```
ftp://veneva.isi.edu/in-notes/
```

Toplevel Domains

Weltweite Liste mit Länderkennungen, Internetanbindungen und Hauptnameserver

```
ftp://rtfm.mit.edu/pub/usenet/news.answers/mail/
country-codes
```

WHOIS-Server

Aufstellung weltweit vorhandener WHOIS-Server, zusammengestellt von Matt Powers vom M.I.T.

```
ftp://sipb.mit.edu/pub/pub/whois/whois-servers.list
```

Yanoffs List

Umfangreiche Liste, zusammengestellt von Scott Yanoff, mit einer großen Auswahl von Internet Diensten ohne nähere Beschreibung

```
ftp://csd4.csd.uwm.edu/pub/inet.services.txt
```

Architektur

ArchiGopher der University of Michigan

Zahlreiche Images, unter anderem von Kandinski und griechischer Architektur

```
gopher://libra.arch.umich.edu/
```

Department of Architecture Studies der University of Nevada, Las Vegas

```
http://www.univ.edu/engeneering/architecture_studies/
index.html
```

Astronomie

Astronomical Internet Resources

Große Auswahl von Internet-Resourcen zum Thema Astronomie. Guter Einstiegspunkt zu weiteren Diensten im Bereich Astronomie.

```
http://stsci.edu/net-resources.html
```

Astronomisches Institut Münster (AIM)

```
http://aquila.uni-muenster.de/
```

European Southern Observatory (ESO)

```
http://www.hq.eso.org/
```

European Space Agency (ESA)

```
http://mesis.esrin.esa.it/
telnet://esis.esrin.esa.it
ftp://mesis.esrin.esa.it/
```

Lunar and Planetary Institute Information

Informationen über das Mond- und Planetarische Institut der NASA mit Zugangsmöglichkeiten zu weiteren Informationsdiensten.

```
telnet://lpi@lpi.jsc.nasa.gov
```

NASA / IPAC Extragalactic Database

Beschreibungen von ca 200.000 astronomischen Objekten

```
telnet://ned@ned.ipac.caltech.edu
ftp://ipac.caltech.edu/
```

NASA SpaceLink

Nachrichten der NASA und deren Aktivitäten. Enthalten sind sowohl historische als auch aktuelle Nachrichten bis hin zu den Zukunftsplänen der NASA.

```
telnet://newuser passwd
newuser@spacelink.msfc.nasa.gov
ftp://ames.arc.nasa.gov/pub/SPACE/
```

Study of Electronic Literature for Astronomical Research (STELAR)

Verbindung zu zahlreichen NASA Datenkatalogen und dem Goddard Space Flight Center (GSFC). Guter Einstiegspunkt zu weiteren Inforamtionsdiensten der NASA.

```
http://hypatia.gsfc.nasa.gov/
ftp://hypatia.gsfc.nasa.gov/
```

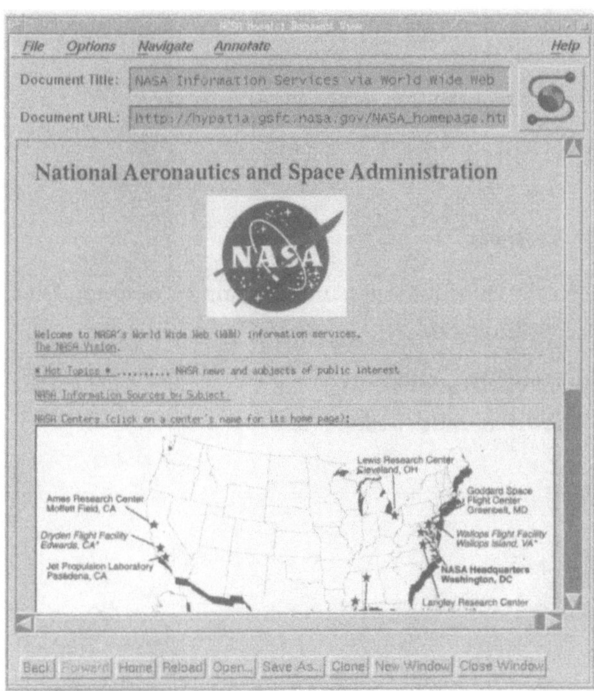

Abbildung 17.1: NASA Homepage

Bibliotheken

CARL (Colorado Association of Research Libraries)

Katalog der Bibliotheken von Colorado

```
telnet://pac.carl.org
```

OPAC Koala (Bodensee - Datenbank)

Bibliothek der Universität Konstanz. Außerdem Literatur im Zusammenhang mit dem Bodensee ab 1976

```
telnet://134.34.3.5:775
```

World Wide Lists of OPACs

Umfangreiche Auflistung weltweit vorhandener öffentlich zugänglicher Bibliotheken

```
ftp://ariel.umn.edu/library/
```

Biologie

BIOSCI Archives

Umfangreiche Informationen und Zugang zu weiteren Diensten im Fachbereich Biologie

```
gopher://net.bio.net/
wais://net.bio.net/biosci.src/
```

European Molecular Biology Laboratory (EMBL) Heidelberg

Das EMBL Heidelberg bietet als Teil des European Molecular Biology Network EMBNet Informationen, Software, Zugriff auf das Sequence Database Retrievel System sowie Zugang zu weiteren Servern im Bereich Molekularbiologie

```
gopher://felix.embl-Heidelberg.de/
telnet://embl-heidelberg.de
ftp://ftp.embl-heidelberg.de/
```

Forschungsverbund Agrarökosysteme München (FAM)

```
gopher://gopher.edv.agrar.tu-muenchen.de/
```

Genethon Gopher

Zugriff auf die Genethons public data und Biocatalog

```
gopher://gopher.genethon.fr/
```

Institut Pasteur (Paris)

```
gopher://gopher.pasteur.fr/
```

Institut für molekulare Biotechnologie (IMB) Jena

Image Library biologischer Makromoleküle, Manuals und Software

```
gopher://gopher.imb-jena.de/
ftp://ftp.imb-jena.de/
```

Uni Basel Biogopher

```
gopher://bioftp.unibas.ch/
```

World Data Center of Collections of Microorganisms (WDC) Riken (Japan)

```
gopher://fragrans.riken.go.jp/
```

Chemie

Departement of Chemistry der University of Sheffield

```
http://www2.shef.ac.uk/chemistry/chemistry-home.html
```

Molecular Graphics Software

3-dimensionale Darstellungen von molekularen Objekten sowie verschiedener Previewer

```
ftp://stanzi.bchem.washington.edu/pub/raster3d/
```

Computer

Center for Scientific Computing (CSC)

Das nationale Computer-Center Finnlands bietet unter anderem Informationen zu verschiedenen Fachbereichen und dem finnischen Netzwerk FUNET

```
http://www.csc.fi/
gopher://gopher.csc.fi/
```

DFN-CERT (Computer Emergency Response Team)

Informationsdienst des Vereins zur Förderung eines Deutschen Forschungsnetzes eV (DFN) zum Thema Sicherheitsfragen.

```
gopher://gopher.informatik.uni-hamburg.de/
ftp://ftp.informatik.uni-hamburg.de/pub/security/
```

International Computer Science Institute (ICSI)

ICSI ist ein Projekt der University of California at Berkeley mit internationaler Unterstützung

```
http://icsi.berkeley.edu/
gopher://gopher.icsi.berkeley.edu/
```

Geistes- und Sozialwissenschaften

SIByl

Software-Datenbank für Geistes- und Sozialwissenschaften von iec
ProGAMMA in Groningen, Niederlande

```
telnet://sibyl@suniec.gamma.rug.nl
```

Universite des Sciences Humaines de Strasbourg (USHS)

Informationen zu den Themen Linguistik, Literatur und Theologie. Die Informationen werden in französischer Sprache angeboten.

```
gopher://monza.u-strasbg.fr/
```

Geografie

CIA World Map

```
ftp://hanauma.stanford.edu/pub/World_Map/
```

Geographic Name Server

Die Informationen stammen vom U.S. Geological Survey und dem
U.S. Postal Service und beinhalten Angaben über Länder und
Städte der USA

```
telnet://martini.eecs.umich.edu:3000
```

Global Land Information System (GLIS)

Zentrale, interaktive Datenbank für Geologen und verwandte Wissenschaften

```
telnet://guest@glis.cr.usgs.gov
```

Geologie

Computer Oriented Geological Society (COGS)

Informationen aus dem Archiv des BBS-Dienstes der COGS und Software für geophysikalische Disziplinen

```
ftp://csn.org/COGS/
```

GeoGopher der Universität Texas at El Paso

```
gopher://dillon.geo.ep.utexas.edu/
```

National Geophysik Data Center at Boulder, Colorado (NGDC)

Informationen im Bereich Geologie, Geophysik, Meeresgeologie und Paläoklimatologie

```
http://www.ngdc.noaa.gov/
gopher://gopher.ngdc.noaa.gov/
ftp://ftp.ngdc.noaa.gov/
```

U.S. Geological Survey (USGS)

Informationsdienst des USGS, das sich mit geologischen Untersuchungen, Feststellen von Mineralvorkommen und Energiequellen sowie der Erstellung geologischer Karten beschäftigt. Außerdem Zugriff auf das Geographic Information System (GIS).

```
http://info.er.usgs.gov/
gopher://info.er.usgs.gov/
ftp://alum.wr.usgs.gov/pub/maps/
```

Geschichte

Datenbank des Mississippi State University archive.

Zahlreiche Dokumente zu unterschiedlichen Themen im Fachbereich Geschichte

```
ftp://ra.msstate.edu/pub/docs/history/
```

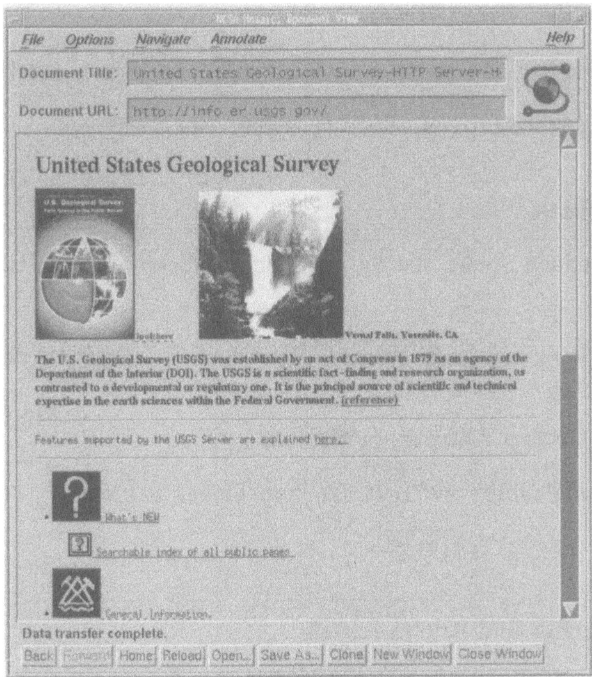

Abbildung 17.2: USGS Homepage

History Databases

Zentraler Informationsdienst für Historiker der Universität von Kansas

`telnet://history@ukanaix.cc.ukans.edu`

History Info der Universität Heidelberg

`gopher://sun3.urz.uni-heidelberg.de/`

Hobby und Spiele

Compact Disk Wais Database

Archiv mit Suchmöglichkeit mit über 40.000 Compact Discs

`gopher://sandra.ee.tu-berlin.de/`

GO Server

Möglichkeit, GO-Spiele zu beobachten oder selber zu spielen

```
telnet://hellspark.wharton.upenn.edu 6969
```

Game Server

Verschiedene Spiele, für die man sich anmelden und teilnehmen kann

```
telnet://games@castor.tat.physik.uni-tuebingen.de
```

Global Cycling Network (VeloNet)

Sammlung zahlreicher Beiträge zum Thema Fahrrad

```
gopher://cycling.org/
```

Kochbücher und Kochrezepte

```
ftp://ftp.uni-stuttgart.de/pub/doc/cookbook/
ftp://mthvax.cs.miami.edu/recipes/
ftp://gatekeeper.dec.com/pub/recipes/
```

MTV

Allgemeine Musikinformationen, Charts, Konzerthinweise und Interviews

```
http://www.mtv.com/
gopher://mtv.com/
ftp://mtv.com/
```

Startrek

Informationen, Bilder und Geschichten rund um Startrek

```
http://www.cosy.sbg.ac.at/rec/startrek/index.html
ftp://ftp.cosy.sbg.ac/pub/trek/
```

Literatur

Project Gutenberg

Große Auswahl verschiedener englischsprachiger Literatur

```
ftp://mrcnext.cso.uiuc.edu/etext/
ftp://quake.think.com/pub/etext/
wais://archive.orst.edu:9000/proj-gutenberg.src/
```

Springer Verlag

Informationsdienst des Springer Verlages; unter anderem Springer Newsletter, Informationen zu Neuerscheinungen und Tex-Makros

```
gopher://trick.ntp.springer.de/
```

WWW-Server der iX-Redaktion des Heiseverlages Hannover

Informationen, Artikel und iX-Listing-Servis

```
http://www.ix.de/
```

Mathematik

Centre Universitaere de Informatique der Univerity of Geneva

```
http://cui_www.unige.ch/
```

Departement of Computing Mathematics, UWCC, Cardiff, UK

```
http://www.cm.cf.ac.uk/
```

E-Math

Publikationen zum Fachbereich Mathematik von der American Mathematical Society, Zugriff auf mathematische Datenbank und Diskussionsforum

```
http://e-math.ams.org/web/index.html
gopher://e-math.ams.org/
telnet://e-math passwd e-math@e-math.ams.com
```

Euromath

Projekt der European Commission und der European Mathematical Trust (EMT) zur Schaffung eines homogenen wissenschaftlichen Netzwerkes für mathematische Fachrichtungen

```
gopher://laurel.euromath.dk/
```

Florida State University Math Department

Informationen, Grafiken und Literatur zum Thema Mathematik

```
http://euclid.math.fsu.edu/
gopher://euclid.math.fsu.edu/
```

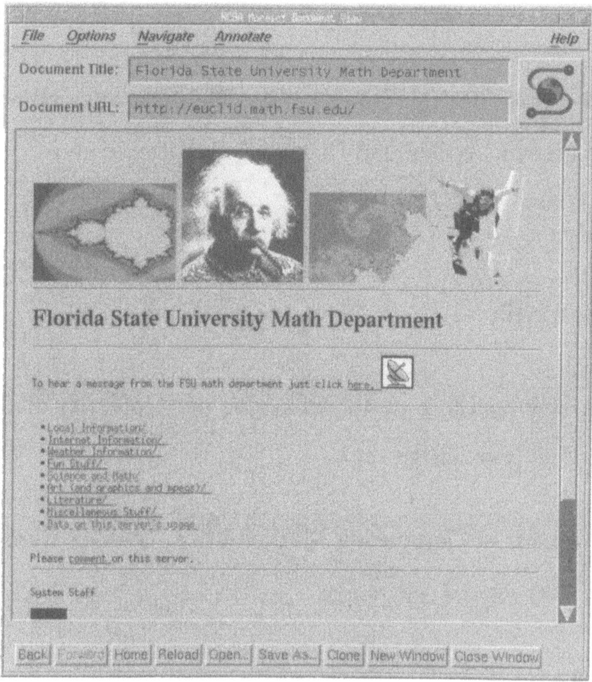

Abbildung 17.3: EUCLID Homepage

Gesellschaft für Mathematik und Datenverarbeitung (GMD)

Allgemeine Informationen sowie Zugang zum Institute for Telecooperation Technology (TKT) und zum Institute for Integrated Publication and Information Systems (IPSI)

```
http://www.darmstadt.gmd.de/
```

Institut für angewandte Informatik Wuppertal

```
http://wmwap1.math.uni-wuppertal.de/
```

The Geometry Center

Informationen, Software und Images zum Thema Geometrie

```
http://www.geom.umn.edu/
gopher://gopher.geom.umn.edu/
ftp://ftp.geom.umn.edu/
```

eLib

Mathematische Software-Bibliothek des Konrad-Zuse-Zentrum für Informationstechnik Berlin (ZIB)

```
http://elib.zib-berlin.de/
gopher://elib.zib-berlin.de/
telnet://elib@elib.zib-berlin.de
ftp://elib.zib-berlin.de/
```

Medizin und Gesundheit

Baylor College of Medicine

Verschiedene Informationsdienste, unter anderem Zugang zum Molecular Biology Computational Resource und dem Departement of Human and Molecular Genetics

```
http://www.bcm.tmc.edu/
gopher://gopher.bcm.tmc.edu/
```

MedLink

Medizinischer Server in schwedischer Sprache

```
http://www.ls.se/
```

National Institute of Health (NIH)

Zugang zu verschiedenen biologischen und medizinischen Datenbanken und weiteren Informationsdiensten des NIH

```
http://www.nih.gov/
gopher://gopher.nih.gov/
```

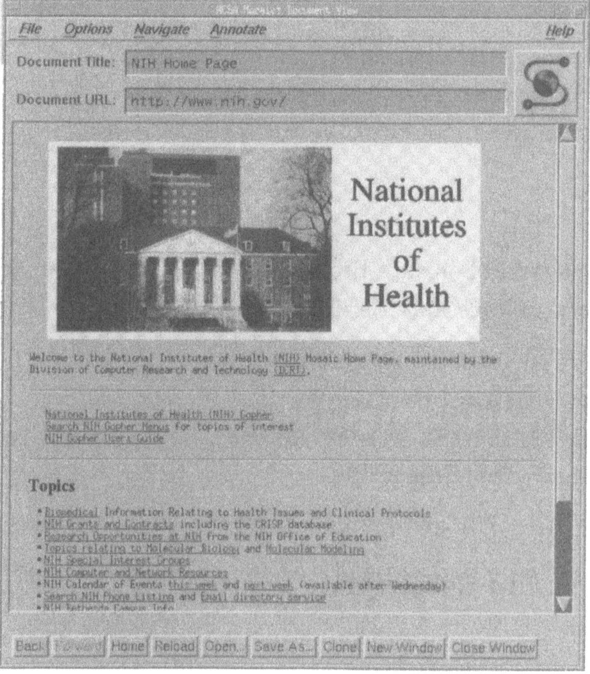

Abbildung 17.4: NIH Homepage

World Health Organization

```
gopher://gopher.who.ch/
```

Meteorologie und Klimatologie

Carbon Dioxide Information Analysis Center (CDIAC)

Das CDIAC erforscht den Einfluß von Treibhausgasen in der Erdatmosphäre

```
ftp://cdiac.esd.ornl.gov/pub/
```

Deutsches Klimarechenzentrum Hamburg (DKRZ)

Aktuelle Wettersituation und Satellitenaufnahmen.

```
http://www.dkrz.de/
gopher://gopher.dkrz.de/
ftp://ftp.dkrz.de/
```

National Climatic Data Center (NCDC)

Meteorologische und klimatechnische Informationen sowie Zugriff auf das Global Climate Perspectives System (GCPS)

```
http://www.ncdc.noaa.gov/
```

Netze

Cosine Networks Central Information Service for Europe (CONCISE)

Information über die Cooperation for Open Systems Interconnection Networking in Europe (COSINE)

```
telnet://concise passwd concise@concise.ixi.ch
```

EUnet Network Information Services

Informationen über das Europanetz EUnet und über den EUnet Traveller

```
http://www.eu.net/
gopher://ftp.eu.net/
ftp://ftp.eu.net/
```

EUnet Network Information Services Deutschland

Informationen über das EUnet Deutschland, Zweig des paneuropäischen EUnet-Netzwerkes

```
http://www.germany.eu.net/
gopher://ftp.germany.eu.net/
ftp://ftp.germany.eu.net/
```

European Academic and Research Network (EARN)

Informationen, Dienstleistungen, EARN Newsletter und Listserv Archive

```
gopher://gopher.earn.net/
```

Informationsdienst des DFN

Informationsdienst des Vereins zur Förderung eines Deutschen Forschungsnetzes eV (DFN)

```
http://www.dfn.de/
gopher://gopher.dfn.de/
telnet://infosys@rigel.dfn.de
ftp://ftp.dfn.de/
```

InterNic Webserver

Network Informationsdienst der National Science Foundation. Die Informationen werden von General Atomics, AT&T und Network Solutions Inc. bereitgestellt.

```
http://www.internic.net/
gopher://rs.internic.net/
telnet://guest@ds.internic.net
ftp://ds.internic.net/
```

Resaux Associes pour la Recherche Europeenne (RARE)

Allgemeine Informationen und Publikationen von RARE

```
gopher://gopher.rare.nl/
```

Ökologie

Ökologischer Server der Universität Virginia

```
gopher://ecosys.drdr.virginia.edu/
```

Biosphere Newsletter

Dateien aus der BIOSP-L Mail-Liste

```
ftp://mthvax.cs.miami.edu/pub/biosph/
```

Envirolink

Aktionen, Publikationen, Bulletin Board und Durchschaltmöglichkeiten zu weiteren Umweltdiensten und Netzen

```
gopher://envirolink.org/
telnet://envirolink.org
ftp://envirolink.org/
```

National Oceanic and Atmospheric Administration (NOAA)

Das NOAA befasst sich mit der Erforschung der Ozeane und der
Erdatmosphäre. Angeschlossen an das NOAA sind weitere Insti-
tute im Bereich Geologie (NGDC), Ozeanografie (NODC) und
Klimatologie (NCDC).

```
http://esdim2.nodc.noaa.gov/
gopher://esdim2.nodc.noaa.gov/
```

Ozeanografie

Bedford Institute of Oceanography

Wissenschaftliche Daten und Programme zum Thema Meeresfor-
schung

```
ftp://biome.bio.dfo.ca/pub/
```

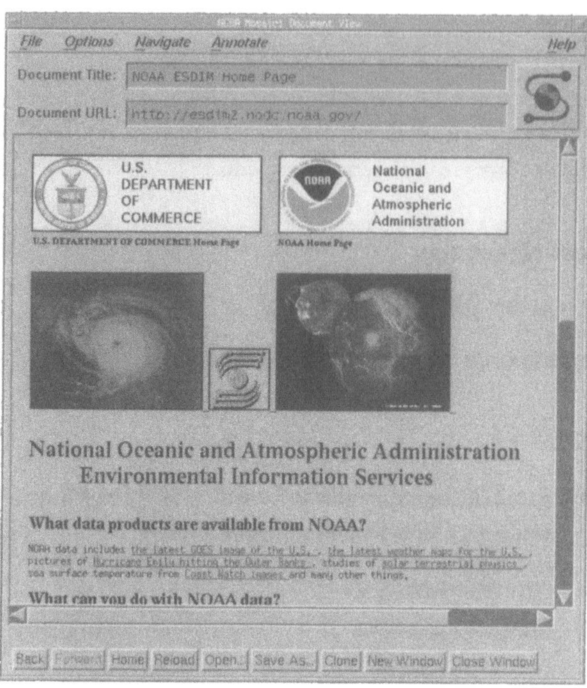

Abbildung 17.5: NOAA Homepage

National Oceanographic Data Center (NODC)

Umfangreiche ozeanografische Datenbank

```
http://www.nodc.noaa.gov/
telnet://NOAADIR@nodc.nodc.noaa.gov
```

Oceanic Info

Ozeanisches Informationszentrum der Universität Delaware

```
telnet://info@delocn.udel.edu
```

Paläontologie

Paläontologisches Museum Berkeley

Der reich bebilderte Rundgang durch das paläontologische Museum ist nicht nur für Fachleute sondern auch für Laien interessant.

```
http://ucmp1.berkeley.edu/expo/
gopher://ucmp1.berkeley.edu/
ftp://ucmp1.berkeley.edu/
```

Philosophie

Philosophie Gopher der University of California, Irvine

```
gopher://philosophy.cwis.uci.edu/:7016
```

Physik

Departement of Nuclear Engineering and Engineering Physics (NEEP)

```
http://trans4.neep.wisc.edu/
```

Deutsches Elektronen Synchrotron (DESY)

Informationen über DESY und Zugang zu weiteren Informationsdiensten, unter anderem HERMES und ZEUS

```
http://info.desy.de/
```

European Laboratory for Particle Physics CERN

Das World Wide Web wurde am CERN entwickelt. Neben physikalischen Informationen sind zahlreiche Informationen über das WWW sowie umfangreiche Resourcen zu WWW vorhanden.

```
http://info.cern.ch/
```

Institute of Electrical and Electronics Engineers (IEEE)

Informationen über die Dienste und Zugänge zu den Servern des IEEE

```
gopher://info.ieee.org/
ftp://ftp.ieee.org/
```

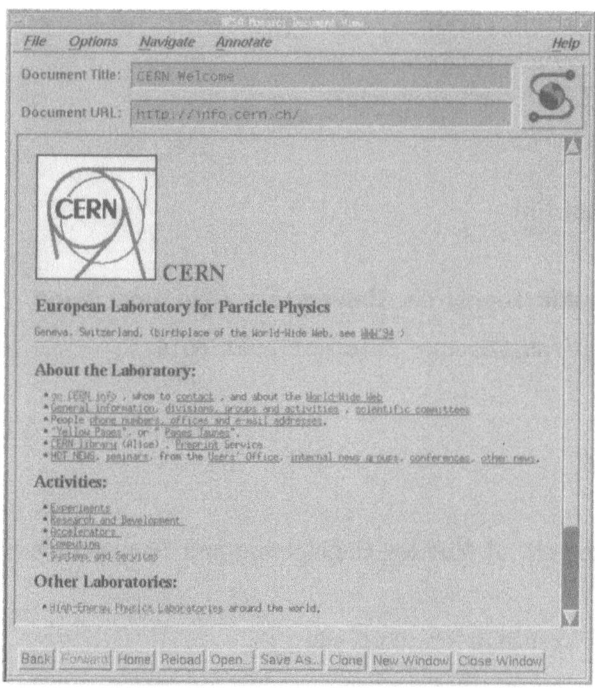

Abbildung 17.6: CERN Homepage

National Center for Supercomputing Applications (NCSA)

Unter anderem Entwicklung der fensterorientierten Oberfläche Mosaic. Sehr guter Einstiegspunkt für weitere WWW-Server.

```
http://www.ncsa.uiuc.edu/
gopher://gopher.ncsa.uiuc.edu/
ftp://ftp.ncsa.uiuc.edu/
```

National Institute of Standards and Technology NIST

```
http://www.nist.com/
gopher://gopher-server.nist.gov/
```

Rechenzentrum der Max-Planck-Gesellschaft in Garching

```
gopher://uts.ipp-garching.mpg.de/
```

Psychologie

Psychologischer Server der Universität Freiburg

```
gopher://gopher.psychologie.uni-freiburg.de/
```

Rechtswissenschaften

International Trade Law Project

Liste internationaler Handelsbestimmungen bezügl. Transport und Versicherungen. Außerdem weitere (amerikanische) Resourcen im Bereich Rechtswissenschaften.

```
http://ananse.irv.uit.no/trade_law/nav/trade.html
```

Juristischer Informationsdienst der Universität Saarbrücken

Gesetzestexte und Veröffentlichungen aus dem juristischen Fachbereich

```
http://www.jura.uni-sb.de/
gopher://www.jura.uni-sb.de/
```

Library Archive Washington and Lee.

```
gopher://liberty.uc.wlu.edu/
ftp://liberty.uc.wlu.edu/pub/lawlib/
```

Reisen

Subway Navigator

Der Subway Navigator stellt im U-Bahnnetz verschiedener Weltstädte eine Route und die Reisezeit zur Verfügung

```
telnet://metro.jussieu.fr:10000
```

Travel Info Navigator

Weltweite Informationen über Ziele sowie Adressen von Reisebüros

```
ftp://ftp.cc.umanitoba.ca/rec-travel/
```

Softwareinformation

ASK-SINA

Online Recherche mit Hilfe von Suchbegriffen innerhalb der deutschen FTP-Server

```
telnet://sina passwd sina@askhp.ask.uni-karlsruhe.de
```

National Information on Software and Services (NISS)

Informationen zu Software und Janet

```
telnet://janet@sun.nsf.ac.uk
```

Software Server der Universität Stuttgart

Softwareinformationssystem und Software-Datenbank der Universität Stuttgart. Unter anderem große Auswahl von Tex-Dateien.

```
http://www.uni-stuttgart.de/
gopher://gopher.rusinfo.uni-stuttgart.de/
telnet://info@rusinfo.rus.uni-stuttgart.de
ftp://ftp.uni-stuttgart.de/
```

Softwareinformationssystem der Akademischen Software Kooperation (ASK-SISY)

Ca. 3.000 ausführliche Beschreibungen von Programmen aus verschiedenen Fachbereichen und Public Domain Software insbesondere für den Lehrbereich. Außerdem Informationen zum Europäischen Hochschul-Software-Preis.

```
http://askhp.ask.uni-karlsruhe.de/
gopher://gopher.ask.uni-karlsruhe.de/
telnet://ask passwd ask@askhp.ask.uni-karlsruhe.de
ftp://ftp.ask.uni-karlsruhe.de/pub/
wais://askhp.ask.uni-karlsruhe.de/ASK-SISY-Software-
Information.src/
```

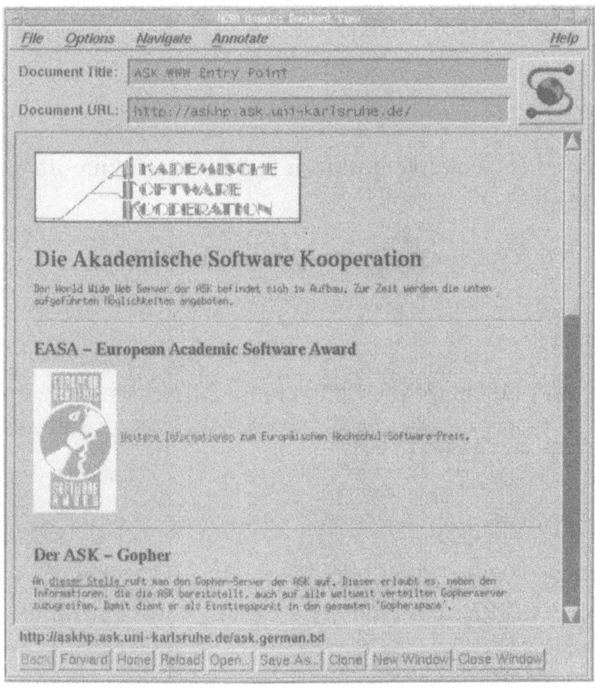

Abbildung 17.7: ASK Homepage

Softwaresupport kommerzieller Hersteller

FTP-Corporation

Support für TCP/IP- Software von FTP-Corporation. Auf diesem Server sind die FTP-Newsletter, Treiber und verschiedene Utilities zu finden.

```
ftp://vax.ftp.com/pub/
```

MATHLAB

Produktinformationen mit Demos, Dokumentationen und Antworten auf regelmäßig gestellte Fragen

```
http://www.mathworks.com/
ftp://ftp.mathworks.com/pub/
```

Maple

Informationen, Dokumentationen und Software zum Mathematikpaket Maple

```
ftp://ftp.maplesoft.on.ca/pub/maple/
```

Microsoft

Treiber und umfangreiche Software für Microsoft Produkte

```
ftp://ftp.microsoft.com/
```

Novell

Produktinformationen, umfangreiche Supportdatenbank und Novell White Papers

```
http://www.novell.com/
http://www.novell.de/
gopher://ftp.novell.com/
```

Numerical Algorithms Group Ltd (NAG)

Informationen über Produkte und Diensleistungen von NAG, Public Domain Software und FORTRAN 90 Software Repository

```
http://www.nag.co.uk:70/
gopher://www.nag.co.uk/
```

Sprachen

Lexikon Deutsch - Englisch

Kooperation des Forschungszentrums für wissensbasierte Systeme FORWISS und Langenscheidt. (Zu beachten sind auch die anderen Aktivitäten von FORWISS).

```
http://www.fmi.uni-passau.de/htbin/lt/ltd
http://www.fmi.uni-passau.de/htbin/lt/lte
```

Viren

McAfee Virenscanner

```
ftp://mcafee.com/pub/antivirus/
```

Virenscanner F-Prot

```
ftp://complex.is/pub/
```

Wirtschaftswissenschaften

Bussiness on the Net (BSN)

Auflistung von Internet-Diensten im wirtschaftlichen Bereich

```
gopher://refmac.kent.edu/
ftp://ksuvxa.kent.edu/LIBRARY.DIR/
```

World Bank

Zugang zum Public Information Center der World Bank

`gopher://gopher.worldbank.org/`

Verschiedenes

Archiv gegen Ausländerfeindlichkeit

Informationen über abgeschlossene und laufende Aktionen gegen Ausländerfeindlichkeit sowie Textbeiträge

`gopher://pfsparc02.phil15.uni-sb.de/`

Ausstellungen

Bilderreiche Reise durch verschiedene Ausstellungen

`http://sunsite.unc.edu/expo/`

Begriffe und Abkürzungen

`wais://pinus.slu.se/Internet-user-glossary.src/`

ConverNet - Network on the Conversion of Military Capacity (Dortmund)

`gopher://convernet.infu.uni-dortmund.de/`

Einführung in das Ethernet-System

Die Datei ethernet-guide.ps beschreibt den Aufbau eines Ethernet Systems

`ftp://ftp.utexas.edu/pub/netinfo/ethernet/`

European Commission Host Organization (ECHO)

Zugriff auf verschiedene Datenbanken mit unterschiedlichen Themenbereichen

`telnet://lguest@echo.lu`

Honolulu Community College Dinosaur Exhibit

```
http://www.hcc.hawaii.edu/dinos/dinos.1.html
```

United Nations

Charter der United Nations. Außerdem Beschreibung der UN und
ihrer Aktionen

```
gopher://nywork1.undp.org/
```

Glossar

Alex

Dateisystem, das dem Benutzer via NFS einen transparenten Lesezugriff auf Dateien von Anonymous-FTP-Servern ermöglicht.

Anonymous FTP

Spezielle Form des FTP-Dienstes, der ohne eigenen Account dem Benutzer Zugang zu den weltweiten Anonymous FTP Servern gewährt.

Archie

Datenbanksystem, das die Inhaltsverzeichnisse von Anonymous--FTP-Servern für eine Suche zugänglich macht.

Arpanet

Abkürzung für *Advanced Research Projects Agency Network*. Netzwerk, das von der Advanced Research Projects Agency Ende der 60er Jahre ins Leben gerufen wurde. Es ist der Vorgänger des *Internet*.

ASCII

(a) Allgemein: Abkürzung für *American Standard Code for Information Interchange*. Standardverfahren, um alphabetische, numerische oder Steuerungszeichen in 7-bit-Form darzustellen.
(b) Speziell: Bei der Datenübertragung spricht man von *ASCII-Dateien*, wenn sie nur aus lesbaren Zeichen, also Zeichen mit der dezimalen Kodierung von 32 bis 127, bestehen.

Backbone

(Engl.: Rückgrat). Überregionales, schnelles Netzwerk, das weitere Netzwerke verbindet. Backbones sind zum Beispiel das NSFNET in den USA, Ebone in Europa, JANET in Großbritannien oder das BelWü in Baden Württemberg.

Baud

Einheit der Schrittgeschwindigkeit bei isochronen Signalen. Wurde nach dem französischen Telegrapheningenieur Baudot benannt und sagt ohne Angabe der Kodierung nichts über die Datenübertragungsgeschwindigkeit (Einheit: bit/s) aus. Nur wenn pro Schritt genau zwei Zustände kodiert werden (0 oder 1) entspricht die Baudrate der Bitrate.

Browser

(Engl.: „Herumstöberer"). Der Begriff Browser wird im Zusammenhang mit WWW als Synonym Synonym für HyperText-Client verwendet. Ein fensterorientierter Browser ist *Mosaic*.

Bulletin Board System (BBS)

Entspricht im deutschen Sprachgebrauch einem „schwarzen Brett". *BBS* werden in erster Linie zum Meinungs- und Erfahrungsaustausch verwendet. Das meistbekannte BBS ist das weltweite Usenet News System.

CCITT

Abkürzung für *Comité Consultativ International de Télégraphique et Téléphonique*. Zweig der United Nations International Telecommunictions Union. Das *CCITT* gibt unter anderem Empfehlungen für Kommunikationsprotokolle heraus.

CERN

Europäisches Zentrum für Teilchenphysik mit Sitz bei Genf. „Geburtsstätte" des World Wide Web

CGI

Abkürzung für *Common Gateway Interface*. Standard zur Ausführung externer Programme von WWW-Servern.

Client/Server-Modell

Kommunikation zwischen Prozessen, die auf dem Anforderung/
Antwort-Prinzip beruht. Typische Beispiele für Client/Server-An-
wendungen sind *Gopher* oder *WWW*.

CNIDR

Abkürzung für *Clearinghouse for Networked Information Discovery and Retrieval.* Von der *NSF* gegründet, fördert sie u.a. die Weiterentwicklung von Internetdiensten, insbesondere auch *WAIS*.

COSINE

Abkürzung für *Cooperation for an Open Systems Interconnection
Networking in Europe.* Ein von *RARE* ins Leben gerufenes Pro-
jekt zur Bereitstellung einer auf ISO/OSI Normen basierenden
Infrastruktur für den akademischen Bereich innerhalb Europas.

CWIS

Abkürzung für *Campuswide Information System* Informationsdienst einer Universität, der in erster Linie universitätsspezifische
Informationen anbietet. *Gopher* wurde ursprünglich als CWIS entwickelt.

Daemon

Abkürzung für *Disk and Execution Monitor.* Als *Daemons* werden
Programme bezeichnet, die vom Benutzer unsichtbar im Hintergrund arbeiten und auf bestimmte Aktionen warten. Beispiele für
Daemons auf UNIX Systemen sind „inetd", der Internetdaemon,
oder „telnetd", der Telnetdaemon.

DCA

Abkürzung für *Defense Communications Agency.* Die DCA ist
eine Unterabteilung des US Verteiligungsministeriums und wurde
1975 mit der Verwaltung des Arpanets beauftragt.

DE-NIC

Abkürzung für *Deutsches Network Information Center.* Das DE-
NIC mit Sitz am Rechenzentrum der Universität Karlsruhe verwaltet für die Internet-Domain *de* die Vergabe der Unterdomains,

koordiniert die Verteilung der Internetnummern und betreibt den *Primary Nameserver* für die Domain *de*.

DFN-Verein

Verein zur Förderung des *Deutschen Forschungs-Netzes* e.V.. Der DFN-Verein ist Betreiber des *WIN*, ein Netz auf Basis von *X.25*, an das hauptsächlich akademische Einrichtungen angebunden sind.

DIGI e.V.

Abkürzung für *Deutsche Interessen Gemeinschaft Internet e.V.*, dessen Zweck es ist, den Informationsaustausch zwischen Gruppen von Betreibern und Benutzern von Netzen zu fördern. Die DIGI e.V. ist z.B. Veranstalter der *Opennet*, einer jährlich stattfindenden Tagung über Internetspezifische Themen.

The Directory

Synonym für X.500.

Directory of Servers

WAIS-Datenbank, in der alle *WAIS*-Resourcen enthalten sind.

DNS

Abkürzung für *Domain Name System*. Das *DNS* ordnet den logischen Namen von Rechnern im *Internet* eine *IP*-Adresse zu.

DoD

Abkürzung für *Departement of Defense*, dem US-Verteidigungsministerium.

Ebone

Ein von *RIPE* 1992 in Betrieb genommener europäischer Internet-Backbone.

E-Mail

Abkürzung für *Electronic Mail*. Das E-Mail System erlaubt den Austausch von Nachrichten über elektronische Netzwerke. Hierfür wird im Internet das Protokoll *SMTP* verwendet.

EUnet Deutschland GmbH

Abkürzung für *European UNIX Network*. Einer der Internetprovider in Deutschland.

EuropaNET

Ein vom *COSINE*-Projekt initiierter multiprotokoll Backbone, der Nachfolger des *International X.25 Interconnect (IXI)* ist.

FAQ

Abkürzung für *Frequently Asked Questions* (engl.: häufig gestellte Fragen). Liste, in der zu einem bestimmten Thema häufig gestellte Fragen und deren Antworten aufgelistet werden. Die Quelle dieser Listen sind in erster Linie Newsgruppen bzw. Mail- oder Anonymous FTP-Server.

Finger

Programm auf UNIX-Systemen, das die Weitergabe von Benutzerinformationen über das *Internet* ermöglicht. Hierzu muß der sog. *fingerd* auf dem jeweiligen Host laufen.

FTP

Abkürzung für *File Transfer Protocol*. Das Internet Protokoll (und Programm) zur Übertragung von Dateien zwischen Hosts.

FYI

Abkürzung für *For Your Information*. Spezielle Form von *RFCs* für den Internet Endanwender.

Gopher

Internetweit verteiltes, hierarchisch aufgebautes und menüorientiertes Informationssystem, das Zugang zu unterschiedlichsten Daten bietet.

Gopher Protokoll

Eigens für Gopher entwickeltes Übertragungsprotokoll, das auf *TCP* aufsetzt.

Gopher+ Protokoll

Nachfolger der Gopher Protokolls, das mit diversen Erweiterungen aufwartet.

343

Gopherspace

Ausdruck für alle mit *Gopher* erreichbaren Resourcen im *Internet*.

GUUG

Abkürzung für *German Unix User Group*. Deutsche Vereinigung von Unix Anwendern.

Host

Bezeichnung für einen Computer im Netzwerk.

HTML

Abkürzung für *HyperText Markup Language*. Darstellungssprache, die es ermöglichst, auf einfache Weise HyperText Dokumente zu erstellen. HTML basiert auf *SGML (Standard Generalized Markup Language)*, einer ISO Norm zur Definition von strukturierten Datentypen.

HTML+

Erweiterung von HTML, die u.a. erweiterte Textgestaltungsmöglichkeiten bietet.

HTTP

Abkürzung für *HyperText Transfer Protocol*. Protokoll für die Übertragung von Hypertextdokumenten. *HTTP* wird im *WWW* als Übertragungsprotokoll verwendet.

HyperLinks

Besonders hervorgehobene Terme in HyperText Dokumenten, hinter welchen sich logische Verbindungen verbergen.

HyperText

Spezielle Form von Textdokumenten, in denen besonders gekennzeichnete Worte nach Aktivierung Aktionen auslösen. Heutige Einsatzgebiete von HyperText liegen im *WWW* oder auch beim *Computer Based Training (CBT)*.

HyTelnet

Frontend-System für eine Datenbank, die internetweit verteilte Telnet-Server enthält.

IAB

Abkürzung für *Internet Activities Board*. Es ist für die technische Weiterentwicklung der Internet Protokoll Suite verantwortlich und besteht aus zwei Untereinheiten: *IETF* und *IRTF*.

IANA

Abkürzung für *Internet Assigned Numbers Authority*. Instanz, die die sog. *well known ports* vergibt.

IETF

Abkürzung für *Internet Engineering Task Force*. Sie ist verantwortlich für die kurzfristigen technischen Entwicklungen des Internet und besitzt ca. 40 Arbeitsgruppen.

IN e.V.

Abkürzung für *Individual Network e.V.*. Dachverband kleinerer Rechnernetze, die ein Anbindung für Privatpersonen ans Internet anbieten.

Internet

TCP/IP basiertes, weltweites Netz von Netzen, das aus dem *Arpanet* entstand.

Internet-Adresse

Die *Internet-Adresse* ist ein 32-Bit langes Wort, das einen Rechner im *Internet* eindeutig adressiert.

IP

Abkürzung für *Internet Protocol*. Wird als Protokoll der Netzwerkschicht im Internet verwendet und stellt die Endsystemverbindung zwischen den Partnerrechnern her. Es bietet der darüberliegenden Schicht einen verbindungslosen und unzuverlässigen Dienst an.

IRTF

Abkürzung für *Internet Research Task Force*. Sie ist verantwortlich für die langfristigen technischen Entwicklungen des Internet.

ISO

Abkürzung für *International Standards Organisation*. Von der *ISO* wurde das *OSI-Modell* zur Netzwerkübertragung entwickelt.

IXI

Abkürzung für *International-X.25-Interconnect*. Alte Bezeichnung für das europaweite Forschungsnetz *EuropaNET*.

Jughead

Ein in Gopher integrierter Dienst zur Suche im *Gopherspace*.

Listserver

Programme zur Administration von Diskussionsforen, die in der IBM Großrechnerwelt ihren Ursprung hatten. Eine verbreitete UNIX Implementierung ist unter dem Namen *listproc* bekannt.

Mailserver

Programm, das E-Mails automatisch verarbeitet und entsprechend reagiert. *Mailserver* dienen insbesondere für das automatische Versenden von Dateien via E-Mail.

MHS

Abkürzung für *Message Handling System*. System zum Austausch von E-Mails. Wird oft als Synonym für X.400 verwendet und wurde von der *ISO* erstmals 1984 genormt. Der korrekte Name lautet *X.400 Message Handling System*.

MIME

Abkürzung für *Multipurpose Internet Mail Extension*. Erweiterung zu *RFC 822*, um multimediale E-Mails verschicken zu können.

Mosaic

WWW-Browser von *NCSA*, der kostenfrei für verschiedenste Plattformen erhältlich ist.

MTA

Abkürzung für *Message Transfer Agent*. Prozeß der Anwendungsschicht, der für die Speicherung und Beförderung von *E-Mails* im *MHS* zuständig ist.

Name Server

Programme bzw. Rechner, die die Informationen über die Struktur des *DNS* verwalten und aktualisieren. Diese Informationen stellen sie bei Anfrage sog. *Resolvern* zur Verfügung.

NCSA

Abkürzung für *National Center for Supercomputing Applications*. Einrichtung an der *University of Illinois*, die den *WWW-Browser Mosaic* entwickelte.

Netfind

Netfind dient zur internetweiten Suche von Benutzerinformationen. *Netfind* stützt sich dabei auf andere Dienste wie *DNS*, *SMTP*, *X.500* und *Finger* in Anspruch.

Netiquette

Der Begriff setzt sich aus den Begriffen Network und Etiquette zusammen und bezeichnet Regeln über das Verhalten im Netzwerk.

News

Weltweites, nichtinteraktives und öffentliches Konferenzsystem.

NIC

Abkürzung für *Network Information Center*. Einrichtung, die mit der Verwaltung des Internets beauftragt ist. Ursprünglich gab es nur ein zentrales NIC bei der *SRI International*. Heute gibt es weltweit mehrere, so z.B. das *DE-NIC* in Karlsruhe.

NNTP

Abkürzung für *Network News Transfer Protocol*. Protokoll zur Übertragung von News.

NTG/XLink

Siehe *XLink*.

OPAC

Abkürzung für *Online Public Access Catalog*. System, das dem Benutzer einen direkten Zugriff auf eine Datenbank, meist eines Bibliothekbestandes, ermöglicht.

OSI-Modell

Abkürzung für *Open Systems Interconnection*-Modell. 7 Schichten Modell der Rechnerkommunikation, das von der *ISO* genormt wurde.

Prospero

Prospero stellt auf Basis einer internetweit verteilten Architektur ein benutzerabhängiges Dateisystem zur Verfügung.

Protokoll

Um die Kommunikation von Rechnern bzw. Anwendern in einem offenen, heterogenen Verbund zu realisieren, braucht man Regeln, die den Nachrichtenaustausch zwischen Partnern koordinieren. Diese Regeln werden als *Protokolle* bezeichnet.

RARE

Abkürzung für *Résaux Associés pour la Recherche Européene*. Organisation zur Koordinierung der Netzwerkaktivitäten in Europa, wobei von *RARE* vor allem eine auf Basis der ISO/OSI-Normen basierenden Infrastruktur favorisiert wurde.

Relevance Feedback

Navigationstechnik des ursprünglichen *WAIS*-Konzepts, wobei Dokumente oder Teile eines Dokuments als Anfrage verwendet werden.

RFC

Abkürzung für *Request for Comments*. Eine durchnumerierte Sammlung von Dokumenten, die Standards, *Protokolle* und sonstiges der Internet Protokoll Suite beschreiben.

RIPE

Abkürzung für *Résaux IP Européens*. Organisation zur Koordinierung des Internetverkehrs in Europa.

Site

Computer innerhalb einer Domain.

SMTP

Abkürzung für *Simple Mail Transfer Protocol*, das Internet E-Mail Protokoll. Es ist in *RFC 821* definiert.

TCP

Abkürzung für *Transmission Control Protocol*. Neben *IP* das zentrale Protokoll in der Internet Protokoll Suite. Es stellt den Applikationen einen verbindungsorientierten, zuverlässigen, vollduplex Dienst in Form eines Datenstroms zur Verfügung.

Telnet

Das *Telnet-Protokoll* erlaubt es, auf anderen Rechnern *online* zu arbeiten, als ob man direkt an diesem Rechner angeschlossen wäre.

TFTP

Abkürzung für *Trivial File Transfer Protocol*. Sehr einfaches Protokoll zur Dateiübertragung, welches auf dem unzuverlässigen Datagrammdienst von *UDP* basiert.

TN3270

Eine Variante des *Telnet-Protokolls*, um auf IBM-Mainframes zuzugreifen.

UA

Abkürzung für *User Agent*. Mailprogramm, das als Benutzerschnittstelle zum E-Mail System dient.

UDP

Abkürzung für *User Datagramm Protocol*. Protokoll, das alternativ zu *TCP* verwendet werden kann, wenn keine Anforderungen über die Zuverlässigkeit gestellt werden. UDP arbeitet verbindungslos auf Datagrammbasis.

URL

Abkürzung für *Uniform Resource Locator*. Einheitliche und eindeutige Form, um Resourcen im Netz zu benennen. Sie entsprechen damit beispielsweise der ISBN-Nummer bei Büchern.

Veronica

Ein in Gopher integrierter Dienst zur Suche im *Gopherspace*.

WAIS

Abkürzung für *Wide Area Information Service*. *WAIS* ermöglicht die Volltextsuche in weltweit verteilten Datenbanken.

WAIS-Source

WAIS-Datenbank, die durch eine .SRC-Datei beschrieben wird.

Whois

Der *Whois*-Dienst ermöglicht die Recherche nach Benutzer- und Rechnernamen im *Internet*, wobei pro Recherche nur innerhalb einer Domain gesucht werden kann, da ein *Whois*-Server nur eine Domain verwaltet.

WIN

Das Wissenschaftsnetz *WIN* ist der deutsche Teil des europaweiten Netzwerkes *EuropaNet*. Es basiert ebenfalls wie das *EuropaNet* auf dem *X25-Protokoll*.

WWW

Abkürzung für *World Wide Web*. Hypertextbasierter, verteilter Informationsbeschaffungsdienst.

X.25

(a) *Protokoll*, das als eine Möglichkeit die unteren 3 Schichten des ISO/OSI-Modells abdeckt. (b) Dienst zur Datenübertragung, der in Deutschland als *Datex-P* (Data Exchange, paketvermittelt) bezeichnet wird.

X.29

Das *X.29-Protokoll* sitzt auf dem *X.25-Protokoll* auf und erlaubt es, ähnlich dem *Telnet-Protokoll*, auf entfernte Rechner *online* zuzugreifen.

X.400

Standard zum Austausch von interpersonellen Mitteilungen. Wird auch als *Message Handling System* bezeichnet.

X.500

Beim *X.500* handelt es sich um einen verteilten, hiearchisch aufgebauten Verzeichnissdienst, der bislang meist nur personenbezogene Daten enthält. Wird auch als *Directory* bezeichnet.

XLink

Abkürzung für *eXtended lokales Informatiknetz Karlsruhe*. Einer
der Internetprovider in Deutschland. Hatte seinen Ursprung in der
Informatik Rechnerabteilung der Universität Karlsruhe. XLink
wurde inzwischen aus dem Universitätsbetrieb ausgegliedert und
führt unter dem Namen *Netzwerk und Telematic GmbH (NTG)*
seine Aufgabe als privatwirtschaftliches Unternehmen fort.

X-Windows System

Fensterorientierte, grafische Benutzeroberfläche.

Z39.50

Standard, der ein *Protokoll* zur Informationsbeschaffung aus Datenbanken auf der Anwendungsschicht des *ISO/OSI-Modells* definiert.

Literaturverzeichnis

[AAL+92] Alberti, Anklesaria, Lindner, McCahill und Torrey. *Gopher+ : proposed enhancements to the Internet Gopher protocol.* University of Minnesota, Microcomputer and Workstation Networks Center, 1992.

[Ale94] S. Alexander, Hrsg. *Telnet Environment Option.* Lachman Technology, Inc., Januar 1994. RFC 1572.

[ALM+93] Anklesaria, Lindner, McCahill, Torrey, Johnson und Alberti. *Gopher+: upward compatible enhancements to the Internet Gopher protocol.* University of Minnesota, Microcomputer and Workstation Networks Center/Computer and Information Systems, Juli 1993.

[AML+93] F. Anklesaria, M. McCahill, P. Lindner, D. Johnson, D. Torrey und B. Alberti. The Internet Gopher Protocol (a distributed document search and retrieval protocol), März 1993. RFC 1436.

[BL93a] T. Berners-Lee. Hypertext Markup Language (HTML). `http://info.cern.ch/hypertext/WWW/MarkUp/HTML.html`, CERN, 1993.

[BL93b] T. Berners-Lee. Hypertext Transfer Protocol. `http://info.cern.ch/hypertext/WWW/Protocols/HTTP/HTTP2.html`, 1993.

[BL94] T. Berners-Lee. Uniform Resource Locators. `http://info.cern.ch/hypertext/WWW/Addressing/Addressing.html`, CERN, 1994.

[Bla91]   Uyless D. Black. *OSI - A Mode for Computer Communications Standards.* Prentice Hall, 1991.

[BLC89]   T. Berners-Lee und R. Cailliau. WorldWideWeb: Proposal for a HyperText Project. `http://info.cern.ch/hypertext/WWW/Proposal.html`, 1989.

[Bra89]   R. Braden, Hrsg. *Requirements for Internet hosts - application and support.* RFC 1123, Oktober 1989.

[Cat92]   Vincent Cate. Alex – A Global Filesystem. `ftp://alex.sp.cs.cmu.edu/doc/intro.ps`, School of Computer Science, Carnegie Mellon University, Pittsburgh,Pennsylvania, 1992.

[Cha92]   Lyman Chapin. The Internet Standards Process. RFC 1310, 1992.

[CNI]   CNIDR History. `http://cnidr.org/cnidr_overview/cnidr_history.html`.

[Cro82]   David H. Crocker. Standard For The Format Of Arpa Internet Text Messages, 1982.

[DFN92]   Satzung des DFN-Vereins, Verein zur Förderung eines Deutschen Forschungsnetzes e.V. `gopher://rigel.dfn.de/Informationssysteme/CONCISE/dfn/allgemein/satzung/satzung.ia5`, 1992.

[DIG93]   Satzung des DIGI e.V., Deutsche Interessengemeinschaft Internet. `ftp://ftp.digi.de/DIGI/info`, 1993.

[Dil92]   Ulrike Dillmann. Das X.500-Directory. `ftp://ftp.belwue.de/belwue/handbuecher/x500-handbuch.ps`, Rechenzentrum der Universität Stuttgart, 1992.

[DJBH93]   Martin Dillon, Erik Jul, Mark Burge und Carol Hickey. *Research Report: Assessing Information on the Internet.* OCLC Online Computer Library Center,Inc., Dublin, Ohio, 1993.

[Dre93]   Ingo Dreßler. Das Internet-Werkzeug Gopher. *iX Multiuser Multitasking Magazin*, Seiten 56–65, April 1993.

[Dud93]   Duden Informatik. Dudenverlag, 1993. 2. Auflage.

[DV93]   DFN-Verein. Wir im Deutschen Forschungsnetz, November 1993.

[ED92]   Alan Emtage und Peter Deutsch. archie - An Electronic Directory Service for the Internet. Conference Proceedings Usenix, San Francisco, CA, Januar 1992.

[Emt91]   Alan Emtage. Archie, The Archive Server Server. McGill University, Montréal, Canada, 1991.

[Eng93]   Adam C. Engst. *Internet Starter Kit for Macintosh.* Hayden Books, 1993.

[EUn93]   Das EUnet Handbuch – Zugang zu weltweiten Computernetzen. Berlin, 1993. Ausgabe für Deutschland.

[Geo93]   Ferguson George. xarchie - X11 browser interface to archie, version 2.0.9. University of Rochester, August 1993.

[Gul88]   Jürgen Gulbins. *UNIX.* Springer-Verlag, 1988.

[HA87]   M. Horton und R. Adams. Standard for interchange of USENET messages. RFC 1036, Dezember 1987.

[Het94]   Christian Hettler. German Anonymous FTP Sites Listing. `ftp://ftp.ask.uni-karlsruhe.de/pub/info/ftp-list-de`, 1994. Version 9402.

[HS90]   John Henshall und Sandy Shaw. *OSI explained: end-to-end computer communication standards.* Ellis Horwood series in computer communications and networking, 2nd. Auflage, 1990.

[HS92]   Vera Heinau und Heiko Schlichting. NetNews - Informationen aus der ganzen Welt. *DFN Mitteilungen,* Heft 28, März 1992.

[HSF85]   K. Harrenstien, M. Stahl und E. Feinler. NICNAME/WHOIS. RFC 954, Oktober 1985.

[HW82]   K. Harrenstein und V. White. NICNAME/WHOIS. RFC 812, 1982.

[Inc93a]   WAIS Inc. The Company Story. `ftp://wais.com/pub/wais-inc-doc/txt/Company-Story.txt`, WAIS Inc., California, März 1993.

[Inc93b]   WAIS Inc. WAIS Server, WAIS Workstation, WAIS Forwarder for UNIX. `ftp://wais.com/pub/wais-inc-doc/ps/Tech-Description-1.1.ps`, WAIS Inc., California, August 1993. Technical Description, Release 1.1.

[Int92]   Internet Society. `gopher://ds.internic.net/11/isoc/faq`, 1992.

[Kan91]   B. Kantor. BSD Rlogin. RFC 1282, Univ. of Calif. San Diego, Dezember 1991.

[KL86]   B. Kantor und P. Lapsley. Network News Transfer Protocol. RFC 977, Februar 1986.

[KM91]   Kahle und Morris. Source Description Structures. `ftp://quake.think.com/wais/doc/source.txt`, Februar 1991.

[Koc93]   Jonathan Kochmer. *NorthWestNet's Guide to our world online*. NorthWestNet and Northwest Academic Computing Consortium Inc., Bellevue, Washington, 4th. Auflage, März 1993.

[Kro92]   Ed Krol. *The Whole Internet Users's Guide & Catalog*. O'Reilly & Associates Inc., Sebastopol CA 95472, 1992.

[Krü86]   Prof. Dr. Gerhard Krüger. Telekommunikation und Rechnernetze. Technical report, Fakultät für Informatik, Universität Karlsruhe, 1986. Skriptum zur Vorlesung.

[Lin94]   Paul Lindner, Hrsg. *Internet Gopher User's Guide*. University of Minnesota, Januar 1994.

[Lot94]   Mark Lottor. Internet Domain Survey. `ftp://ftp.nisc.sri.com/pub/zone`, 1994.

[LR93]   Daniel C. Lynch und Marshall T. Rose. *Internet System Handbook*. Addison-Wesley Publishing Company, 1993.

[Mal]   G. Malkin. The Tao of IETF. RFC 1539.

[Mar89]   G. Marcy. Telnet X Display Location Option. RFC 1096, Carnegie Mellon University, März 1989.

[Moc87a]   P. Mockapetris. Domain Names - Concepts and Facilities. RFC 1034, 1987.

[Moc87b]   P. Mockapetris. Domain Names - Implementation and Specification. RFC 1035, 1987.

[NA93a]   B. Clifford Neuman und Steven Seger Augart. Prospero - A Base for Building Information Infrastructure. `ftp://prospero.isi.edu/nfs/pub/papers/prospero/prospero-bii.ps`, Conference Proceedings INET '93, 1993.

[NA93b]   B. Clifford Neuman und Steven Seger Augart. The Prospero Protocol, Version 5. `ftp://prospero.isi.edu/nfs/pub/papers/prospero/prospero-protocol.ps`, Information Sciences Institute, University of Southern California, Februar 1993.

[Neu92a]   B. Clifford Neuman. Prospero - A Tool for Organizing Internet Resources. `ftp://prospero.isi.edu/nfs/pub/papers/prospero/prospero-oir.ps`, 1992. Electronic Networking: Research, Applications and Policy.

[Neu92b]   B. Clifford Neuman. The Virtual System Model - A scalable approach to organizing large systems. `ftp://prospero.isi.edu/nfs/pub/papers/prospero/prospero-neuman-thesis.ps`, 1992. Doctoral Dissertation.

[NIS88]   National Information Standards Organization NISO. *American National Standard Z39.50.* Transaction Publishers, New Brunswick, NJ, 1988. Information Retrieval Service Definition and Protocol Specifications for Library Applications.

[P+90]   Bernhard Plattner et al. *Datenkommunikation und elektronische Post: X.400 die Normen und ihre Anwendungen.* Addison-Wesley, Bonn, München, Reading Mass., 1990.

[PFG+93]   St. Pierre, Fullton, Gamiel, Goldman, Kahle, Kunze, Morris und Schiettecatte. WAIS over Z39.50-1988. `ftp://wais.com/pub/protocol/draft-ietf-iiir-wais-00.txt`, November 1993. IETF IIIR Working Group INTERNET-DRAFT Category: Informational.

[Pos82]   Jonathan B. Postel. Simple Mail transfer Protocol, 1982.

[PR83]   J. Postel und J. Reynolds. Telnet Protocol Specification. RFC 854, Mai 1983.

[PR85]   J. Postel und J. Reynolds. FILE TRANSFER PROTOCOL (FTP), Oktober 1985. RFC 959.

[Rag93]   D. Raggett. HTML+(Hypertext Markup Format). `http://hplose.hpl.hp.com/pub/draft-raggett-www-html-00.ps`, 1993.

[RAR93]   Research Networking in Europe: Improving the Infrastructure. `gopher://gopher.rare.nl/rare/info`, RARE, 1993.

[Rec93]   Rechenzentrum Universität Karlsruhe. *DE-NIC*, ausgabe 1. Auflage, Dezember 1993.

[Rov94]   Perry Rovers. `ftp://rtfm.mit.edu/pub/usenet/new.answers/ftp-list/sitelist`, 1994.

[RP92]   J. Reynolds und J. Postel. Assigned Numbers. RFC 1340, 1992.

[RT92]   Tim O'Reilly und Grace Todino. *Managing UUCP and Usenet*. O'Reilly & Associates Inc., 1992.

[San90]   M. Santifaller. *TCP/IP und NFS in Theorie und Praxis, Unix in lokalen Netzen*. Addison-Wesley, 1990. 2. Nachdruck 1992.

[Sch93]   Martin Scheller. Internet Resource Guide. Diplomarbeit, Fakultät für Informatik, Universität Karlsruhe, 1993.

[SGL92]   Art St. George und Ron Larsen. Internet - Accessible Library Catalogs & Databases. `ftp://ftp.cerf.net/internet/resources/library_catalog`, Mai 1992.

[SK91]   T. Socolofsky und C. Kale. A TCP/IP Tutorial. RFC 1180, 1991.

[Sol92]   K. Sollins. The TFTP Protocol (Revision 2), Juli 1992. RFC 1350.

[SP93]   F. Schwartz und C. Pu. Applying an Information Gathering Architecture to Netfind. `ftp://ftp.cs.colorado.edu/pub/cs/techreports/schwartz/PostScript/Netfind.Gathering.ps.Z`, University of Colorado, Dezember 1993. A White Pages Tool for Changing and Growing Internet.

[Spa93]   Gene Spafford. USENET Software - History and Sources, 1993. Erscheint regelmäßig in den Newsgruppen news.admin.misc, news.announce.newusers, news.software.readers, news.software.b, news.answers.

[Sub93]   Satzung des Sub-Netz e.V., Verein zur Förderung der privatbetriebenen Datenkommunikation. `news:de.org.sub`, 1993.

[Tan90]   Andrew S. Tanenbaum. *Computer-Netzwerke*. Wolframs's Fachverlag, 1990.

[Van89]   J. VanBokkelen. Telnet Terminal-Type Option. RFC 1091, FTP Software, Inc., Februar 1989.

[Wai88]   D. Waitzman. Telnet Window Size Option. RFC 1073, BBN STC, Oktober 1988.

[WS91]   L. Wall und R.-L. Schwartz. *Programming perl.* O'Reilly & Associates, Inc., 1991.

[WWW94] WWW Project History. `http://info.cern.ch/hypertext/WWW/History.html`, 1994.

[XLi93]   IP-Info von XLink. `ftp://ftp.xlink.net/xlink-infos`, 1993.

[Z3991]   *ANSI Z39.50 Version 2*, Mai 1991. THIRD DRAFT (Z39.50/V2D3).

[Zim91]   D. Zimmermann. The Finger User Information Protocol. RFC 1288, Dezember 1991.

Index